山东省社会科学规划研究青年项目(10DWXJ05)

基于定量分析的汉语词素义生成与演化研究

张小平　宋丙秀　著

科学出版社

北京

内 容 简 介

词素是语言中最小的音义结合体,词素义是词素的意义内容。本书以现代汉语词素义为研究对象,在现有词义、词素义研究成果的基础上,运用《现代汉语词典》(第 6 版)中的语料,对现代汉语词素义进行封闭性统计,运用定量分析的方法,通过探讨造词对现代汉语词素义衍生的影响,从发生学角度揭示出了词素义衍生的规律,并对词素义衍生的认知动因进行了解释。此外,还具体讨论了具有代表性的个别词素义的发展演变轨迹,以及多义词素义项的基本概况和特征等,以期建构出独立、系统的现代汉语词素义衍生理论,从而扩大汉语词素义的研究领域,深化汉语词素义的研究,补充汉语语义学的研究内容。

本书适合从事汉语词汇学、句法语义学的学者使用,对辞书编纂、对外汉语词汇教学和中文信息处理也有一定的参考价值。

图书在版编目(CIP)数据

基于定量分析的汉语词素义生成与演化研究 / 张小平, 宋丙秀著. —北京:科学出版社, 2019.11
ISBN 978-7-03-062924-1

Ⅰ. ①基⋯ Ⅱ. ①张⋯ ②宋⋯ Ⅲ. ①现代汉语–词素–研究 Ⅳ. ①H146.1

中国版本图书馆 CIP 数据核字(2019)第 251000 号

责任编辑:王 丹 / 责任校对:贾伟娟
责任印制:李 彤 / 封面设计:蓝正设计

科学出版社 出版
北京东黄城根北街 16 号
邮政编码:100717
http://www.sciencep.com

北京虎彩文化传播有限公司 印制
科学出版社发行 各地新华书店经销

*

2019 年 11 月第 一 版 开本:720×1000 B5
2019 年 11 月第一次印刷 印张:15 3/4
字数:286 000
定价:98.00 元

(如有印装质量问题,我社负责调换)

前　言

"词素"这一概念是在20世纪30年代末40年代初"文法革新"运动中从西方语言学中引进过来的，并逐步取代传统语言学中的"字"成为语言中最小的音义结合体和最小的语法单位。从"词素"概念引进至今，关于词素和词素义的研究成果不断涌现，这些研究早期多集中于构词法研究的范畴之下。事实上，作为语言系统中最小的音义结合体，词素应该具备形式和内容两个方面，它不仅是语法单位，也是词汇单位。近年来，语言学家也开始针对词素义进行研究，并取得了较为丰硕的成果。不过，与对词的研究相比，学界对词素尤其是对词素义的研究要薄弱很多，和词义相比，词素义的变化显得更为隐蔽，或许正是这个原因导致我们在以往研究视野中忽视了对词素义的关注。鉴于此，本书在对《现代汉语词典》（第6版）封闭性统计的基础上，建立了词素义数据库，拟对词素义的生成与演化进行研究，试图总结出汉语词素义的发展演变规律，挖掘出汉语词素义生成与演化的动因，整理出科学的词素义理论。

本书共分六章。

第一章为绪论，主要对汉语词素义的研究现状进行综述，总结当前研究中的优势与不足，扼要介绍本书的研究对象及意义、研究目标与方法等。

第二章对现代汉语词素义进行概述，主要探讨词素的词汇意义、语法意义和色彩意义及其生成方式，并在此基础上，论述词素义的普遍性质和特殊性质。

第三章和第四章探讨造词法与汉语词素义生成之间的关系。第三章主要论述简缩造词法、比喻造词法、仿拟造词法等三种造词法对词素义生成的影响，并就造词法对词素义生成的影响分别从社会、心理和语言系统内部，以及认知方面进行了解释。第四章讨论摹声造词法、音义任意结合造词法、说明造词法与词素义生成之间的关系，并运用范畴理论对造词生成词素义的过程进行了理论上的分析和阐释。此外，对造词法对汉语词素义生成的影响情况进行了较为细致的总结。

第五章是对汉语词素义发展演变的个案分析。主要是对当代汉语中的一些词素的意义演变过程进行具体细致的分析，分别探讨了当代汉语中的"粉"、"微"、合成词素、外来词素、部分词缀和类词缀的意义的衍生与演变，并对其发展演变的原因从不同侧面进行阐释。现代汉语词素义的生成可以从当代汉语具体词素义的演变中得到具体体现。现代汉语词素新义的生成是汉民族对现代社会政治、经济、文化、科学技术等感知体验与认知加工，以及语言内部机制共同作用的结果。

第六章探讨了现代汉语多义不成词词素。主要论述了现代汉语多义不成词词素的判定、现代汉语不成词词素的概观、现代汉语多义不成词词素的特征、现代汉语多义不成词词素义项的生成手段和方式等。

本书的研究参考了前人和当代学者的有关著述，对现代汉语[①]词素义的生成与演化进行了较为翔实的研究。但由于笔者水平和学识有限，仍有一些问题未深入探讨或未加涉及，还有待今后的修改和补充。

张小平
2018 年 11 月

[①] 本书中的"现代汉语"和"当代汉语"分别指的是 1919 年以来和 1949 年以来的现代汉民族共同语。

目 录

前言

第一章 绪论 ··· 1
  第一节 汉语词素义研究现状与分析 ··· 1
    一、汉语词素研究概况 ··· 1
    二、现代汉语词素义的研究概况 ·· 4
  第二节 本书研究对象、研究意义及目标和方法 ··························· 14
    一、研究对象及研究意义 ·· 14
    二、本书的研究目标和研究方法 ·· 17

第二章 现代汉语词素义概述 ·· 19
  第一节 词素义的内容及其生成方式 ·· 19
    一、词汇意义及其生成 ··· 20
    二、语法意义及其生成 ··· 20
    三、色彩意义及其生成 ··· 21
  第二节 词素义的性质 ·· 29
    一、词素义的普遍性质 ··· 29
    二、不成词词素义的特殊性质 ·· 33

第三章 造词法与汉语词素义的生成（上） ······························· 35
  第一节 造词法与汉语词素义生成概说 ·· 35
    一、汉语造词法研究概况 ·· 35
    二、造词法与词素义生成之间的关系 ·· 36
    三、造词法与词素义生成的研究语料及有关处理方式 ················ 41
  第二节 简缩造词法与词素义的生成 ·· 42
    一、简缩造词法研究现状 ·· 43
    二、简缩造词生成词素义的过程 ·· 45
    三、简缩造词生成词素义的类别及判定 ···································· 46

  四、简缩造词生成词素义的特点和规律 ·················· 50
  五、简缩造词衍生词素义的原因 ······················ 54
 第三节 比喻造词法与词素义的生成 ······················ 56
  一、比喻造词法研究现状 ·························· 56
  二、比喻造词法及其分类 ·························· 57
  三、比喻造词生成词素义的过程 ······················ 59
  四、比喻造词生成词素义的条件 ······················ 61
  五、喻指成分突显属性义分析 ······················· 61
  六、比喻造词生成词素义的特点 ······················ 64
  七、比喻造词生成词素义的原因 ······················ 67
 第四节 仿拟造词法与词素义的生成 ······················ 68
  一、仿拟造词法及其研究现状 ······················· 69
  二、仿拟造词法分类 ···························· 70
  三、仿拟造词生成词素义的过程 ······················ 71
  四、仿拟造词生成词素义的特点 ······················ 72
  五、仿拟造词生成词素义的原因 ······················ 75

第四章 造词法与汉语词素义的生成（下） ················ 80
 第一节 摹声造词法与词素义的生成 ······················ 80
  一、摹声造词法概述 ···························· 80
  二、摹声造词生成词素义的过程 ······················ 83
  三、摹声造词生成的词素义分类分析 ··················· 84
  四、摹声造词生成词素义的特点 ······················ 86
  五、摹声造词生成词素义的原因 ······················ 87
 第二节 音义任意结合造词法与词素义的生成 ················ 89
  一、音义任意结合造词法概述 ······················· 89
  二、音义任意结合造词生成词素义的过程 ················ 91
  三、音义任意结合造词生成词素义的特点 ················ 92
 第三节 说明造词法与词素义的生成 ······················ 94
  一、说明造词法及其分类 ·························· 95
  二、说明造词法生成词素义的过程 ···················· 96

三、说明造词生成的词素义分类分析 ……………………………… 99
　　四、说明造词法生成词素义的原因 ……………………………… 101
第四节　基于范畴理论的造词生成词素义过程分析 ……………………… 102
　　一、范畴化与非范畴化 …………………………………………… 102
　　二、造词过程中词素义的非范畴化 ……………………………… 104
　　三、词素义非范畴化的形成机制 ………………………………… 105
第五节　造词法对汉语词素义生成的影响情况小结 ……………………… 109

第五章　汉语词素义的发展演变个案分析 ………………………………… 111
第一节　当代汉语词素"粉"意义的发展演变 …………………………… 111
　　一、"粉"族构式的形成及"粉"的词素化 …………………… 112
　　二、"粉"意义的泛化及动词化 ………………………………… 114
　　三、"粉"的动词化及意义的进一步泛化 ……………………… 118
　　四、"粉"构式词语的传播动因 ………………………………… 120
第二节　当代汉语词素"微"意义的发展演变 …………………………… 122
　　一、"微"类词语的产生 ………………………………………… 122
　　二、词素"微"的意义演变 ……………………………………… 123
　　三、"微"类词语的流行原因 …………………………………… 131
第三节　当代汉语合成词素意义的发展演变 ……………………………… 132
　　一、合成词素意义的变化类型 …………………………………… 133
　　二、合成词素意义发展变化的原因 ……………………………… 141
第四节　当代汉语外来词素意义的生成演变与特点 ……………………… 144
　　一、当代汉语外来词素义的生成与演变 ………………………… 144
　　二、当代汉语外来词素义的特点 ………………………………… 146
　　三、改革开放以来外来词素义生成演化的原因 ………………… 149
　　四、外来词素义对当代汉语词汇系统的影响 …………………… 152
第五节　当代汉语词缀的发展演变 ………………………………………… 154
　　一、纯词缀的发展变化 …………………………………………… 154
　　二、关于当代汉语中的类词缀问题 ……………………………… 159
　　三、当代汉语"X性、X化"的发展演变 ……………………… 166

第六章　现代汉语多义不成词词素研究 ······ 170
第一节　现代汉语多义不成词词素的判定 ······ 170
  一、以现代汉语为共时平面 ······ 170
  二、有两个或两个以上义项，并且至少有一个义项为不成词词素义项 ······ 171
  三、词素的同素异形问题 ······ 173
第二节　现代汉语多义不成词词素的概观 ······ 173
第三节　现代汉语多义不成词词素的特征 ······ 183
  一、多义不成词词素义项数量分布特征 ······ 183
  二、义项均为不成词词素义的词素义项数量分布特征 ······ 184
  三、不成词词素大多由古代语词发展演化而来，多具有典雅的书面语体色彩 ······ 190
第四节　现代汉语多义不成词词素义项的生成手段和方式 ······ 190
  一、多义不成词词素义项生成方式的类型 ······ 191
  二、多义不成词词素义项生成方式的特点 ······ 196

结语 ······ 198
参考文献 ······ 201
附录1 ······ 204
附录2 ······ 211
附录3 ······ 215
附录4 ······ 217
附录5 ······ 219
附录6 ······ 232
附录7 ······ 235
后记 ······ 240

第一章 绪 论

语言是音义结合的符号系统。词是语言符号系统中最基本的语言符号，词素是汉语词汇系统中的基本概念之一。"词素"这一概念是在20世纪30年代末40年代初"文法革新"运动中从西方语言学中引进过来的，并逐步取代传统语言学中的"字"成为语言中最小的音义结合体和最小的语法单位。这一新概念的出现，引起了语言学者们的关注和重视，取得了较为丰硕的研究成果，当然也存在一定的研究局限。本章主要探讨汉语词素义的研究现状，以及本书的研究对象、意义、目标和方法。

第一节 汉语词素义研究现状与分析

从"词素"概念引进至今，关于词素和词素义的研究成果不断涌现。汉语词素研究概况主要包括术语名称选择及概念界定研究、词素的性质分类研究、当代汉语新词素研究三个方面。现代汉语词素义研究概况主要包括本体研究和应用研究两方面，其中本体研究又包括词素义与词义的关系研究、词素义的性质与分类研究、造词构词与词素义生成关系研究、具体词素义发展演变研究四个方面；应用研究主要包括对外汉语教学、辞书编纂和文字信息处理等领域的词素义研究等方面。

一、汉语词素研究概况

从语言发展历史来看，词素是与词同时产生的，与词有着同样悠久的历史。

在古代汉语时期，由于解读经书的需要，古代训诂学家们都或多或少地用不同的表述对这一级语言单位进行过探讨，但那时没有"词素"的概念，当时常用的术语是既可以作为语言单位又可以作为书写单位的"字"，并且当时的"字"基本上与"词"重合。可见，当时就无所谓的"词素"这一概念，更谈不上对词素进行系统而科学的研究和思考了。综观整个汉语研究历程，词素作为真正的研究对象，源自"词素"概念的引入，关于汉语词素的研究成果并不是太多。

（一）专著

目前，关于词素研究的专著主要有杨锡彭的《汉语语素论》和孙银新的《现代汉语词素研究》《现代汉语词素系统研究》。杨锡彭在前人研究的基础上,对词素(语素)①进行了全面深入的研究,致力于揭示汉语词素(语素)的面貌,讨论汉语词素(语素)的性质、特点及其对于汉语结构系统(包括词法系统、句法系统)的影响,同时也从词素(语素)的性质、特点出发,检讨汉语结构系统研究中的种种问题。这是目前有关现代汉语词素研究方面影响较大的一部著作,但全书多基于语法角度从结构形式方面研究词素(语素),对于词素(语素)义等问题较少提及。孙银新的《现代汉语词素研究》从词汇学角度,运用静态与动态、共时与历时、宏观与微观的研究方法,对汉语词素作了多角度、多层次的研究。书中从历史来源的角度将汉语词素分为原生词素、移植词素和移用词素。孙银新的《现代汉语词素系统研究》则在前书的基础上,侧重用定量分析的方法对现代汉语的全部词素分门别类地做穷尽式分析,在语音、词汇、语法等方面将词素分为不同的聚合系统。总之,杨锡彭和孙银新的著作分别从语法和词汇角度对汉语词素进行了较为系统和细致的研究。

(二)论文

相比著作而言,近年来有关词素的论文成果较多,其研究内容主要集中于术语名称的选择及概念界定、词素的性质分类和当代汉语新词素等方面。

1. 术语名称选择及概念界定研究

"词素""语素"两个术语均来自美国描写语言学派的"morpheme"一词。中国传统语言学多采用"词素",结构主义语言学兴起以后又多采用"语素"。针对术语名称的选择问题,学界一直存有争议。张寿康、黎锦熙、孙常叙等语言学家选用"词素",认为要先划分出词才能划分出词素;以吕叔湘、朱德熙、陈望道为代表的语言学家主张采用"语素",认为语素的划分不必以词为前提,这就避免了汉语中划分词时的麻烦。直到今天,这两个术语仍然同时存在于现代汉语研究中。一般来说,在语法研究中,多采用"语素",在词汇研究中,多采用"词素"。在现代汉语的词汇研究尤其是构词造词等问题的研究中,将"词素"看作最小的可以独立运用的造词单位,既可以表现词素和词的构成关系,又显示出二者的不同层次,更利于词汇研究。

关于词素概念的界定,学界也有不同观点。早期学者们对词素的定义大多重视其意义而忽视其语音形式,认为词素是最小的有意义的语言单位。赵元任先生在其著作

---

① 原著及论文中作者采用术语"语素"的,本书用"词素(语素)"表示,下同。

《汉语口语语法》中对"词素"的定义是:"语言中最小的有意义的单位"①。朱德熙认为:"语素可以定义为:最小的有意义的语言成分。"②也有学者认识到词素的符号性,认为词素是"最小的语音语义结合体"。这以吕叔湘③、叶蜚声、徐通锵④为代表。也有学者把词素定义为"语言层级装置中处于最底层的有意义的单位"⑤。这个定义把词素的符号性和词素在语言层级装置里所在的层级结合起来,比前面两类定义更为全面,但同样没有顾及词素的功能。对词素的概念界定最为全面和严谨的当属葛本仪先生,她认为"词素也是一种音义结合的定型结构,是最小的可以独立运用的词的结构单位"⑥。此定义涵盖了词素作为符号的形式和内容两个方面,也指明了词素的性质和功能。因此,相对比较科学和全面。

2. 词素的性质和分类研究

关于词素的性质,黄伯荣、廖序东的《现代汉语》(增订四版)指出"语素是最小的有音又有义的语言单位"⑦,孙银新在《现代汉语词素系统研究》中指出"词素是与词一起作为一种语言单位客观存在的,它不依赖于我们的主观意识并独立于我们的意识之外,始终存在于语言系统之中"⑧,并具体讨论了词素的六个特点。

有关词素的分类问题,学者们从语音、意义、语法等不同的角度对词素有多种分类。孙银新的《现代汉语词素系统研究》总结出前人主要以语音形式、构词功能、词素组合成词时所占位置是否固定、词素是否可以独立运用、在复合词中所占地位、在词中是否具有表意功能、词素内部结构、词素意义八个标准对词素进行分类,非常全面,并从词素的词汇意义、语法意义、色彩意义三个方面对词素义进行再分类。⑨葛本仪分别从语音形式、内部结构、语言功能、性质和表意四个方面对词素进行分类。⑩值得注意的是,葛本仪先生首次提出"合成词素"的概念,将类似"纸老虎""教师节"

---

① 赵元任:《汉语口语语法》,吕叔湘译,北京:商务印书馆,1979年,第79页。
② 朱德熙:《语法讲义》,北京:商务印书馆,1982年,第9页。
③ 吕叔湘:《吕叔湘文集》(第二卷),北京:商务印书馆,1990年,第489页。
④ 叶蜚声、徐通锵:《语言学纲要》,北京:北京大学出版社,1981年,第32页。
⑤ 冯广艺:《谈谈语素和词的定义问题》,《湖北师范学院学报(哲学社会科学版)》,1985年第1期。
⑥ 葛本仪:《现代汉语词汇学》(第三版),北京:商务印书馆,2014年,第44-45页。
⑦ 黄伯荣、廖序东主编:《现代汉语(上册)》(增订四版),北京:高等教育出版社,2007年,第216页。
⑧ 孙银新:《现代汉语词素系统研究》,北京:中国社会科学出版社,2013年,第41页,第25-26页、第95 96页。
⑨ 同⑧。
⑩ 葛本仪:《现代汉语词汇学》,济南:山东人民出版社,2001年,第62-72页。

中的"老虎""教师"这样的合成词以整体形式参与造词的成分定义为"合成词素"①。早在20世纪50年代,孙常叙就指出"'解放军'则是由'解放'和'军'两个词素构成的,而不是用'解''放''军'三个词素构成的"②。贾宝书在《词素发展演变中的依赖性和独立性》一文中将之称为"一种相当于词素作用的固定结构"③,在意义上作为一个整体充当构词的单位。这其实说的都是合成词素。这一类词素在其他学者的研究中又有"素组""语素组""复合语素"等多种名称。由于学者们各自研究的出发点、侧重点不同,关于"合成词素"的研究分歧较大,仍然需要作进一步的研究和探讨。

3. 当代汉语新词素研究

随着当前社会的快速发展、网络时代信息的快速传播,各种新词语层出不穷,近年来有关改革开放后汉语新词语的研究一度成为学界的关注热点。与此同时,研究者认识到新词语会带来新词素的产生这一语言现象,因而出现了较多探讨新词素的文章。刘晓梅在《当代新词语对汉语语素系统的影响》一文中指出当代新词语的大量出现会产生一些新词素(语素),或使一些固有词素(语素)产生新义。文中列举了由新词语带来新义的多个词素(语素),并探讨了简缩造词和比喻造词两种词素(语素)新义形成的途径。④曹起《新时期汉语新语素考察与分析》从新词素(语素)的来源、特点、与新词素(语素)有关的几个问题等方面对改革开放后汉语新词素(语素)进行分析。文中指出,从外语中吸收的外来词是汉语新词语的重要来源,同样,外来词素在新词素中占有相当大的比重。⑤周洪波、李振中、苏新春等对该方面的探讨产生了一系列研究成果,如周洪波的《外来词译音成分的语素化》⑥、李振中的《论音译外来词素的认定》⑦、魏慧萍的《汉语外来词素初探》⑧、苏新春的《当代汉语外来单音语素的形成与提取》⑨,等等。

二、现代汉语词素义的研究概况

在20世纪30年代末40年代初的"文法革新"运动中,中国汉语语言学研究引

---

① 葛本仪:《现代汉语词汇学》,济南:山东人民出版社,2001年,第62-72页。
② 孙常叙:《汉语词汇》,北京:商务印书馆,2006年,第63页。
③ 贾宝书:《词素发展演变中的依赖性和独立性》,《汉语学习》,1997年第6期。
④ 刘晓梅:《当代新词语对汉语语素系统的影响》,《暨南学报(人文科学与社会科学版)》,2005年第1期。
⑤ 曹起:《新时期汉语新语素考察与分析》,《语言文字应用》,2012年第4期。
⑥ 周洪波:《外来词译音成分的语素化》,《语言文字应用》,1995年第4期。
⑦ 李振中:《论音译外来词素的认定》,《暨南大学华文学院学报》,2001年第4期。
⑧ 魏慧萍:《汉语外来词素初探》,《汉语学习》,2002年第1期。
⑨ 苏新春:《当代汉语外来单音语素的形成与提取》,《中国语文》,2003年第6期。

入美国描写语言学派"morpheme"概念,译为"词素"或"语素"。自从"morpheme"这一概念被纳入汉语研究中,汉语语言单位的区分进一步精确化,像吕叔湘、朱德熙、葛本仪、高更生、陆志伟、胡裕树、黄伯荣、廖序东、张静、张志公等著名语言学家都对词素进行了深入细致的研究。不过这些研究主要限制在早期构词法的研究范围内,集中于对词素(语素)的名称、定义、判定、分类及其构词能力等方面的研究,对词素义研究较少。

自20世纪80年代以来,学术界开始从词汇学角度关注词素义的问题,并从不同的侧面、运用不同的理论方法展开了广泛的讨论。本书拟对现代汉语词素义的研究作一个简单的梳理和介绍,并指出现代汉语词素义研究中所存在的问题,以期能在前人研究的基础上,把词素义的研究推进一步。

现代汉语词素义研究主要包括本体研究和应用研究两方面。其中本体研究主要包括词素义与词义的关系、词素义的性质与分类、造词构词与词素义的生成关系、具体词素义发展演变等四个方面的研究;应用研究主要涉及对外汉语词素义、辞书编纂和文字信息处理等方面的问题。

(一)现代汉语词素义的本体研究

具体说来,从20世纪80年代至今,汉语词素义的本体研究主要集中在以下几个方面。

1. 词素义与词义的关系研究

学术界对词素义的关注最早源于语义角度的构词法研究。为了更深入地探讨合成词内部的语法语义关系,学者们开始注意到词义及其组成成分词素义的关系。关于复合词词义及词素义之间的关系研究综述,潘文国等和郑厚尧都有研究。潘文国等的综述相对简略,只讨论了高本汉、王力、张拱贵、符淮青、张清源等人对此问题的研究[①]。郑厚尧一文相对详细,认为当前对词义与词素义关系的研究"散论不少,专论不多;创新性研究很少,重复性研究很多"[②]。但其分析仍不够全面,未涉及词义与词素义关系的最新研究进展。

较早讨论复合词及其组成成分的意义之间关系的是王力。他在《中国现代语法》里对"对立语构成的复合词"进行分析时,涉及词素义与词义的关系问题。[③]符淮青

---

① 潘文国、叶步青、韩洋:《汉语的构词法研究》,上海:华东师范大学出版社,2004年,第282-283页。
② 郑厚尧:《当前对词义与词素义关系的研究》,《辽宁行政学院学报》,2007年第12期。
③ 王力:《中国现代语法》,北京:商务印书馆,1985年,第288-290页。

1981年首次从语义学角度以词素义为基点对词素义与词义的关系作了较为详尽的分析。①此后，符淮青对此问题进行了系列探讨，从词典释义的角度出发，把合成词词义与其构成成分词素义的关系高度概括为六种类型：①词义是词素义按照构词方式所确定的关系组合起来的意义；②词义同组成它的两个词素相同、相近，这些都是并列结构的合成词；③合成词的词素义表示了词义的某些内容；④合成词的词义是词素义的比喻用法；⑤合成词的词义是词素义的借代用法；⑥合成词中有的词素失了原义。②

在符淮清之后，学界对词素义与词义关系的关注度越来越高，研究成果颇丰；其中以武占坤、王勤、王树斋、孙银新为代表。武占坤、王勤把词义和词素义之间的关系分为一致和不一致两种情况，论述较为简略。③王树斋主要从词汇学角度进行研究，把词素义与词义的关系分为三类：①词素义反映的内容基本上就是词义的内容，这时词素义非常逼近词义；②词素义表达词义，但二者在量上不一致，或者词义大于词素义，或者词素义提供的信息量大于词义；③词素义不直接表达词义，即词义不能直接从词素义得出，但二者有一定的联系，只是词素义所反映的内容不是词义所表达的内容，词素义不反映词义的本质。④孙银新则分为五类，其分类更为具体和全面：①直接实现式，词中任何一个词素的意义都与词义有相近或相似的意义；②直接加合式，词义是由所构成的各个词素的意义经过相加拼合而构成的；③直接增补式，词义除了包含有内部各个词素本身的意义内容之外，还包含有词素意义所不具备的某些内容；④直接减损式，构成词的词素意义有的已经消失；⑤间接转移式，词素意义与词义之间无直接的关系。⑤

此外，有些学者从不同侧面对词义和词素义的关系进行了更为细致和深入的多角度研究。曹炜从词义演变的角度探讨了词义与词素义关系的两种情况：①词义和词素义的一致性和不一致性；②词义和词素义的同步连动和非同步连动。⑥李晋霞着眼于"词义透明度"分析词素义与词义的关系，并分为四个等级：①完全透明：词义基本上可从构成要素的意义上得出；②比较透明：构成要素是词义的示意图；③比较隐晦：部分构成要素基本上不具有词义示意作用；④完全隐晦：所有构成要素均不具有词义

---

① 符淮青：《词义和构成词的语素义的关系》，《辞书研究》，1981年第1期。
② 符淮青：《现代汉语词汇》，北京：北京大学出版社，1985年，第218-224页；《构成成分分析和词的释义》，《辞书研究》，1988年第1期；《组合中语素和词义范畴的变化》，《江苏大学学报（社会科学版）》，2007年第1期。
③ 武占坤、王勤：《现代汉语词汇概要》，呼和浩特：内蒙古人民出版社，1983年，第38页。
④ 王树斋：《汉语复合词词素义和词义的关系》，《汉语学习》，1993年第2期。
⑤ 孙银新：《现代汉语词素研究》，北京：中国文史出版社，2003年，第158-163页。
⑥ 曹炜：《现代汉语词义学》，上海：学林出版社，2001年，第41-45页。

示意作用。①刘继超、王玉鼎和宋美娜分别对并列式和偏正式名词的词义与词素义关系进行了专门研究②；仲崇山对词义是词素的引申比喻义和引申借代义的情况进行了较为细致的分析③；杨晓黎讨论了传承词素义与词义的关系④；刘晓梅总结了当代汉语新词语中词素表义关系的八种类型⑤。刘缙在《谈词的褒贬义与构词语素义之关系》一文中论述了词的褒贬义与构词词素义之间的关系，并分为三种类型：①词素本身带有感情色彩，决定词义的感情色彩；②词素本身不带有感情色彩，而词义带有感情色彩；③词素本身不带有感情色彩，因其搭配对象必须是褒贬词而使词义获得了感情色彩。⑥这是目前唯一一篇从感情色彩方面讨论词义与词素义关系的研究，但是刘缙提出的第三种类型，有待商榷，文中所举词例的色彩意义有些是受其语境影响而产生的，这些词作为语言词时大都是中性词。

除了对词素义和词义关系进行具体的描写研究外，还有学者对词素义和词义的关系进行了理论阐释，使词素义和词义关系研究更加深入。范可育主要对词义不等于构词词素义加合的原因进行了解释性研究。⑦杨振兰反对词义是由词素义生成的这种笼统的说法，将词义与词素义在语言中的表现形式分为单纯词义与单纯词素义、混合词义与混合词素义、兼职词义与兼职词素义三种，并在此基础上讨论词义和词素义之间错综复杂的交叉关系。⑧贾宝书主要从历时角度探讨了单纯词词义、合成词词义及其词素义之间的关系，认为词义影响制约着词素义，但二者又呈现不同步性，在单纯词和合成词中具有各自不同的表现。⑨

从现阶段的研究成果来看，学界对词素义与词义关系的研究，既有宏观研究，也有微观探讨；既有描写研究，也有理论阐释。结论尽管各有不同，但在某种程度上存有共性。综而观之，现代汉语中，词素义与词义关系大致可以分为三类：构成词素义之和等于词义、词素义部分地反映词义、词素义与词义无直接关系。

---

① 李晋霞：《〈现代汉语词典〉的词义透明度考察》，《汉语学报》，2011年第3期。
② 刘继超：《略论并列式新词词义与语素义之关系》，《宝鸡文理学院学报（哲学社会科学版）》，1994年第4期。王玉鼎：《论名词性并列复合词的词义与语素义之关系》，《西藏民族学院学报（哲学社会科学版）》，1994年第1期。宋美娜：《偏正式复合名词的词义与语素义研究》，东北师范大学2003年硕士论文。
③ 仲崇山：《词义和构成词的语素的关系补论》，《佳木斯大学社会科学学报》，2002年第2期。
④ 杨晓黎：《传承语素与语素义的传承》，《江淮论坛》，2014年第1期。
⑤ 刘晓梅：《当代汉语新词语语素的表义关系考察》，《华南师范大学学报（社会科学版）》，2005年第5期。
⑥ 刘缙：《谈词的褒贬义与构词语素义之关系》，《中国人民大学学报》，1993年第4期。
⑦ 范可育：《从"生词熟字说"看词义和构词语素义的关系》，《语言文字应用》，1993年第1期。
⑧ 杨振兰：《试论词义与语素义》，《汉语学习》，1993年第6期。
⑨ 贾宝书：《词义和词素义关系的理论阐释》，《中国海洋大学学报（社会科学版）》，1995年第4期。

2. 词素义的性质与分类研究

随着对词素义和词义关系研究的逐步深化和细化，词素义研究逐渐脱离对词义研究的依附，学者开始把词素义作为独立的研究对象，关注词素义自身的性质和分类问题。

较早从理论上提出把词素义作为独立研究对象的是苏宝荣，他提出汉语语义研究的基本单位应分为词素和词两个层级。①邱震强也认为，词素义应是汉语语义研究的基本单位，也是语义系统的最小单位。②

事实上，在20世纪80年代末期，学者们已经注意到词素义的性质问题。陈本源指出一个词素出现在不同的合成词中会产生意义和功能的变异。③徐洪涛、王艾录和孟宪良将现代汉语词素在字书上的普通意义同进入词结构后的个性意义加以对照，发现有些词素入词后会发生意义上的偏移。④这些论文都是把词素义作为研究的着眼点，涉及词素义入词后的变化性。谭永康探讨了词素义的多义性和模糊性。⑤对词素义的性质研究较为系统的则是杨锡彭和孙银新。杨锡彭指出词素义具有多义性、模糊性和复杂性的特点。⑥孙银新分别从静态和动态两个角度讨论了词素义的性质，他在对词素义的概念进行明确界定的基础上，把词素义的特征归纳为：社会性、客观性、主观性、概括性、模糊性、民族性、发展性和多元性八点。此外，孙银新还对词素义进行了分类，把词素义具体区分为词汇意义、语法意义和色彩意义三类，并在此基础上对词素义进行了再分类。⑦可以说这是迄今为止关于词素义性质与分类最为详尽和深入的研究。

3. 造词构词与词素义生成关系研究

进入21世纪以后，词素义研究继续深入，逐渐有学者开始注意到造词构词与词素义生成之间的关系。

（1）造词法与词素义生成关系研究。

在造词法与词素义生成方面，相关研究主要集中于比喻和简缩两种造词方法对词

---

① 苏宝荣：《汉语语义研究的基本单位应分为语素与词两个层级》，《河北学刊》，1999年第6期。
② 邱震强：《论汉语语素义》，《广西社会科学》，2006年第2期。
③ 陈本源：《语素在合成词中意义、功能的变异》，《苏州教育学院学报》，1989年C1期。
④ 徐洪涛：《谈语素意义的多变性》，《语文学刊》，1992年第2期。王艾录、孟宪良：《语素入词所发生的意义偏移现象》，《山西大学学报（哲学社会科学版）》，1996年第1期。
⑤ 谭永康：《汉语语素意义分析》，《重庆商学院学报》，1995年第2期。
⑥ 杨锡彭：《汉语语素论》，南京：南京大学出版社，2003年，第174-176页。
⑦ 孙银新：《现代汉语词素研究》，北京：中国文史出版社，2003年，第116-148页。

素义生成的影响。

较早探讨比喻造词与词素义生成之间关系的应属杨润陆,他指出,只有半喻造词才能形成新的词素义,并结合《现代汉语词典》的释义,分析了半喻式复合词中喻指词素的比喻用法形成新词素义的情况和条件。①这是在比喻造词对词素义形成影响方面的研究较为全面和深入的成果。在此基础上,吴汉江探讨了前喻式和后喻式造词中形状喻指词素义的形成,②进一步深入和细化了比喻造词法与词素义生成之间的关系。史厚敏对英汉半喻式复合词的喻指词素形成的词素义进行了对比研究,③拓展了此类问题的研究空间。

刘晓梅指出简缩造词是产生当代词素新义的途径之一,如"企"的"企业"义的生成,是源于"国企、外企、企管"等简缩词。④伍和忠将因词语缩略而产生意义称为"缩略生义",并列举了大量因缩略而产生的词素义,⑤但仅仅止于问题的提出和例子的罗列,未进行深入探讨。唐子恒把"两个组合成分的意义合并后由其中一个成分表示,从而形成另外一种意义"称为"横向合并",并指出这种横向合并经常发生在双音合成词的两个词素之间。⑥宋晓红将一个词素有了整个组合体(词)意义的现象称为词素义感染,实际上是一种简称替代,并梳理了词素义感染和造词、双音化及词义存在的隐藏关系。⑦唐子恒和宋晓红虽然没有直接指出简缩造词与词素义生成之间的关系,但研究内容都涉及这一主题。

就笔者所掌握的材料来看,学界对简缩与词素义生成之间的关系关注较早,但至今未达成一致的认识;提及或涉及简缩与词素义衍生的成果不少,但真正针对简缩造词对词素义生成的影响进行深入而系统探讨的专题性研究还未出现。

(2) 构词与词素义生成关系研究。

近十几年来,有些学者开始从构词的角度探讨汉语复合词的结构义及其对词素义的影响。谭景春指出:"结构义是结构本身表示的意义,是因词和词组合而产生的。结构义可分为可类推的和不可类推的两种,不可类推的结构义在一定的条件下有可能

---

① 杨润陆:《由比喻造词形成的语素义》,《中国语文》,2004年第6期。
② 吴汉江:《关于半喻造词形成的形状喻指语素义的思考》,《辞书研究》,2012年第6期。
③ 史厚敏:《英汉半喻造词形成的语素义比较研究》,《西安外国语大学学报》,2010年第1期。
④ 刘晓梅:《当代新词语对汉语语素系统的影响》,《暨南学报(人文科学与社会科学版)》,2005年第1期。
⑤ 伍和忠:《"缩略生义"胜议》,《广西师范大学学报(哲学社会科学版)》,2006年第1期。
⑥ 唐子恒:《词素间意义的横向合并》,《山东大学学报(哲学社会科学版)》,2006年第5期。
⑦ 宋晓红:《现代汉语中词素义"感染"现象探析》,《东岳论丛》,2010年第12期。

转化为词义。"①尽管其讨论的多是词组结构义对词义的影响，但由于汉语词组与复合词的结构基本一致，也关涉到词的结构义对词素义的影响。这应是学术界首次探讨结构义对词义或词素义生成的影响，对此问题的研究具有开创之功。

苏宝荣的系列文章重点研究了词（语素）义的结构义，以及结构义转化为词素义的条件，其研究对象更加明确和细化。苏宝荣指出："所谓词（语素）的结构义，是指词（语素）在特定的组合结构（包括语义结构与语法结构、复合词结构与句法结构）中所显示的临时意义，这种结构义具有对特定语言结构的依赖性与附加性。"②苏宝荣还提出了结构义转化为词（语素）义的条件："如果在特定结构中，结构反作用于语义，造成了语义的变化（或者说其义位发生了移动），并且有相对的稳定性，脱离特定结构这种意义仍可以存在并为语言使用者所认识，则应认为结构义已转化为词（语素）义，在语文辞书中则需设置独立的义项。"③毋庸置疑，这是学界首次明确提出结构义对词素义生成有所影响的问题，进一步丰富了词素义的研究内容，拓展了词素义的研究空间。任敏在讨论非受事动宾式双音复合词时，指出构式对复合词构成词素义的影响主要表现为构式义加到动词素的意义上，使动词素的意义发生变化。这种变化主要有两种表现：一是使动词素形成新义，二是使动词素的意义发生游移。④任敏较为具体地探讨了非受事动宾式双音复合词中构式义对动词素意义的影响，是对苏宝荣研究成果的细化探讨。苏宝荣自 2013 年开始把研究焦点锁定在词素义上。他在对复合词结构义进行明确定义的基础上，从语法和语义相结合的视角，把影响构成复合词的词素意义变化的具体表现形式分为"结构性迁移""结构紧缩""语义融合""语义相关传递"四种。⑤这是迄今为止对此类问题进行的最为深入和系统的描写和分析。还有，宋作艳用构式强迫理论分析了定中复合名词中心词素意义的三种变化：名化、泛化和词素化，并对其进行了相应的理论解释。⑥这是运用新理论来讨论构词对词素义影响的研究成果。

由此看来，关于造词构词对词素义生成影响的研究已经开始起步，并且呈现出多角度、多视角的研究特点。但从另一方面讲，其描写和分析还不充分，研究也较为零

---

① 谭景春：《词的意义、结构的意义与词典释义》，《中国语文》，2000 年第 1 期。
② 苏宝荣：《词（语素）义与结构义及其在语文辞书编纂中的处理原则》，《辞书研究》，2010 年第 4 期。
③ 苏宝荣：《词（语素）义与结构义》，《语文研究》，2011 年第 1 期。
④ 任敏：《现代汉语非受事动宾式双音复合词研究》，河北师范大学 2011 年博士论文。
⑤ 苏宝荣：《汉语复合词结构义对构词词素意义的影响》，《语文研究》，2013 年第 1 期。
⑥ 宋作艳：《定中复合名词中的构式强迫》，《世界汉语教学》，2014 年第 4 期。

散，缺少较为系统全面和深入的研究成果。

4. 具体词素义发展演变研究

21世纪以来，对具体词素义发展变化的研究成果开始大量出现，主要包括对某类词素义和某个词素义的个案研究。

随着学术界对语法化、词汇化研究的兴起，一些探讨类词缀、词缀化的成果也开始出现，这些成果也涉及某类和某个词素的发展演变。关于类词缀的成果很多，其中以王洪君、苏宝荣、沈光浩为代表。王洪君和富丽提到了现代汉语类词缀意义的泛化问题。①苏宝荣、沈光浩讨论了改革开放以来汉语类词缀的语义特征和识别方法，建议"用'类化（泛化）'术语说明'类词缀'的语义特征"②。杨晓黎主要针对传承词素进行研究，把传承词素的义项分为传承义与后起义两种，并讨论了传承词素中的多义词素、同义词素和反义词素等。③卜师霞则探讨了汉语传承复合词中词素意义变化的方式及影响因素，把传承复合词词素意义的变化归纳为词素意义的改变和词素意义脱落两种形式；指出影响词素意义变化的直接因素主要有词义、词素的语义地位、词素的类推造词能力三个方面；复合词的理据重构是这些影响因素的潜在动力。④这是针对汉语传承复合词中词素变化进行的较为宏观的描写与分析。朱彦以"收"为例，对动作性词素义分析进行了新的尝试，主张在词素的使用语境（包括构词词素与句子语境）下进行动作词素的语义分析，并把实义义位的语义构成概括为公式：S=核心成分+（别义成分）。⑤这是对动词性词素义更为深入和细致的研究，其研究过程的可操作性和客观性较强。

除了对某类词素义的描写和分析外，很多研究某个具体词素义发展演变的论文也不断涌现。例如，张谊生的系列论文⑥，冯凌宇⑦、陈昌来和朱艳霞⑧等学者的论文。

---

① 王洪君、富丽：《试论现代汉语的类词缀》，《语言科学》，2005年第5期。
② 苏宝荣、沈光浩：《类词缀的语义特征与识别方法》，《语文研究》，2014年第4期。
③ 杨晓黎：《传承语素与语素义的传承》，《江淮论坛》，2014年第1期。
④ 卜师霞：《汉语传承复合词语素意义的变化》，《北京师范大学学报（社会科学版）》，2014年第1期。
⑤ 朱彦：《核心成分、别义成分与动作语素义分析——以"收"为例》，《中国语文》，2006年第4期。
⑥ 张谊生：《说"X式"——兼论汉语词汇的语法化过程》，《上海师范大学学报（哲学社会科学版）》，2002年第3期；《当代新词"零X"词族探微——兼论当代汉语构词方式演化的动因》，《语言文字应用》，2003年第1期；《从量词到助词——量词"个"语法化过程的个案分析》，《当代语言学》，2003年第3期；《附缀式新词"X门"试析》，《语言文字应用》，2007年第4期；《当代汉语摹状式"X状"探微》，《语言教学与研究》，2008年第1期；《网络新词"败"的形成与发展：汉语同形语素的感染生成及修辞解释》，《福建师范大学学报（哲学社会科学版）》，2009年第2期。
⑦ 冯凌宇：《汉语"面"的词缀化考察》，《古汉语研究》，2008年第3期。
⑧ 陈昌来、朱艳霞：《说流行语"X党"——兼论指人语素的类词缀化》，《当代修辞学》，2010年第3期。

这类论文与前面的共时研究不同,大都是从历时层面探讨具体词素义的发展演变,为现代汉语词素义的系统研究积累了大量个案研究资料。

(二)现代汉语词素义的应用研究

词素义的应用研究主要集中于对外汉语教学、辞书编纂、文字信息处理等领域,其中,对外汉语教学领域的研究成果较为突出。

1. 对外汉语教学领域的词素义研究

受汉语语法理论研究中"字本位"思想的影响,在对外汉语词汇教学中逐渐出现"字本位教学法",也有专家提出"词素教学法"。与此同时,有不少论文从不同角度论述了词素教学的重要性,如肖贤彬[①]等。伴随着本体语言学词义和词素义研究的不断深入,从词义和词素义的关系出发来探讨词素或词素义教学的研究成果也逐渐出现,其中研究较为深入的当属张江丽、郭胜春、王娟和邢红兵等,他们都针对词素义在留学生词义获得中的作用进行了实证研究,在研究方法上比他人更进一步,结论也相对更加科学和令人信服。张江丽通过对汉语学习者双音复合词词义猜测情况的定量研究,得出结论:"词义与语素义之间意义的融合程度越高,被试猜测词义的难度越大;词义与语素义之间关系的复杂程度越高,被试猜测词义的成绩越差。语素义体现词义的内容越多越直接,被试猜测词义的成绩越好。"[②]郭胜春一文与以往的研究结论不同,提出对外汉语教学中词素教学法使用度的问题,指出词素教学的作用有限,教学中要把握词素分析的"度",使学生能够从整体上理解和学习词义。[③]王娟、邢红兵也针对留学生单音节多义词素构词习得问题进行了实验研究,认为词素的多义性对留学生词汇习得的影响很大,"词素教学"要有针对性,要根据多义词素自身的不同特征及家族成员的特点采取相应的教学对策。[④]这是针对词素教学法更为细化的研究。

综上,这些研究已经关注到对外汉语词汇教学中词素或词素义教学的重要性,并开始运用实证和实验的方法进行相对细化和深入的研究;但如何针对不同教学对象、教学内容进行词素义教学,哪些词语适合采用词素义教学法,以及相应教材的编写等一些深入细致的系统研究,尚未充分展开。

---

① 肖贤彬:《对外汉语词汇教学中"语素法"的几个问题》,《汉语学习》,2002第6期。
② 张江丽:《词义与语素义之间的关系对词义猜测的影响》,《语言教学与研究》,2010年第3期。
③ 郭胜春:《汉语语素义在留学生词义获得中的作用》,《语言教学与研究》,2004年第6期。
④ 王娟、邢红兵:《留学生单音节多义语素构词习得过程的实验研究》,《语言教学与研究》,2010年第2期。

2. 辞书编纂、文字信息处理等领域的词素义研究

词素义的应用研究在辞书编纂和文字信息处理领域也有所体现，但学界对这两方面的关注度不高，研究成果较少。

在辞书编纂方面，研究成果主要集中于词素的释义和立项方面。随着辞书编纂研究的深入，除了继续沿袭重视词义的分析和描写之外，词素义研究也渐渐受到重视。《现代汉语词典》《现代汉语学习词典》《现代汉语规范字典》《古今汉语词典》等语文辞书，在词素义义项的归纳和说解上都取得了较高的成就。此外，也有不少学者撰文讨论词素义的立项和释义问题。胡中文探讨了同素族词语对归纳词素义义项的作用和重要性，指出："考察同素族词语，可以归纳出目标语素的全部语素义，纠正某些语文辞书字头的语素义项的缺失。"[①] 吴汉江对单音节意译词素的立项问题进行了研究，建议采取分立条目和新增义项的办法来处理目前词典中的衍生性单音节意译词素。[②] 黄冬丽讨论了语典释义中重点词素义对语义描写的影响，并认为探讨词素义，特别是重点词素义与语义的关系，对准确描写语义有重要作用。[③]

在文字信息处理方面，几乎没有专门针对词素义进行研究的成果。就笔者掌握的资料来看，这方面的成果只有北京大学和清华大学分别建立的汉语词素库，并在此基础上进行的相关研究。北京大学计算语言学研究所开发的是单音节词素库，登录的都是不成词的词素，主要目的在于研究文本信息处理中无可避免的未登录词的识别及现代汉语复合词的构造规律问题。此数据库对填补《现代汉语语法信息词典》空缺知识、专有名词的识别、自动切分难度的降低、切分歧义的发现，以及复合词构造规律的研究都有重要意义。[④] 不过，此词素库重在不成词词素的登录，对词素义涉及不多，仅仅止于简单释义。清华大学建立的汉语词素数据库，对覆盖 6763 个汉字的汉语词素及其所构二字词、三字词及四字词进行了穷举描述。在词素库中，一个词素的一个义项（即词素项）构成一个独立的记录，为词素义的研究提供了一定的便利。苑春法、黄昌宁也对词素在构成二字复合词时意义的转化进行了研究，并对词素义组合特性进行了精确的数据统计，结论是词素在构词时，一般总是保持原来的意义不变，只有很少一部分的词素在构词时意义发生了变化。[⑤] 在研究词素义和词义关系的成果中，这

---

① 胡中文：《同素族词语与语素义项的归纳》，《辞书研究》，2001 年第 3 期。
② 吴汉江：《〈现代汉语词典〉单音节意译语素义立项的考察》，《辞书研究》，2007 年第 4 期。
③ 黄冬丽：《试谈重点语素义对语义描写的影响》，《辞书研究》，2009 年第 1 期。
④ 俞士汶、朱学锋、李峰：《现代汉语语素库的开发及应用》，《世界汉语教学》，1999 年第 2 期。
⑤ 苑春法、黄昌宁：《基于语素数据库的汉语语素及构词研究》，《世界汉语教学》，1998 年第 2 期。

是在大量数据统计基础之上得出的较为科学和精确的结论。

综上所述,自20世纪三四十年代以来,现代汉语词素义的研究经历了从无到有、由浅入深、由窄至宽的发展过程,取得了一批有价值的研究成果。但由于对词素义研究的时间较短,无论从研究内容,还是研究方法上看,汉语词素义的本体和应用研究都还处于摸索阶段,还有一些研究内容需要继续强化,甚至某些领域尚未触及。这无疑为今后的研究留下了广阔的空间。

第二节　本书研究对象、研究意义及目标和方法

从前面的论述中可以看出,现代汉语词素义的研究取得了一些可喜的成果,但由于当今整个词汇学的成熟度还不高,再加上词素义本身的复杂性,致使词素义的研究一直处于尝试的状态,还有许多问题有待进一步挖掘。基于此,笔者对本书的研究对象、研究意义、目标和方法界定如下。

一、研究对象及研究意义

(一)研究对象及语料来源

1. 词素的界定

前面已经论述,学界曾对"词素""语素"的名称选择和词素的概念都有过讨论。本书的研究属于词汇学范畴,并且对词素的造词构词功能多有涉及,因此选择"词素"这一名称。

关于词素的定义,本书以葛本仪先生的概念为准,即词素是一种音义结合的定型结构,是最小的可以独立运用的词的结构单位。[①]具体来说,词素应具备以下特点。

(1)词素是音义结合的定型结构。作为语言符号系统的一级语言单位。词素必然要有它特定的语音形式和语义内容,它是以特定的语音形式来表达一定的语义内容的。语音形式一般表现为一个个完整的音节结构;语义内容也就是词素义,一般包括词汇意义、语法意义和色彩意义。例如,"恶"的语音形式是è。其在《现代汉语词典》中的词汇意义是:①很坏的行为;犯罪的事情(跟"善"相对)。②凶恶;凶狠;

[①] 葛本仪:《现代汉语词汇学》,济南:山东人民出版社,2001年,第60页。

凶猛。③恶劣；坏。语法意义是可以名词性或形容词性，色彩意义是贬义。①此外，词素这种音义结合体，是定型化的，无论其语音形式还是语义内容，都不能随意更改。

（2）词素是最小的音义结合体。词素作为构词材料，是不能分割的定型结构，如"美丽"一词由"美"和"丽"构成，这两个词素作为音义结合体，都不能进行分割，是最小的单位。

（3）词素是可以独立运用的单位。词素的独立运用是体现在构词范围内的。例如，"学习"由"学"和"习"构成。其中"学"不仅可以构成"学习"，还可以构成"学费、学风、学分"等词，"习"还可以构成"练习、习得、实习、自习"等词。因此，词素在构词范围内，具有可以独立运用的性质。

（4）词素是词的结构单位。词素的主要功能在于构词和造词，因此词素的这种性质主要表现为两种情况：一是词素可以构成词，如"冰"可以构成"冰山、冰棒、冰雹、冰川"等词；二是它虽然不能构成新词，但可以附着在其他词素后面改变词的语法意义，也就是在词形变化方面起作用的词的结构单位。在现代汉语中，这种词素较少。例如，"们"附加在其他表人词素后面，可以表示复数，如"老师们、我们"等。

以上特点不仅涵盖了词素的内涵和功能，而且理清了词和词素的关系，是比较科学和全面的定义。

2. 语料来源及数据库建设

本书的研究对象主要是现代汉语词素义，并且偏重于词素的词汇意义，对语法意义和色彩意义涉及较少。语料主要来源于《现代汉语词典》（第 6 版）收录的词素和词素义。以《现代汉语词典》为语料来源的原因主要有以下几点：①《现代汉语词典》是中国第一部现代汉语规范词典，其宗旨和任务在于推广普通话、促进现代汉语的规范化，权威性和代表性强。②《现代汉语词典》是一部中型语文词典，严格以词语使用的普遍性和生命力为收词标准，收词数量丰富且释义科学规范，成为语言学研究非常受欢迎的封闭性材料库。③《现代汉语词典》自 1978 年问世以来，根据社会及语言发展的需要，能够与时俱进，得到及时修订和更新，且第 6 版对所收录的现代汉语词作了全面的词类标注，这为区分成词词素与不成词词素、分析词素义、更准确地统计语料提供了很大便利。

---

① 本书如无特殊标注外，词义解释均出自中国社会科学院语言研究所词典编辑室编：《现代汉语词典》（第 6 版），北京：商务印书馆，2012 年。

笔者首先建设了现代汉语词素义数据库。词素义数据库基本做法是把《现代汉语词典》(第 6 版)中的现代汉语词素义及所构词筛选出来,然后输入电脑。一个词素为一条记录,将词素、释义分别设立字段,并根据需要进行标注。其次,基于数据库进行统计分析。利用词素义数据库,对词素义的各个方面进行计量分析研究。通过对词素义的整理和归纳,对词素义进行多角度的归纳和计量,进而分析词素义生成演化的种种规律。

（二）研究意义

汉语词素义研究是现代汉语研究中的薄弱环节,关于词素义的系统研究更为缺乏,本书的研究意义主要体现在以下几个方面。

1. 促进词素义衍生规律的系统性研究和语义学的全面深入研究

语义的系统性研究是当今词汇语义中比较重要的研究方向。现有研究多集中于词义的探讨,针对词素义的系统研究较为缺乏。本书主要是通过对现代汉语词素义的封闭性批量考察来多侧面地讨论词素义形成的途径和方式,进而揭示词素义的生成演化规律；封闭性批量考察这一研究思路有助于对词素义衍生规律展开系统性研究。此外,从理论上讲,词素义应是语义学中不可或缺的重要部分,有了对词素义的研究,汉语语义学才能真正称得上是对整个汉语语义全面而系统的研究；而研究词素义,对于探求词义的历史演变规律也有着重要的理论价值；因此词素义的研究可以为目前的语义学研究补充新的内容,并可能对语义的定义、语义的组成规律和演变过程等问题形成新的认识。

2. 深化汉语造词法的研究

本书有两章内容讨论造词法和汉语词素义的衍生关系,从造词法角度研究词素义,需要对汉语造词法进行归纳、整理；从这个角度上看,在某种程度上可以促进对汉语造词法的深入研究。

3. 补充汉语词汇史的研究

在汉语词汇系统中,探讨词素义的产生,梳理其转化过程中的意义,追溯这些词素的最早意义,对汉语词汇史研究具有补充作用。

4. 促进语言应用相关问题的解决

深入、细致、系统地描写和分析词素义,除加强词汇研究、促进母语词汇教学及汉语作为第二语言词汇教学之外，对辞书编纂、中文信息处理都会有所裨益。目前，在汉语作为第二语言词汇教学领域内，词素教学越来越受到重视，词素义也成为对外汉语教学中非常重要且必须攻克的一个难题。辞书编纂、中文信息处理等也都会涉及汉语词素义问题。因此，本书的研究成果对与语言应用相关问题的解决都会有实际的参考价值。

二、本书的研究目标和研究方法

（一）研究目标

本书主要在现有词义、词素义研究成果的基础上，运用《现代汉语词典》（第6版）中的语料，在对现代汉语词素义进行统计的基础上，通过探讨造词对现代汉语词素义衍生的影响，从发生学角度揭示出词素义衍生的规律，并对词素义衍生的认知动因进行解释，此外，具体讨论具有代表性的个别词素义的发展演变轨迹，以及多义词素义项的基本概况和特征等，以期建构出独立、系统的现代汉语词素义衍生理论，从而扩大汉语词素义的研究领域，深化汉语词素义的研究，补充汉语语义学的研究内容，为对外汉语词汇教学、辞书编纂和中文信息处理提供具有实际参考价值的资料。

（二）研究方法

1. 基于数据库的定量研究

定量法是通过对语料进行数量统计，利用一定的量化形式，来认识和揭示语言现象背后的规律和特点。针对本书的研究对象，笔者开展了词素义数据库的建设工作，并利用现代汉语词素义数据库对词素义进行多角度的计量统计，不同角度的数据统计能够体现不同的具体规律。而且在计量分析的基础上进行定性描写说明，尽量避免词素义分析的主观性和片面性，使结论具有较高的可靠性和可信度。

2. 基于认知的动因解释

笔者试图以认知语言学的象似、隐喻、转喻、原型范畴、构式压制等相关理论为依托，辅以构式语法的相关理论，对现代汉语词素义的深层动因进行认知解释。从意义形成的起点出发，结合思维规律和认知特性，剖析影响词素义衍生的主要因素。

3. 共时与历时相结合的模式

汉语词素义系统是汉语语义系统中的一个子集系统，为了能够得到普遍性和适用性较强的结论,本书不但对词素义的生成过程、发展演变动态展开了历时的考察,还在共时平面上对多义词素义项的概况和特征进行了研究。

4. 宏观与微观相结合的模式

宏观研究指把词素义的研究置于广阔的空间和时间背景中,从总体把握词素义的内容、特点及衍生规律;微观研究指深入词素义的个体,对某一具体词素义进行微观深入分析。两者相结合,以宏观带动微观,以微观充实宏观,使宏观的研究更扎实、更有据。

第二章 现代汉语词素义概述

词素义研究必然要涉及几个基础性、关键性的理论问题：词素义是什么？它包括哪些内容？词素义具有什么性质？只有解决了这些问题，才能在此理论基础之上进一步对词素义进行研究。因此，作为研究词素义的基础性工作，本节将在前贤研究的基础上，重点探讨词素义的内容及其生成方式、词素义的普遍性质和特殊性质。

第一节 词素义的内容及其生成方式

作为语言系统中最小的符号，词素也是语音形式和语义内容的结合体。每一个词素都有它的声音和意义，声音是词素的形式，意义就是词素的内容。可以说，词素义就是词素的意义内容。但是如果这样来理解词素义，显然是不够的，因此需要进行更深层次的探讨。

一般来说，人们在现实世界中接触到各种各样的现象，这些现象通过人们的各种感官反映到大脑中，大脑再对这些现象进行比较、分类，然后从同一类现象中抽象出本质特点，并且用语音形式把它固定下来，这种以语音作为物质载体的意义内容，就形成了词素义。例如，世界上有各种各样的花，花的颜色、形状、气味、种类等各不相同，但所有的花都有一个共同的特点，根据《现代汉语词典》的释义，即"种子植物的有性繁殖器官"。这一共同特征，是花区别于世界上其他事物的本质特征，也是人们对各种类型的花进行比较、综合概况之后得到的认识成果。之后，这一认识成果经过社会的约定俗成，被"huā"这一语音形式来承载，它就成为了"huā"的词素意义。当然，现实现象不仅包括真实世界的具体事物，还包括抽象的事物、动作、性质、状态、变化和关系等，如"吃、大、小、变、与"等；不仅可以反映现实世界里的对象，也可以反映精神世界的对象，如"鬼、神"等。词素义的这部分内容一般是和概念密切相关的，这部分是词素义的词汇意义。此外，人们对客观事物、现象和关系进行概括归纳时，还会对词素所指产生某种态度或联想，进而为词素的词汇意义添加某种色彩意义。当词素用来构词造词时，也会起到某种语法作用，从而形成词素的语法意义。

概括地说，词素义的内容包括词汇意义、语法意义和色彩意义。

一、词汇意义及其生成

词素的词汇意义是指词所表示的客观世界中的事物、现象和关系的意义,是人们从事物、现象和关系中抽象出来的最普遍的特征。比如在《现代汉语词典》中,词素"山"的词汇意义"地面上由土、石形成的高耸的部分",这是客观世界中的众多山的本质和普遍特征。根据《现代汉语词典》,"经过提炼或挑选的"是"精"的词汇意义,同样是对客观世界事物的性质和特点的概括认识。词汇意义是词素的核心意义。本书主要研究的是词素义的词汇意义,这里暂且不再赘述。

二、语法意义及其生成

词素的语法意义是指词素表示语法作用的意义,它是词素在构词过程中,具有相同构词能力的词素形成类聚之后所显示出来的意义内容,主要表现为一定的构词功能和语法属性等。语法意义的生成都体现于该词素参与构词的过程中,语法意义是一种更抽象、更概括的意义。词汇系统中每一个词素都处于某种语法关系的聚合中,每一个词素都有一定的语法意义。所以根据词素义项参与构词时所表示的语法作用及语法意义的不同,本书从不同角度对词素义进行分类。

(一)成词词素义和不成词词素义

这是从词素是否能够独立成词的角度进行区分得到的分类。成词词素义是指词素义可以独立作为词的义项存在。例如《现代汉语词典》中"山"的"地面上由土、石形成的高耸的部分"和"指蚕蔟"的义项都可以独立作为词的义项存在。在成词词素义中,有些词素义只能独立成词,不能和其他词素义构成词,如"吗、踌躇"等的义项;有的成词词素义还可以和别的词素义共同构成词,如"山"的"地面上由土、石形成的高耸的部分"义项还可以构成"山石、山水"等词。不成词词素义是指不能独立作为词的义项存在,只能和别的词素义结合构成词,如"习、微"及一些词缀词素"阿、子、头"等义项。在具体进行词素义类型判断时,需要注意两点。

一是需从共时角度进行分析。因为在语言的发展过程中,有些在古代汉语能够独立成词的词素义,发展到现代汉语却变为不成词词素义,如"敏"在《现代汉语词典》中的的两个义项"疾速;敏捷"和"聪明;机警"在古代汉语中都是词义,发展到现代汉语都不能独立作为词的义项存在了。因此在判断词素类型时,必须着眼于共时。

二是应从词素义项的角度进行判断分析。例如,《现代汉语词典》中对"乱"的释义是：① 没有秩序；没有条理。②战争；武装骚扰。③ 使混乱；使紊乱。④（心绪）不宁。⑤ 任意；随便。⑥不正当的男女关系。可以看出,"乱"的几个义项中,①③④⑤是成词词素义,②⑥是不成词词素义。因此,判断词素义的类型应该以词素的具体义项为着眼点,不应以整个词素为判断体。

（二）词根词素义和附加词素义

这是根据构词时词素的性质和表意的不同得到的分类。词根词素义表达实在的意义,是所构造新词的主要意义承担者,如"水、心"等的义项。汉语中的词根词素义十分丰富,可成词词素义和绝大多数的不成词词素义都可以充当词根词素的义项。附加词素义是附加在词根词素上表示附加意义的。例如,"阿X""初X""X子""X头""X乎乎""X油油"等的意义,附加词素义都是不成词词素义。汉语中的附加词素义一般是由词根词素义转化而来的,某个词根词素在长期的运用中,由于使用语境的变化,词汇意义有可能变得虚化,从而成为表示某种类型的语法意义的附加词素。

（三）词素实义和词素虚义

词素实义和词素虚义是根据其构词功能及意义虚实划分出来的类。一般来说,具备实义的词素意义实在,可以构成语法上的实词。实词素既可以和其他实词素构成实词,也可以和虚词素构成实词,如"祖国""剪子"等。具备虚义的词素意义比较虚化,既可以构成语法上的虚词,也可以构成实词,如"吗"可以独立构成虚词,"砖头"是由虚词素"头"和"砖"共同构成,实词"吗"和"头"在构词时主要体现所构词的语法意义。

三、色彩意义及其生成

色彩意义是客观世界中事物、现象和关系的种种性质特点,形态特点,时代特点,民族特点,人们对事物的主观感情、态度和评价,以及词素在运用中所表现出的倾向和格调的总和。可以说,词汇意义所指称客观世界中事物、现象和关系的性质特点、形态特点、时代特点、民族特点及人们的主观感情、态度、评价等也都是语言社会中的客观存在,人们对此进行认识和反映所形成的认识成果,也应该是词素义的一部分,这部分就是词素的色彩意义。色彩意义既与词汇意义所表示的客观事物、现象等有关系,也与词素的构词语境密切相连。由于色彩意义赖以形成的基点是多方面的,因此色彩意义的类别也是多样的。现代汉语词素的色彩意义及其生成大致可以分为以下几种类型。

(一)感情色彩及其生成

感情色彩是人们对客观对象的态度或感受,是表现人们对客观事物和现象的主观态度与评价的一部分意义内容。词素义的感情色彩的生成主要有几种情况。

1. 有些词素的感情色彩渗透于词汇意义之中,随词汇意义的生成而生成

有些词素的感情色彩渗透于词汇意义之中,随着词汇意义的生成而生成。例如,"善"指"善良;慈善",意义本身决定了它具有赞美的感情色彩,这种褒义倾向完全由意义决定,是从意义中投射出来的,而且这种意义和某种色彩的结合具有相对稳定性。如果以此意义进行构词,往往也会影响到所构词的色彩意义。例如,词素"善"所构词"善人、善举、善事、善款、善良、善终、善意、善事"等都具有褒义色彩。再如"恶"表示"凶恶;凶狠;凶猛",同样词汇意义本身决定了它的贬义色彩,其所构词也都是贬义词,如"恶狗、恶徒、恶霸、恶骂、恶战"等。名词性、动词性、形容词性词素往往都可以在词汇意义中体现其感情色彩。

由于这些感情色彩渗透于词汇意义中,所以有些词素的色彩意义也会随着词汇意义的变化而发生变化。例如,"爷"在《现代汉语词典》中的释义是:①父亲。②祖父。③对长一辈或年长男子的尊称。④旧时对官僚、财主等的称呼。⑤民间对神的称呼。从中可以看出,原来的"爷"在构词时所具有的是一种褒义的感情色彩。改革开放后,出现了一批由"爷"构成的新词,如"倒爷(称呼从事倒买倒卖活动的人)、捧爷(称呼擅长奉承、吹捧人的人)、票爷(称呼以兜售假发票牟利的人)、息爷(称呼坐吃利息没出息的人)、侃爷(称呼能说会道、闲聊吹牛的人)、板儿爷(称呼靠蹬平板三轮车挣钱谋生的人)",这些词的"爷"成了对从事某些不被认可的活动的人,或者具有某种不被认可的特征的人,或者对从事某种社会地位不高的工作的人的称呼。很明显,改革开放后词素"爷"又增加了贬义的感情色彩。也有的本来具有贬义的感情色彩,随着词汇新义项的增加,又增添了褒义的色彩。例如,"霸",在现代汉语中多具有贬义色彩,如"恶霸、渔霸、狱霸、路霸"等,在当代汉语中"霸"的构词范围不断扩大,可以构成"学霸、考霸、笔霸、听霸"等词,"霸"多指"在某方面能力超强的人",也可以构成"浴霸、彩霸、词霸、图霸、译霸"等词,用来指"同类中最好的商品"。这样,"霸"就具有了褒义的感情色彩。当然,具有某种感情色彩的词素再参与构词时,也会影响到所构词的色彩义。

2. 有些词素的感情色彩通过认知和联想生成

有些词素的词汇意义本身并不具有独特的感情色彩，但是由于人们对词素所指事物的某些特点有所认识，从而使该词素义具有了感情色彩。例如，"梅""兰""竹""菊"本是四种植物，并无感情色彩。人们通过对这四种植物的认知，掌握了它们的特点和性质，并在此基础上进行联想。在中国的传统文化中，这四种植物分别代表了高洁傲岸、优雅空灵、虚心有节、冷艳清贞等特点，并被称为"四君子"。因此这些词素意义也具有了喜爱的褒义感情色彩。

3. 有些虚词素的感情色彩在构词过程中生成

词素根据表意是否实在，可以分为实词素和虚词素。汉语中有些虚词素往往也具有一定的感情色彩。汉语是孤立语，缺少形态变化。因此现代汉语中的词缀并不多，并且这词缀大多都是由实词素发展转化而来的。在由实词素转化为虚词素的漫长过程中，有些词缀构词能力较强，往往在造词过程中也生成较为鲜明的感情色彩。

前缀"老、小、阿"在后加表人词素时，一般有喜爱和亲切的感情色彩，如"老张、老兄、小王、阿哥、阿姨"等。后缀"儿"往往带有喜爱的感情色彩，如"花儿、鸟儿"比"花、鸟"更富有感情色彩。有些叠音后缀也具有喜爱的色彩，如"绿油油、香喷喷、热乎乎"等词。

现代汉语中贬义色彩比较鲜明的当属三音节后缀"不拉叽"，由它构成的词往往也被赋予了厌恶的感情色彩。例如，"脏不拉叽、白不拉叽、酸不拉叽、甜不拉叽"等词，"脏"本身就具有厌恶色彩，和"不拉叽"构词后，仍然具有贬义色彩；"白、酸"本不具备明显的感情色彩，和"不拉叽"组合成新词后，转化成贬义词；而"甜"本是褒义词素，和"不拉叽"结合后，具有了厌恶色彩。

通过以上分析可以看出，词素义感情色彩的生成方式和表现方式都是多样的。但不管怎样，都和词素的词汇意义及其构词情况有着密不可分的关系。

（二）语体色彩及其生成

语体是适应不同的交际需要而形成的语文体式。词义具有语体色彩，是由于有些词语经常被用在某种语体中，便带上了该语体所特有的色彩。词素的主要功能在于构词和造词，不能直接参与造句，因此词素的语体色彩基本上是通过所构词的语体色彩而显现出来。基于这个角度，词素义的语体色彩可以分为成词词素和不成词词素两种情况进行讨论。

1. 成词词素的语体色彩

成词词素都能独立成词，当它们作为词直接参与造句时，它们的语体色彩等同于词的语体色彩。例如，"之、故、而、兹、则、乃、囹圄、旖旎、婆娑、磅礴"多用于书面语中，具有文言特色，表现出典雅、庄重的风格；再如，"溜、搞、甭、哼、嗯、嘛、呀"等主要用于口语中，多带有通俗活泼的风格特点。

有些成词词素还可以和其他词素构成新词。具有书面语色彩的成词词素大多都源于古代文言著作，都是古代汉语中保存下来的词，在现代汉语中使用场合有限，构词能力也较弱，因此这些词素几乎只能独立成词，不能构成新词。具有口语色彩的表示感叹等语气的成词词素也没有构词能力。也就是说，具有较为鲜明的语体色彩的成词词素的构词能力大多较弱，只有一些具有口语色彩的动词性词素有一定的构词能力。这些词素在构词时，往往是带着其自身的语体色彩进行构词的，所构词的语体色彩与词素基本一致。例如，表示"偷偷地走开或进入"的"溜"，口语色彩较浓，它所构成的词也多具有口语色彩，如"溜达、溜号"等；"搞"也多构成口语色彩较为浓郁的词，如"搞定、搞怪、搞鬼、搞活、搞笑"等。

2. 不成词词素的语体色彩

不成词词素不能独立成词，只能和别的词素构成词。因此，这部分词素的语体色彩主要是通过其经常出现的构词语境及其来源而获得。词素的构词语境决定了词素的语体色彩。如果词素所构词多用于口头表达，一般来说这个词素也多具有口语色彩。此外，词素的来源也决定了词素的风格色调和语体色彩。如果词素是由古代汉语书面语演变而成，那么其典雅的书面色彩也是先天具备的。

现代汉语中有些构词后缀"儿、子、头、鬼、家、不拉叽"等，经常构成口语化的词，这些词缀也多具有口语语体色彩。例如，"花儿、画儿、尖儿"等词具有亲切、自然、随意和通俗的风格，经常在口语中使用，因而形成了口语色彩，与此同时，"儿"也具有了口语色彩。再如，"桌子、椅子、凳子""木头、砖头、石头""小气鬼、烟鬼、酒鬼""姑娘家、孩子家""酸不拉叽、白不拉叽"等都显示出通俗平易的口语风格，"子、头、鬼、家、不拉叽"也就成为具有口语色彩的构词词素。这是因为这些词缀在构词时多读为轻声，意义也比较虚化，这样就很容易显示出非正式的口语风格。

现代汉语中有些词缀或类词缀也具有书面语色彩，如"性、然、者、员、界"等。

这些词缀构成的词,像"党性、刚性、政策性、结构性""忽然、突然、显然、欣然、悠然""强者、老者、作者、笔者、胜利者""学员、官员、教员、指挥员""文艺界、艺术界、科学界"等多具有一定的书面语色彩,相应的"性、然、者、员、界"等词素也具有了书面语色彩。这类词素与"儿、子、头、鬼、家"不同,它们在构词时语音调值没有变化,不读轻声,意义也未完全虚化,并且多为古代汉语中传承下来的意义。因此,它们往往呈现出较多典雅的书面语色彩。

现代汉语不成词词素绝大部分是具有实在意义的词素,如"伟、奋、荣、阐、瞰、境"等,这些实词素大部分都是从古代汉语的词演变而来的。由于汉语的词逐渐由单音节向双音节发展,古代汉语的许多词在现代汉语中变成了不成词词素。上面举例的词素在古代汉语中都是独立成词的。因此,这类不成词词素天生被赋予了古典的风格,并且这些词素所构词也多具有书面色彩,如"伟"可以构成"伟岸、魁伟、伟大、雄伟、伟论、伟绩"等词,"奋"可以构成"振奋、兴奋、勤奋、奋发、奋勉、奋战、奋争"等词,"阐"可以构成"阐发、阐释、阐明、阐述、阐说、阐扬"等词,其典雅风格的书面色彩显而易见。

(三)形象色彩及其生成

目前,学术界对形象色彩的界定并不完全一致。本书采用杨振兰的定义:"词的形象色彩是在词的形象意义的基础上形成的一种感性的联想色彩。……它是在主体对客观对象进行了感性认识的基础上形成的,因此属于形象思维的范畴,依靠的是感觉、表象和想象。"[①]形象色彩实际上是主体通过感觉、表象和想象反映事物的外表形象和特征而获得的认识成果。也就是说,表示抽象意义的词无形象色彩可言,只有表示具象的词义才会具有形象色彩。丰富的形象色彩是汉语词汇非常重要的一个特点。词的形象色彩是客观存在的语言现象,它附着在词的词汇意义之上,成为词义非常重要的一个组成部分。这在学术界已经达成共识,但是词素的形象色彩与词有很大不同。

通过观察,笔者发现除了个别的拟声词素和叹词素外,词素一般不蕴含形象色彩。例如,"乒乓、哗啦、嗖、扑通、哈哈"等拟声词素和"啊、唉、哼、哦、哎哟、喂、嗯"等叹词素给人以如闻其声的听觉形象,具有很强的"音像感"。所以这两类词素蕴含着鲜明的形象色彩。形象色彩的形成是客观基础、语言手段和心理因素三者有机

[①] 杨振兰:《现代汉语词彩学》,济南:山东大学出版社,1996年,第83页。

结合的产物,三者缺一不可。所谓客观基础是指客观存在的具体事物、现象、状态和行为等因素;语言手段主要是指造词、构词和构形的方式;心理基础是指形象感赖以形成的主体的心理活动,主要表现为相似联想、相关联想和关系联想等。[①]拟声词素和叹词素的形象色彩也是这三个条件相互结合的产物,它们以客观存在于自然界的声音为其客观基础,通过人们的关系联想利用摹声法摹拟自然界的声音而形成,使人们的感觉聚集在事物或人的声音上,因而给人以强烈的声音形象感。

而其他表意具象的词素虽然都具备一定的客观基础,但由于缺乏形象色彩形成的语言手段和心理因素,很难生成形象色彩。而词素包括成词词素,都是最小的音义结合体,内部不能再进行分割,只是孤零零的一个,既无可修饰的对象,也难以进行描绘,缺乏可以运用的语言手段,因此很难作为形象色彩的载体,也就难以形成形象色彩。正因为如此,也很难让人展开联想,从而缺少形象色彩形成的心理基础。例如,"树、猫"虽然表示具体的事物,并给人一种形象感,但这种形象感来自对该事物的形象的概括。除非予以强调,这种形象感一般不会引起主体的重视和联想。例如,在"两棵树、一群猫"中,人们感觉不到"树"和"猫"有什么形象色彩。再如,还有一些词素是专门描述形象的,其词汇意义就是关于形象描写的,如"美""静""绿""蓝"等,但它们仅仅止于一种描述,并不能给人以形象感。"走""洗"等虽然也表示某种动态的形象,但因为过于笼统,缺乏逼真的感觉,也难以形成形象感。

尽管一般词素不具备形象色彩,但是这些词素却可以作为构词成分构成具有形象色彩的词。例如,"猫步、蝴蝶结、蜂拥、黄莺、雪豹"等都有着鲜明的形象色彩,其形象色彩正是通过原本没有形象色彩的构词词素"猫、蝴蝶、蜂、黄、雪"而获得的。当然这些词素都有着具象意义,也就是说,本无形象色彩的词素在构词时往往会使所构词具备了丰富的形象色彩。

(四)外来色彩及其生成

有些词素来源于外语,经过汉语的适当改造才成为汉语词素系统的成员,这些词素在适应汉语语音系统和语义系统的同时,保留了一些外语的特色,因此带有一种特殊的异域色彩,这种色彩就是外来色彩。例如,"咖(咖啡)""啤(啤酒)""基因""巧克力"等词素都是通过借用英语词而形成的,无论在语音形式还是意义内容上,都具有不同于像"山、水、土"等汉语固有词素的特殊的外来情调和意蕴。这是因为,这

---

① 杨振兰:《现代汉语词彩学》,济南:山东大学出版社,1996年,第84-96页。

些词素表达的都是外来的事物或概念，大都是汉民族原本没有的，再加上特殊的语音形式和音节组合，就使它们具有较为明显的外来色彩。

词素的外来色彩是根据词素的来源或表达概念的来源而产生的一种色彩意义，与词汇意义关联不大，而是更多地凭借语音或书写形式上的特点来显示外来色彩。在汉语中，外来词素大多都是通过音译或借形外来词而产生的，与汉语词相比，往往具有更为鲜明的外来色彩。例如，"凡士林、三明治、沙发、奥（奥林匹克）、秀（表演）"等，无论成词词素还是不成词词素都是通过音译形式借用过来的。当代汉语中，随着汉语与外语之间交流越来越深入，还涌现出很多字母词素，如"CD""IP""IT""OPEC"等，不仅在语音上与汉语语音系统有很大不同，而且在记录符号上也颠覆了传统汉字的书写形式。这样的词素进入汉语词汇系统之后，其自身不同于汉语固有词素的异域风格便会十分醒目，外来色彩也更加浓郁。

词语的外来色彩并不是固定不变的。一般来说，词语的外来色彩在长期的语言运用中会慢慢淡薄甚至消失。"那些代表外族所有本族所无的事物或概念的词，其外来色彩不容易失去，而那些所标志的外来事物或外来概念在本民族的社会生活中占有重要地位，与日常生活密不可分的外来词，其外来色彩消失得要快一些。"①词素的外来色彩也不例外，如"骆驼、苜蓿、玻璃、雷达、塔"等词素，是汉语在不同时代吸收的不同民族的外来词素，在当时及之后的相当长一段历史时期内，它们都保留了浓厚的外来色彩；但是，因为其所表达的事物在当今社会生活中比较常见，再加上词素生成的历史较长，这些词素的外来色彩几乎消失殆尽，如果不是有意识地去追根溯源，已很难感知到其外来身份。和成词词素相比，不成词词素外来色彩的磨损与其自身的构词能力也有着密切的关系。例如，"啤酒"的"啤"是改革开放以后汉语借自英语的"beer"的外来词素，汉语借入之后，"啤"参与了"扎啤、瓶啤、干啤、黑啤"等词的造词，呈现出较强的构词能力。构词能力的增强，也就意味着其所表达的事物在人们的日常生活中比较普遍，这种较高的使用频率自然也会磨损词素的外来色彩。再如，"酒吧"的"吧"，同样也是当代汉语从英语中引入的词素，当它随着"酒吧"出现在汉语中时，"酒吧"这个词的外来色彩主要靠"吧"来承担，后来，"吧"作为构词词素构成了"吧台、吧女、水吧、书吧、话吧、网吧"等新词，其意义也在表示"酒吧"的基础上泛化为"供人从事某些休闲活动的场所，有的兼售酒水、食品"的意义，伴随着新义项的生成，"吧"的外来色彩也开始逐渐淡化。"啤"和"吧"这两

---

① 杨振兰：《现代汉语词彩学》，济南：山东大学出版社，1996年，第240页。

个词素虽然出现时间不长，但由于其较强的构词能力，所构新词表示的都是人们日常生活中常见的事物，它们的外来色彩也在逐渐淡化。

（五）时代色彩及其生成

词素的时代色彩就是词素意义所体现出的时代背景和时代气息，是社会历史的变化发展在词汇中的烙印。词素的时代色彩附着于词汇意义之上，但与其具体内容无关。也就是说，这些词素虽然都有其自身的意义内容，但当人们看到它们时，就会很自然地联想到它们产生或通行的时代。例如，"嫔""妃""臣""妾""朕""戟""钺"等词素所表示的人或事物都是古代社会存在的。看到这些词素，人们就会想到古代社会相应的人或事物。一般来说，词素时代色彩的生成需要具备两个条件：时代因素和使用频率。所谓时代因素是指词素所表示的事物和现象是某个特殊时代的产物，具有了时代的特点，体现时代的风貌，因而具有了时代色彩，如"桑拿、的（的士）、吧（酒吧）"等词素都反映了当代社会的新事物和新现象，很明显具备当代社会的时代特色。除了时代因素，词素的使用频率也是非常重要的一个因素。具有时代色彩的词素，不一定是某个时代新出现的，但一定是在某个特定时代被高频使用的。例如，"赛因斯"和"德谟克拉西"是从英语中借用过来的 science 和 democracy 的音译词，通行于五四时期并被高频使用，后来被外来词"科学"和"民主"替代。现在的人们一看到这两个词素，便会立刻体会到五四运动的时代色彩。

相比较而言，成词词素比不成词词素更容易被赋予时代色彩。这是因为成词词素可以作为词参与到日常交际中，更容易被熏染上时代色彩。不过，如果和具有时代色彩的词相比，具有时代色彩的成词词素数量也是很少的。这是因为，成词词素都是单纯词，由于具有时代色彩的语义反映的大都是社会在各个方面所发生的重大变革，即从政治、经济、军事、外交到思想、文化、艺术、科学等各个领域所发生的重大事件、重大变革，容纳这种大容量的社会内容，结构较为复杂的合成词更容易实现这一要求。而单纯词往往无法满足，不成词词素更是无法企及。另外，具有时代色彩的词语是为了服务于时代的交际需要而产生的，这就要求这些词语要表意明确和相对完整，而只有具有一定的限制成分，才更容易满足这种要求，词素同样也无法满足这一要求。因此，总体来看，虽然有一定数量的词素具有时代色彩，但是和词相比，词素的时代色彩要逊色得多。

词素义的色彩意义除了上面的五种外，还有地方色彩、民族色彩等。地方色彩是指词素义所表示的客观事物和现象由于处于特定地理区域，而呈现出来的地方特色和格调等。例如,"乌拉"是指东北地区冬天穿的一种鞋,用皮革制成,里面垫有乌拉草,看到该词,人们马上会联想到"东北"的概念。民族色彩是指词素义中能够体现某种民族倾向、特色和风格的那部分内容。例如,"龙""凤""凰""丝""儒"等词素义中有着浓厚的汉民族特色,"热瓦普"是维吾尔族人常用的一种弦乐器,该词素就具有鲜明的维吾尔族色彩。和词义相比,词素义的地方色彩和民族色彩的表现并不十分突出。汉语中具备这两种色彩意义的大部分是合成词,因此,能够充当单纯词的成词词素具备这两种色彩意义的数量较少,而不成词词素更是少之又少。因此,这两种词素色彩意义这里不再作详细论述。

此外,需要指出的是,虽然本节对词素义的常见色彩意义进行了分别论述,但并不意味着每个词素仅有一种色彩意义。其实,在现代汉语中,词素往往是多种色彩意义集于一身,如后缀"不拉叽"既有口语色彩,也有贬义色彩。词素"啊"既有口语色彩,也有表示声音的形象色彩。这是因为色彩意义本是附着在词的词汇意义之上表达人或语境所赋予的特定感受的,而对一个事物,人们可以从语体、好恶、时代、民族等不同角度获得不同感受,因此一个词素义也可以具备多种色彩意义。

第二节 词素义的性质

如前所述,词素义可以说是人们大脑对客观事物和现象进行抽象概括的结果。词素义的生成会受到两个方面的影响,一是客观现实,即客观世界中的物体、性质、行为、状态等各个方面;二是人们在认识客观世界时融入的主观认识。这两个方面与词义的形成完全相同,因此词素义具备和词义相同的性质。当然,汉语词素义的形成、发展,都必然会受到整个语言系统的制约。词素义的种种生成和演变,都会给词素义注入种种不同的性质,而汉语词素义的基本性质也可以反映出汉语词素义形成的原因和构成方式等,这一点也决定了词素义也有着区别于其他语义的独特性质。

一、词素义的普遍性质

根据词素义的形成过程和原因,词素义的性质可以概括为以下几点:客观性、概括性、模糊性、民族性、演变性。

(一)客观性

词素义与词义一样,是客观事物或现象在人们头脑中的概括反映,是人们对客观世界认识的结果。也就是说，客观事物或现象是人们认识的主要对象，没有明确的客观对象的认识实践活动是难以想象的。因此事物或现象是构成词素义的基础或根源。例如，人们在长期的实践中，对"山、河、生、死"等事物或现象有了认识，经过反复观察、分析、综合和抽象概括，形成了概念，同时用一定的语音形式将它们固定下来，于是形成了词素义。古代之所以没有"克隆""基因"等词素及其意义，是因为这些词素所代表的事物或现象都是在当代社会才产生或发现的，古人没有见过这种技术或事物，所以他们的大脑中也就不会产生这些词素及意义。

当然，由于人们的认知能力和水平有限，对客观对象的认识受到现实生活中某些制约因素的影响，有时人们对客观对象的认识是片面的甚至错误的，但这些认识仍然脱离不了现实客观世界，仍然会有其客观现实基础。例如，"鬼、神、妖、魂"等所代表的事物虽然在客观世界中不存在，但都是人们联系现实中的某些事物或现象，加以幻想而形成的，都是现实生活中常见的一些事物或现象的拼凑。另外，随着对客观世界认识的不断深入，人们对客观世界的认识更为科学，这些表达虚幻事物或现象词素的意义往往都发生了深化，并在此义项的基础上都引申出了新的义项。例如，"鬼"在《说文解字》中的释义是："人所归为鬼"，现在这一义项发展为"迷信的人所说的人死后的灵魂"，把"人所归为鬼"看作一种迷信的不科学的说法。根据《现代汉语词典》，"鬼"还在此义项的基础上引申出"对人的憎称或蔑称""躲躲闪闪；不光明""不可告人的打算或勾当"等义项。这些新义项的生成也与其本义所具备的客观性有着密不可分的联系。

（二）概括性

词素义不仅是客观事物或现象在人们头脑中的反映，而且是概况的反映，词义概括地反映了客观事物或现象的共同特征，舍弃了其个别的、具体的差异性的属性。例如，《现代汉语词典》中"鸟"这一词素的意义就概括了所有种类的鸟的共同本质属性："脊椎动物的一大类，体温恒定，卵生，嘴内无齿，全身有羽毛，胸部有龙骨突起，前肢变成翼，后肢能行走。一般的鸟都会飞，也有的两翼退化，不能飞行。"而不论鸟的形体大小、颜色、叫声、性情等方面的差异。因为鸟的这一本质特征已经把它和其他动物区别开来。

不仅词素的词汇意义具备概括性，概括性在词素的语法意义上体现得更为充分。词素的语法意义的形成本身就是一个概括的过程，主要体现在其在构词时所起的语法作用上。例如，"书、车、水、电"等实词素，主要表示事物的名称，在构词时主要构成名词,并且在词中主要充当主谓结构的主语成分、动宾结构的宾语成分等,所以可以判定它们为名词性词素。再如,"X子""X头"等词缀词素主要构成名词,被看作是名词性后缀,而像"X化"主要构成动词,则被看作动词性性后缀。这其中都含有人脑对客观对象归纳概括的过程。

词素的色彩意义也具备概括性的性质,同样也体现在其构词过程中。例如,"X不拉叽"的贬义色彩就是从它所构成的词都是贬义词的客观事实中概括抽象出来的。再如,"姑娘家、孩子家、女人家、学生家"等词经常用于口语中,具有口语色彩,人们经过总结概括,发现这些词的共同之处在于都有轻声词缀"家","X家"应该是口语色彩意义的主要承担者,轻声词缀"家"的口语色彩就被人脑反映出来,从而形成了它的色彩意义。词素的形象色彩同样也会有概括的过程。

(三)模糊性

人的认识活动是对客观事物、现象及各种关系的概括性反映,这种概括性反映决定了人类的认识活动只是对客观对象本质特征的反映,也就是说,人们认识客观对象时总会带有一定的不确定性,正是这种不确定性,使词素意义也具有了一定的模糊性。另外,客观世界中的某些事物或现象大多具有连续性的特点,这就导致有些事物和现象本身具有不确定性,或者彼此之间的界限难以确定,这也会导致词素义的模糊。例如,"黄、绿"这两个词素义的界限很难分清。这两种颜色在色谱上,其核心地带区分是非常清楚的,但是在其交接地带,很难区分出哪是黄色,哪是绿色。

(四)民族性

词素义是人们对客观世界的反映,用什么样的声音表示什么样的意义是社会所约定俗成的,词素义的形成和运用毫无疑问会受到使用词素的社会或民族的制约,因此,词素义还具备民族性的特点。词素义的民族性首先表现在词素义是由整个民族社会对客观事物的认识而确定下来的,是整个民族成员都理解的。个人运用词素时所表达的意义只能以民族社会公认的词素义为标准,这样方能达到交际的目的。词素义若失去了民族社会的认可,就失去了存在的价值。其次,不同的民族,会因不同的文化因素和社会习俗等,对同一客观对象的概括反映不同,从而形成不同的词素。例如,在英语中,兄弟只用"brother"一个词素来表达,而汉语中却用"哥"和"弟"两个词素来表达。

词素义的民族性在词素的色彩意义上也体现得非常明显。同一客观对象,不同民族对其认识反映的态度不同,往往也会导致对其概括的词素义的色彩意义出现差别。

例如，词素"狗"在汉语中所构词多为贬义词，如"狗屁""狗腿子""狗头军师"等；在英语中，"dog"却具有褒义色彩，如"a gay dog""a lucky dog""an old dog"分别指称快乐的人、幸运儿和行家里手。再如，词素"龟"在汉语中具有贬义色彩，而在日语中却具有褒义色彩。

（五）演变性

客观世界是不断发展变化的，语言也不例外，语言中的词素也会随着社会生活的变化对已有的意义内容作出调整，以便于构词造词，来反映客观事物日新月异的发展变化，进而满足人们日常交际的需要。因此，词素义必然会具备演变性。词素义在不同时代的承续嬗变中，在同一时代的不同言语环境中，在与相关词素义的渗透与制约中，均会产生这样那样的增减删削的变化，这些都是词素义演变性的具体表现。

词素词汇意义的演变最为引人注目。例如，"死"在《现代汉语词典》中指"（生物）失去生命（跟'生、活'相对）"，以前在医学上把心脏停止跳动或停止呼吸作为失去生命的标准，随着医学的进步，医学家逐渐认识到只有大脑功能永久丧失才是认定失去生命的标准，从这个角度来看，"死"的意义较之前深化了，发生了变化。再如，《现代汉语词典》中的"宰"本指"杀（牲畜、家禽等）"，改革开放后，又增加了新义项"比喻向买东西或接受服务的人索取高价"。葛本仪先生曾提出词义发展的六种类型：词义的丰富和深化、词义的扩大、词义的缩小、词义的转移、义项的增多、义项的减少。[①]这些演变类型同样也适用于词素义，由此也可以很清楚地看出词素词汇意义的演变。

词素的语法意义和色彩意义也往往会随着其使用语境和词汇意义的变化发生演变。词素语法意义的变化主要体现在成词词素与不成词词素身份的转换及语法性质的转变上面。例如，"爽"在古代汉语是成词词素，如《尚书·商书·仲虺之诰》中有"式商受命，以爽厥师"，表示"明、明朗"的意义；在现代汉语中，除了在成语中，一般以不成词词素的面目出现在词中，如"豪爽、直爽"等。如今"爽"又增加了新义，指"舒服；畅快"，此意义可以独立用来造句，像"拆了天桥的新街口，真爽！""人避高温，电避高峰，弹性工时制让工人喊爽。"等句中，"爽"都是作为成词词素来使用的。再如"巨"，古指"大"义，是成词词素，《孟子·梁惠王》中有"为巨室，则必使工师求大木"。在现代汉语中基本上不单独使用，转变为不成词词素，只能和

---

① 葛本仪：《现代汉语词汇学》（修订本），济南：山东人民出版社，2004年，第236-252页。

有限的几个词素结合成词。但改革开放后,"巨"的组合能力大大提高,基本上可以作为程度副词来修饰限制形容词,像"巨近、巨远、巨高"等用法常常出现在人们的日常交际中。有的语法性质发生了变化。例如,"办"本是动词性词素,通过简缩造词形成"安办、侨办、打拐办、打假办"等词后,具有了"办公室"的意义,同时也添加了名词性词素的性质。又如,"热"本是形容词性词素,现在增加了新义"表示形成的某种热潮",主要加在名词性、动词性词素后面构成名词,具有了名词性词素的性质。词素色彩意义尤其是感情色彩也是不断发展变化的,这种变化同样也是体现在构词造词过程中。这一点在前文中已经提及,此处不再赘述。

二、不成词词素义的特殊性质

词素义既有和词义相同的性质,也有区别于词义的特殊性质,尤其是不成词词素,在这方面表现尤为突出。下面主要讨论不成词词素义所独具的性质。

(一)典雅性

典雅性主要表现在不成词词素的语体色彩上。如前所述,不成词词素不能独立成词,只能和别的词素构成词。因此,这部分词素的语体色彩主要是通过其经常出现的构词语境及其来源而获得的。词素的构词语境决定了词素的语体色彩。现代汉语中的词缀或类词缀大多具有书面语色彩,如"性、然、者、员、界"等。只有"子、儿、头、老"及多音词缀"不拉叽"等寥寥可数的几个词缀具有口语色彩。此外,现代汉语不成词词素中的实词素大部分都是从古代汉语的词演变而来的,这类不成词词素天生被赋予了古典的风格,如"境、瞰、谤、羽"等,都具有明显的典雅色彩。在不成词词素中,即使是在当代汉语新产生的词素中,也只有极少数词素由于所构词比较口语化,而具有了较为明显的口语色彩,如"的(的士、打的、的哥、的姐、货的)""吧(吧台、陶吧、网吧、话吧)""巴(大巴、中巴、小巴)""奴(房奴、孩奴、车奴)"等;大部分新词素没有明显的语体色彩,通用于口语和书面语体中,如"啤(青啤、干啤、扎啤、鲜啤)""奥(奥赛、奥数、奥校、申奥)""模(车模、手模、男模)"等。冯胜利的《汉语书面用语初编》一书中收录了244个嵌偶单音词,[①]其嵌偶单音词基本等同于现代汉语中不成词词素,对此进行统计分析,发现在此244个不成词

---

① 冯胜利:《汉语书面用语初编》,北京:北京语言大学出版社,2006年,第8-10页。此书中的嵌偶单音词是以独立义项和独立词项为基础进行统计的,如"横"有两个义项,也把它看作是两个不同的词素。

词素中，只有"桌"在构词"桌子"时具有口语色彩，其他都具有较为浓郁的书面语色彩和较强的典雅风格。

（二）相对独立性

词素是可以独立运用的单位，无论是成词词素还是不成词词素，词素在构词范围内都具有可以独立运用的性质，但这种独立性只能局限于构词范围内，具有相对性。成词词素通过单独构词可以独立运用进行造句，而不成词素不具备这种独立性，因此，不成词词素义所具备的独立性都是相对的。这一点在对外汉语教学中尤为重要。留学生在学习汉语词素时，注意不到不成词词素义的相对独立性，往往会造出"这块蛋糕的味道特别佳""今年冬天特别寒"等语句。如果在教学中能够强调其意义的相对独立性，相信类似的错误会大大减少。

综上，现代汉语词素义受语义系统的影响，一定具有所有词义或语义的普遍性质，而词素作为语言的一级单位，必然也具备其不同于词义的独特性质。

第三章　造词法与汉语词素义的生成（上）

在语言这一层级装置中，词素是最小的音义结合体，它属于造词单位。就现代汉语词素而言，受词素的造词和构词功能的制约，词素义的生成与其参与造词的活跃度有着密切关系。因此，本章主要讨论造词法与汉语词素义生成之间的关系，并具体探讨简缩造词法、比喻造词法和仿拟造词法对汉语词素义生成的影响。

第一节　造词法与汉语词素义生成概说

词素的早期研究主要集中于词素的性质、分类，以及词素义和词义的关系等方面的问题上，把词素义作为主要研究对象的成果也较少；相对于词素和词素义的研究来看，学界而对造词法的研究成果较多。

一、汉语造词法研究概况

造词法就是创制新词的方法。但在早期的汉语研究中，很多学者将造词法与构词法相混淆，认为两者没有什么不同，或者将造词法误认为构词法。孙常叙早在《汉语词汇》中对造词方法与词的结构进行了区分[1]，而后任学良在《汉语造词法》中将造词法分为词法学造词法、句法学造词法、修辞学造词法、语音学造词法、综合式造词法五种并展开系统论述[2]，是最早对造词法进行专门研究的专著。而葛本仪的《汉语词汇研究》明确指出造词法即创造新词的方法，把造词法和构词法彻底分开，并建立了一套全新的造词法体系；将造词法分为音义任意结合法、摹声法、音变法、说明法、比拟法、引申法、双音法、简缩法八种，并进行了具体论述[3]。刘叔新认为造词法的分类准则应该合理，也就是"在一次划分中，只能用一个准则，不能是两个或两个以上的不同准则"[4]，并以此为造词法划分准则，力避界限不清的问题，从造词材料的角度入手，创建了一套造词法体系。在此之后，造词法开始步入与构词法并重的研究时期。此外还有很多关于造

---

[1] 孙常叙：《汉语词汇》，长春：吉林人民出版社，1956年，第72-164页。
[2] 任学良：《汉语造词法》，北京：中国社会科学出版社，1981年，第3-7页。
[3] 葛本仪：《汉语词汇研究》，济南：山东教育出版社，1985年，第46-64页。
[4] 刘叔新：《汉语描写词汇学》，北京：商务印书馆，1990年，第93页。

词法方面的论文,基本上都是以某种具体的造词法、专书或某个时间段的造词法为研究对象。例如,刘兰民的《汉语比喻造词法刍议》等系列论文①,郭伏良、杨同用的《仿拟造词法与仿拟辞格》②,徐国珍针对仿拟造词法的内外部理据进行探讨的系列论文③等,这些都是对具体造词法进行不同侧面研究的成果。陈长书的《〈国语〉造词法研究》④、马连湘的《从〈世说新语〉复合词的结构方式看汉语造词法在中古的发展》⑤主要是对专书中的造词法进行研究。郭伏良的《试论建国后汉语简缩造词的类型与特点》主要对中华人民共和国成立后的造词法进行探讨⑥。刘晓梅的《当代汉语新词语造词法的考察》则用新的造词系统来考察当代汉语新词语的造词法,归纳出"语素合成是能产性最强的主流造词方法,其次是修辞转化,语法类推、音义相生和字母造词属于支流的造词方法"⑦。除了关于具体造词法的探讨外,关于造词理据的研究成果也不断出现。葛本仪认为造词活动是在"人们的认识和现有语言要素的基础上进行的,人们的认识情况和思维规律,决定着被造成的词的根本面貌"⑧。实际上就是对造词理据的探讨,这也是较早探讨造词理据的成果。王艾录对语词理据做出了明确的定义,"语词理据指语词发生、变化和发展的动因",并指出了理据和内部形式的区别,还认为语言的任意性和理据性关系不是对立的,而是相辅相成。⑨章宜华对新造词中的宏观理据和微观理据进行了论述⑩,徐国珍的两篇论文也分别讨论了仿拟造词的内部和外部理据⑪。

二、造词法与词素义生成之间的关系

从上面的论述可以看出,自从 1956 年孙常叙有意识地将造词从构词中独立出来,造词法的研究已有 60 多年的历史,其研究日臻成熟,造词法体系日益完善。能产性

---

① 刘兰民:《汉语比喻造词法刍议》,《汉语学习》,2001 年第 4 期;《汉语仿词造词类型刍议》,《修辞学习》,2001 年第 2 期;《汉语修辞造词法初探》,《语言文字应用》,2007 年 A1 期。
② 郭伏良、杨同用:《仿拟造词法与仿拟辞格》,《汉字文化》,1999 年第 3 期。
③ 徐国珍:《论仿拟造词法的内部理据——汉语造词法理据探析的个案研究》,《汉语学习》,2007 年第 6 期;《仿拟造词法的外部理据——造词法理据探析的个案研究》,《修辞学习》,2008 年第 1 期。
④ 陈长书:《〈国语〉造词法研究》,《宁夏大学学报(人文社会科学版)》,2007 年第 6 期。
⑤ 马连湘:《从〈世说新语〉复合词的结构方式看汉语造词法在中古的发展》,《延边大学东疆学刊》,2001 年第 3 期。
⑥ 郭伏良:《试论建国后汉语简缩造词的类型与特点》,《汉字文化》,1998 年第 4 期。
⑦ 刘晓梅:《当代汉语新词语造词法的考察》,《暨南大学华文学院学报》,2003 年第 4 期。
⑧ 葛本仪:《汉语词汇研究》,济南:山东教育出版社,1985 年,第 75 页。
⑨ 王艾录、司富珍:《汉语的语词理据》,北京:商务印书馆,2001 年,第 2 页。
⑩ 章宜华:《信息时代新词的产生与构造理据》,《辞书研究》,2003 年第 5 期。
⑪ 同③。

较强的简缩造词、比喻造词、仿拟造词等造词法研究也日趋深入，造词理据的探讨也大大拓宽了造词法的研究视野。

词素最重要的功能就是造词，就像词义的变化往往是在造句的过程中发生一样，词素义的变化与词的形成过程及其词义的演变有着密切的联系。造词法与词素义的研究也逐渐引起了学者们的关注，相关研究成果在绪论中已经阐述，这里不再赘述。这为研究造词法与词素义生成之间的关系提供了有利的条件和坚实的基础。下面主要梳理和阐释造词法对词素义生成的影响。

（一）单纯词的形成与词素义的生成

单纯词最初形成时词义和词素义是一致的。某个新单纯词的产生必然导致一个新词素的出现，新词素的出现又必然会产生新的词素义。①单纯词由一个词素构成，和构成它的成词词素在语音形式和意义内容上完全一致，即新单纯词的出现标志着新词素和新词素义的出现。像通过摹声造词法和音义任意结合造词法创造单纯词，当新的单纯词形成的同时，也意味着新词素和新的词素义的生成。单纯词的造词法主要集中于摹声造词法和音义任意结合造词法。

（二）合成词的形成与词素义的生成

词义内容的凝固性和整体性是合成词形成的主要特点，合成词的意义不是组成它的词素意义的简单相加。因此，合成词义形成以后，是作为一个整体来发展的。也就是说，合成词的词义无论发生深化、扩大、缩小、转移或义项的增加、减少的演变，一般都不会影响到构成它的词素义的变化。这条规律同样适用于当代汉语词素义。但这并不意味着词素义在合成词中是一成不变的。如果合成词内部组合不是很紧密，有时词义的演变也会触发词素义的变化。例如，在《现代汉语词典》中，"下岗"本指"离开执行守卫、警戒等任务的岗位"，在中国企业改革的过程中，产生了新的引申义"职工因企业破产、裁减人员等原因失去工作岗位"；与此相似，"上岗"和"换岗"也在本义的基础之上分别引申为"到工作岗位工作"和"转换岗位"；随之，"竞岗、转岗、试岗、复岗"等仿拟词开始出现，这样，"岗"的"工作岗位"的新义项也就产生了。当然，这种新词素义的出现还是以积极参与造词为支撑，合成词义的发展只是起了一个导火索的作用。

通过对新合成词形成过程的考察，可见其在词素义的演变中扮演着重要的角色。

---

① 贾宝书：《词义和词素义关系的理论阐释》，《中国海洋大学学报（社会科学版）》，1995年第4期。

词素构词时，其意义除了原有意义外，往往由于受整个词或思维活动的影响而有所变化，或从词义向四周衍生，或借此及彼，或形容比喻，出现某些临时性的变异，当这种临时性的变异经常用于造词时，它就会带有一定的普遍性，被约定为语言义，从而形成新的词素义。从另一个角度说，词素义只有在构成合成词的过程中才能得到发展，不参与造词，只存在于合成词中，意义是不会发生变化的。综观现代汉语词汇发展的历史，合成词的产生可归结为三种情况：一是社会共同将短语约定为合成词；二是人们通过造词活动创制新词；三是从其他语言系统中或方言中借用吸收。

短语约定为合成词是指两个或两个以上的词由于意义上的联系常常被连在一起，最初以词组的形式存在，后由于某种原因，形成了一个完整的意义，结构也更加紧密，这时它就由短语转化为词，其构成成分也转化为词素。例如，"搭车"本是自由组合，后来因为经常被固定使用，生成新义"比喻借做某事的便利做另外的事，从而得到好处"，从而由自由短语转化为词。从例子中可以看出，合成词义是在短语义的基础之上形成的，并没有牵涉构成词素的意义，所以这一类新合成词的出现不会引起构词词素义的变化。新合成词形成的第三种方法是直接从外语中借用或吸收，主要包括外来词和方言词。这种情况往往是在吸收非普通话合成词的时候，把作为构词成分的词素的意义也一并吸收过来，随着使用频率的提高及构词能力的增强，这一意义固定为普通话固有词素的一个新的义项。这种方法直接借用外来词和方言词，也就无所谓造词法，所以也不在本书的讨论范围内。

第二种方法是通过人的思维活动形成的合成词。即人们通过思维活动形成了对某一客观事物的认识后，选取最能代表事物特征的词素按照一定的语法规则组合起来，造出的新词。这是语言中主要的造词方式，类型多样，情况复杂。本书只涉及引起当代汉语词素义变化的造词方式。通过研究，发现词素义的改变主要是由以下几种造词方式引起的。

1. 简缩造词法

有些词语在产生的时候可能是四字或多字短语，时间长了，使用频繁了，就可能被简缩为较少音节，这样就会把一个词的意义浓缩在一个代表词素里，如果代表词素的原有意义不包含这个词所表达的意义，就为新词素义的出现提供了契机。例如，"知青"就是把"知识青年"中每个词的第一个词素抽出来简缩而成的。在"知青"中，"青"被赋予了"青年"的临时义，随着"知青"在交际中的高频显现，以及"青工（青年工人）"这个词的使用，临时义就被转化为语言义并约定为新义项，存在于语言系统中。当代许多词素新义都是通过简缩造词形成的,像"工〔高工、X(姓氏)工、考工〕"的"工程师"义、"体(政体、国体)"的"体制"义、"导(名导、副导、助导、大导)"的"导演"义等。

2. 比喻造词法

比喻法就是用现有的语言材料,通过比喻手段创制新词的方法。这种方法又有两种类型,一种是整个词就是一个完整的比喻,像"猫眼(门镜的俗称)、龙头(比喻带头的、起主导作用的事物)"等。这类词的意义的产生是在整体字面义的基础上通过比喻而形成的,这类词的产生一般不会影响到词素义的变化。另一种是新词的一部分是比喻成分,如"梯田、歌星、法网、题库"等,其中的"梯、星、网、库"都是以比喻义来参与造词的。例如,《现代汉语词典》中"梯"的本义是"便利人上下的用具或设备",生活中有一种田地,沿着山坡开辟,一级一级的,形状很像阶梯,人们利用隐喻认知,把这种田地称为"梯田",在这个新的组合中,"梯"实现的新义就是其比喻义"形状像阶梯的"。"星"的本义指的"夜晚天空中闪烁发光的天体",而生活中出名的歌手就像人群中发光的星星一样,以这样的思维认识活动为基础,人们选取"星"的比喻义造出新词"歌星",这时,"星"形成了临时的比喻义,后来,人们又以它为原型进行仿拟造词,如"影星、球星、舞星、武星、童星"等,"星"的比喻义随着造词范围的不断扩大,逐渐固定为新的义项"称有名的演员、运动员等"。

3. 仿拟造词法

这是汉语中尤其是当代汉语中比较能产的一种造词方法,词素义的改变多发生在一词多仿的类型中。通过对一个原型词语的仿拟,往往可以造出一系列的新词来,形成词群。随着造词范围的不断扩大或某一词素义的有规律使用,其中的某一固定词素的意义就会发生变化。例如,"文盲"是在中华人民共和国成立初就出现的一个词,"盲"是以临时的比喻义参与构词的。后来,人们又以它为原型进行仿拟构词,形成如"法盲、舞盲、科盲、股盲、乐盲、电脑盲"等词,"盲"的新义在不断扩大造词范围的同时,也越来越固定化、语言化,直至约定为新的义项"指对某种事物不能辨别或分辨不清的人;缺乏某方面常识、能力的人"。仿拟对词素义的改变起着不容忽视的作用。正是由于仿拟,才使某一词素新义有规律地出现在多个词中,使其从言语义转化为语言义而单独立为一个新义项,从而完成了词素义的改变。再如,"热(表示形成的某种热潮)、族(称具有某种共同属性的一类人)"等的新义的形成都在很大程度上得益于仿拟的大量造词。

4. 说明法造词

说明法是通过对事物加以说明从而产生新词的造词方法。①人们给事物命名时，为了让大家了解该事物，就用现有的语言材料对事物作某些说明，这就是人们通过认识和思维，然后把思维结果用词素组合表示出来以形成新词的过程。在这一过程中，必然会形成表示概念的短语，此短语就是新词得以形成的基础形式②。比如，人们从语言片段"付给参加影视片演员的酬劳"中分别抽取"片"和"酬"构成新词，其中"片"是合成词"影视片"的构成词素，代表了原词"影视片"的意义。随着"片约、片源"等相同造词情况的不断出现及重复使用，再加上"科教片、纪录片"等新词的加入，"片"逐渐增添了"影视片"的新词素义。

除了上面讨论的几种造词方法，摹声造词法和音义任意结合造词法也会引起词素义的变化，这些造词法与词素义生成之间的关系，后面章节都会详细讨论。当然，这并不是说这些造词方法必然引起词素义的变化，而是说它们容易引起词素义的变化。

事实上，词素义的演变是一个非常复杂的问题，大多数情况下一个词素义的变化可能是上面几种造词方法综合作用而形成的。例如，"裸"的原有义项为"露出，没有遮盖"，可以构成"裸露、裸体、半裸、赤裸裸"等词，而在当代汉语中，尤其是改革开放以来，"裸"的构词能力不断增强，人们通过比喻和仿拟两种造词方法，创造出了类似"裸妆（不着痕迹的透明自然的化妆）、裸色（衣服、化妆等和自然肤色一样的颜色）、裸考（没有任何准备的考试）、裸分（不含照顾性附加分的考试分数）、裸车（从出厂后未加装任何非标准配件的商品汽车）"等"裸 X"类新词语。这些新词中的"裸"的意义与其原义"露出，没有遮盖"都有着相似点。随着"裸 X"类词的增多和使用频率的不断提高，"裸"的"指除了自身外，什么都不附带的"新义也随之形成。又如"白领、蓝领"等最初是从"白领工人、蓝领工人"简缩而来，而"白领工人、蓝领工人"又译自"white-collar worker、blue-collar worker"，分别指称"从事脑力劳动的职员"和"从事体力劳动的工人"，后来，又从英语中引入一个新的概念"pink-collar"，译为"粉领"，用来指称从事秘书、打字等工作的职业妇女。之后人们又采用仿拟法按照"X 领"的模式造出大量类似的词语，如"金领、钢领、黑

---

① 葛本仪：《现代汉语词汇学》（修订本），济南：山东人民出版社，2004 年，第 97 页。
② 词形成的基础形式就是词形成时所依据的一种语言形式。在语言产生之初，应该说词的形成依据就是人们的思维和具体存在的客观事物，通过人们的认识和思维活动，把某种声音形式和某种事物的意义内容任意结合起来，就产生了词。"基础形式"的概念参见葛本仪：《现代汉语词汇学》（修订本），济南：山东人民出版社，2004 年，第 82 页、第 62-63 页。

领、新领、灰领"等，来指称从事不同职业的人或社会阶层。这样，"领"就增添了新义项"从事某种职业或具有某种职业特征的一类人或社会阶层"，这个义项的形成就包含了简缩和仿拟两种造词方法。《现代汉语词典》虽然还未收录这一义项，但是早在1996年修订本中就收录了"白领"和"蓝领"，在2002年增补本中的"新词新义"部分收录了"粉领"和"金领"等词。从另一个侧面也证明了此义项的存在。

三、造词法与词素义生成的研究语料及有关处理方式

在研究造词法与词素义生成关系研究时，本书以《现代汉语词典》（第6版）所收录词素义为主要语料，对其中的现代汉语阶段产生的词素义及所构词进行了穷尽式统计和分析，将由不同造词法在造词过程中产生的词素义进行对应分类。本书分别选取现代汉语中常用的简缩造词、摹声造词、比喻造词、仿拟造词、音义任意结合造词、说明造词六种造词法，进行概念、性质分类、特点、产生原因等方面的分析。在分析过程中，要依据一定的标准逐个判断，进而筛选出全部研究对象，然后加以分类概括统计。为了使研究过程及最后的数据和结论更为准确可靠，本书对研究对象进行了限定，并坚持了一定的原则。

（一）研究对象限定在现代汉语阶段产生的一般性词素义

汉语先后经历了远古、上古、中古、近代和现代等阶段，在每个阶段，汉语的词和词素又都表现出各自不同的特点，都有着自己特定的历史发展规律。上古汉语中以单音节词为主，从词素层面来看，上古汉语中词自身也是可以独立成词的词素，这些词素意义的衍生就和造词法没有任何关系，所以也就没有讨论的必要了。同时，在古代汉语研究中生成的词素义，其生成年代久远，有的淹没于浩繁的文献资料中，有的甚至已经无据可考，判断起来难度非常大。另外，到了现代汉语阶段，汉语词呈现出了双音节化倾向，词素开始大量参与构词，造词法也开始慢慢丰富起来，造词法对词素义的影响也越来越大。正因为如此，本书把研究对象限定为现代汉语阶段产生的词素义。此外，在进行词素义统计的过程中，随着社会科学技术的发展，现代汉语中产生了大量的科技术语，这些科技术语意义来源的判定往往需要大量的科技专业背景知识，受学识和研究时间所限，为了保证统计的准确率，书中对由造词法产生的如"贝^2（贝尔的简称）""芑（有机化合物）"等专业性强、在日常生活中较少用到的专有学科词语不予涉及，只讨论词汇系统中的一般性的词语。

（二）现代汉语词素义提取方法

这样，就需要先判定词素义是否是生成于现代汉语阶段。在甄别现代汉语词素义

时，除了把《现代汉语词典》作为语料来源外，还参考《汉语大字典》《汉语大词典》《王力古汉语字典》三部辞书对相应词素义的解释。主要是因为《汉语大字典》和《汉语大辞典》都是规模巨大、内容浩繁的大型辞书，且《汉语大字典》是当今搜集汉字单字最多、释义最全的一部汉语字典；《王力古汉语字典》义项的设立重在理清一词多义之间引申发展的轨迹和线索，在释义中努力表现出词义的时代特点。同时，这三部辞书的释义用例采用书证，书证具有客观、可靠的特点，能够反映词义的历时发展变化。如果在这三部辞书中词素释义所采用书证中出现了现代汉语之前的例证，那就证明该词素义不是在现代汉语阶段生成的。例如，在《现代汉语词典》中，"价"有四个义项：①价格。②价值。③化合价的简称。④姓。其中④义项指称姓氏，与其他三个义项意义之间的联系不大，是《现代汉语词典》处理此类义项的一种方式，这种情况不在本书的讨论范围之内。《王力古汉语字典》对"价"的释义是"物品的价值"，并举书证："汉焦赣《易林屯之革》：'长钱善价。'"①《汉语大词典》收录"价"的"价格"义，书证为《韩非子·外储说左下》："郑县人卖豚，人问其价。"②也就是说"价"的前两个义项都是在古代汉语中生成的，只有表示"化合价"的义项是在现代汉语阶段生成的，属于本书的讨论对象。

（三）受多种造词法影响而生成的词素义的处理方式

如前所述，在词素义形成过程中，有的并不仅仅受一种造词法的影响，有些词素义的产生是两个甚至三个造词法的结合使用的结果。笔者对多种造词法兼用的情况，采用了多种造词法都统计的方式。像"奴"表示"称失去某种自由的人"意义的形成过程中，既有比喻造词法的影响，也有仿拟造词法的作用。也就是说，新义的形成是两种造词法共同作用的结果，二者缺一不可。为了更真实地反应造词法对词素义生成的影响，"奴"这个词素义生成所属的造词法既被归入了比喻法，也被归入了仿拟法。再如，词素"秀"的"表演；演出"意义的生成，也包含了摹声和仿拟两种造词方法，也是把它分别归入了两种造词法。

第二节 简缩造词法与词素义的生成

语言作为人类最重要的交际工具，在快节奏的现代社会，其短小明快的语言形式

---

① 王力主编：《王力古汉语字典》，北京：中华书局，2000年，第49页。
② 汉语大词典编辑委员会、汉语大词典编纂处编纂：《汉语大词典》（第一卷），上海：汉语大词典出版社，1989年，第1690页。

更便于人们交流。词语简缩现象因此在现实生活和书籍报刊中大量存在。虽然目前学术界对由简缩得来的词语的称呼还未统一，出现"缩略语""略语""简称""简缩词"等不同称谓方式，但对词语简缩这一语言现象都是认可的，并抱有极大的研究热情。本书主要从造词法角度讨论这一语言现象，也就是说主要研究由简缩而形成新词的现象。葛本仪[1]、郭伏良[2]等学者将此称为"简缩造词"。本章赞同以上几位学者的观点，将这一造词法称为"简缩造词法"，将由简缩造词而形成的新词语称为"简缩词"。所谓简缩造词法是把一种较长的语言形式，通过简缩而形成一个新词的造词方法，简缩词是现代汉语词汇的重要组成部分。例如，"福彩""短信"分别是由"福利彩票""短信息"等词语简缩而成的新词。

简缩词中的词素作为原式的代表词素被提取出来，承载着原来一个词或短语的意义，其中某些词素会获得它们原本没有的意义，从而产生新词素义。这就是本书中所讨论的：简缩造词引起词素义的生成。

一、简缩造词法研究现状

国内对汉语简缩现象的研究，从20世纪40年代就已开始。尤其是改革开放以来，社会发展日新月异，大量新词语在及时反映社会变化，称名新事物、新现象的情况下应运而生。人们在快节奏的社会生活中更乐于使用更加简洁的语言进行交际。

在新词语中，通过简化、缩略方法构成的简缩词语占有相当大的比例。据李君统计，北京语言学院出版社出版的1991年至1994年的《汉语新词语》所收1702个词语中，由简缩方式创造的新词语高达436个，约占总数的25.5%。[3]赵国以商务印书馆出版的周洪波编著的《新华新词语词典》为依据进行统计得出：采用缩略方式创造的词语约占总数的16.7%。[4]近几十年来，词语缩略、简缩造词等方面的问题也由此受到越来越多语言学者的关注，目前已有不少研究成果。学界关于词语简缩研究发表的相关论著涉及简缩词语的称名、产生、性质特点、分类、与原形词语的关系、产生原因、规范化等多个方面的问题。王吉辉、马庆株、钟嘉陵、刁晏斌、俞理明等都对词语简

---

[1] 葛本仪：《现代汉语词汇学》，济南：山东人民出版社，2001年，第86页。
[2] 郭伏良：《试论建国后汉语简缩造词的类型与特点》，《汉字文化》，1998年第4期。
[3] 李君：《试析改革后简缩造词现象》，《鸡西大学学报》，2005年第2期。
[4] 赵国：《新词语中的缩略语》，《现代语文》，2007年第21期。

缩进行过专门探讨。①

关于简缩造词，在20世纪90年代之后逐渐受到学者的关注。葛本仪将"简缩法"列为八种造词法之一，②刘叔新在提出"改造法"时把"缩略型"作为其中的一种③，郭伏良对简缩造词进行较为系统的论述并提出提字简缩法、合字简缩法、数字简缩法三种简缩造词方法。④此外，刁晏斌⑤、李君⑥、刘晓梅⑦等对简缩造词法都有论述。简缩造词法及其在当代汉语新词语中的重要地位已得到学界的普遍认可。

近年来，有学者也开始关注词语简缩与意义的关系。例如，刁晏斌、马绿绿指出简缩词语与原形词语分别在概念意义、语法意义和色彩意义上存在差异。此外，词语的简缩还会产生新词义，笔者指出，词语的简缩使用使词汇系统中的某些固有词承担被简缩词语的意义，如"山水"本是现代汉语中的固有词，但其后出现的"山水画"经常被简缩为"山水"，且其义与固有词"山水"在表示"山和水的风景"的意义方面有联系。随着"山水"的"山水画"义在语言实践中不断被人们接受和使用，"山水"就增加了"山水画"这一新义项。⑧词语简缩在形成新的较短形式或新词语的同时，会引起词义的变化，也会引起一些新的词素义或词素新义的产生，即词语简缩是词素义产生的一种途径。简缩生成新义项的情况，古已有之，多有专家学者研究讨论。像伍铁平提出的"词义感染"⑨，张博提出的"组合同化"⑩，孙雍长提出的"词义渗透"⑪等对这种现象都有所涉及，但研究对象和侧重点又有不同。由于古代汉语中单音词占绝对优势，所以古代汉语中简缩生成的多是词义，一般不会涉及不成词词

---

① 王吉辉：《现代汉语缩略词语研究》，天津：天津人民出版社，2001年。马庆株：《缩略语的性质、语法功能和运用》，《语言教学与研究》，1987年第3期。钟嘉陵：《现代汉语缩略语的性质、构成及规范化问题》，《深圳大学学报（人文社会科学版）》，1985年C1期。刁晏斌、马绿绿：《简缩词语与原形词语的差异》，《安徽广播电视大学学报》，2004年第4期。俞理明：《词语缩略中的任意性基础和约定作用》，《语文建设》，1999年第6期；《词语缩略的界定及其理论诠释》，《四川大学学报（哲学社会科学版）》，2000年第2期。
② 葛本仪：《现代汉语词汇学》，济南：山东人民出版社，2001年，第86页。
③ 刘叔新：《汉语描写词汇学》，北京：商务印书馆，1990年，第101页。
④ 郭伏良：《试论建国后汉语简缩造词的类型与特点》，《汉字文化》，1998年第4期。
⑤ 刁晏斌：《当代汉语中比较流行的几种双音简缩造词现象》，《语文研究》，2009年第3期。
⑥ 李君：《试析改革后简缩造词现象》，《鸡西大学学报》，2005年第2期。
⑦ 刘晓梅：《当代汉语新词语造词法的考察》，《暨南大学华文学院学报》，2003年第4期。
⑧ 张小平：《词语简缩与词义衍生》，《海南大学学报（人文社会科学版）》，2010年第5期。
⑨ 伍铁平：《词义的感染》，《语文研究》，1984年第3期。
⑩ 张博：《组合同化：词义衍生的一种途径》，《中国语文》，1999年第2期。
⑪ 孙雍长：《古汉语的词义渗透》，《中国语文》，1985年第3期。

素义。现代汉语中简缩造词与词素义的关系，伍和忠[①]、苏新春[②]、唐子恒[③]、宋晓红[④]等都曾提及。但鲜有从简缩造词的角度，对词素义的生成进行专门而系统的探讨。

二、简缩造词生成词素义的过程

当汉语中一个语言单位的使用频率达到一定程度，它的语义已为广大民众所了解，并且其构成具有一定的固定性，为了以最简短的形式表达更丰富的信息量，根据汉语词汇的构成习惯，这个语言单位可能会出现简缩现象。简缩之后，一个词的意义有时会被浓缩在一个代表词素里，如果代表词素的原有意义并不包含这个词义，但与该词义存在一定的联系，这就为词素新义的生成提供了契机。例如，"知青"是由"知识青年"简缩而来，此时的"青"具有了"青年"的言语义。这一意义与"青"的"指年轻"的义项存在联系。随着"知青"一词在 1950 年至"文革"结束这一时期的高频使用，以及"青工（青年工人）"等词的产生，临时义逐渐凝固成新的语言义，成为词素"青"的一个新义项。新义项的形成是简缩造词生成词素义完成的标志。也就是说，汉语中的某些词素会因长期在简缩词中被用来代表某个词语的意义，从而会与原词语构成较为固定的意义替代关系，进而成为词素的新义项。新义形成过程如图 3-1 所示。

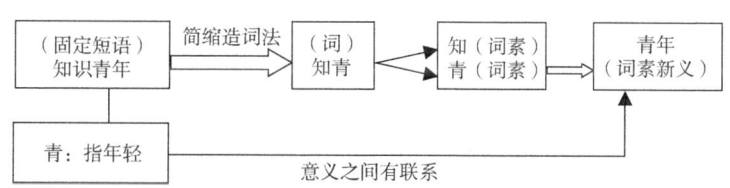

图 3-1　简缩造词生成词素义过程图示

现代汉语中许多词素新义都是通过简缩造词形成的，有的词素新义形成之后，还经常被用来直接构词。例如，"警"的"警察"义形成之后，还构成了"警花、警徽、警衔、警嫂"等词。

---

① 伍和忠：《"缩略生义"胜议》，《广西师范大学学报（哲学社会科学版）》，2006 年第 1 期。
② 苏新春：《"的士"的"意化"过程》，《语文建设》，1995 年第 5 期。
③ 唐子恒：《词素间意义的横向合并》，《山东大学学报（哲学社会科学版）》，2006 年第 5 期。
④ 宋晓红：《现代汉语中词素义"感染"现象探析》，《东岳论丛》，2010 年第 12 期。

三、简缩造词生成词素义的类别及判定

（一）简缩造词生成词素义的类别

由简缩造词法生成的新词素义一般分为两种类型：一种是词汇系统中出现新词素，新词素的出现也就意味着新的词素义的出现；另一种是词汇系统中固有词素增加了新义项。

1. 随着新词素的出现生成新词素义

（1）新单纯词的出现导致新词素及新词素义的生成。

单纯词由一个词素构成，和构成它的成词词素在语音形式和意义内容上完全一致，即新单纯词的出现标志着新词素和新词素义的出现。这多表现在现代汉语中的纯英文字母词和音译外来词中，如"KTV、CT、LED、巧克力、迪斯科、牛顿"等，它们在产生之初即以多音节单纯词的形式出现，代表了一个新的词义，即新词素义。在现代汉语中，对某些词进行简缩会直接得到新的而且基本上都是单音节的单纯词，如"港④、股1⑤、文⑦"①分别是由"香港、股票、文科"提取其中一个音节或词素简缩而成的。又如，"彝"的"彝族"义、"亚"的"亚洲"义、"沙"的"沙皇"义分别是在"彝族、亚洲、沙皇"中提取其中一个词素或音节简缩成词，进而形成新义的。在笔者所搜集到的语料中，这多表现在对某些专有名词的简缩上。此时，构成这些单音节单纯词的新词素及其意义也就应运而生了。

（2）合成词的简缩使用导致新词素及新词素义的生成。

合成词中的词素共同形成一个意义整体，彼此联系紧密，其意义在合成词中不会发生变化，但在构成合成词的过程中，由于受整个词或人们思维活动的影响会有所变化，产生某种临时性的新义，当这种临时义经常被用于造词，复呈率提高，逐渐被人们接受时，它就会演变为现代汉语中的语言义，进入词汇系统，成为新的词素义。

"的士"一词本是音译"Taxi"的外来词，是复音节单纯词，两个音节不能拆开，共同表达一个完整的"出租小汽车"的意思。随着"的士"一词在人们日常生活中的高频使用，以及各种新的出租现象的出现，"的"作为"的士"的简缩成分参与构词，

---

① 此处"1"表示"股"在《现代汉语词典》中为同形同音的分立条目；"④""⑤""⑦"表示"港""股""文"为多义项条目，且在《现代汉语词典》中分别位于其条目下的第四、第五、第七个义项。下文举例及附录表示与此相同。

形成了"面的""摩的""的哥"等新词。①在这些合成词产生的同时，原来作为复音节单纯词中无意义的音节"的"成为汉语中新的音义结合体，成为新词素，从而产生了"的士"这一新的词素义。在现实的语言生活中，人们常会说"打个的走吧"，"打的"，这明显已出现将"的"作为一个词来使用的倾向。《现代汉语词典》已收入"的"的新词素义："的士，也泛指运营用的车"，且"的"已获得了现代汉语词汇的地位。相似的例子还有"大巴"的"巴"。"大巴"是"大型巴士"一词的简缩造词（"中巴""小巴"），随着新合成词的产生和高频使用，原来无意义的音节"巴"也成为汉语中的新词素，生成"巴士"这一新词素义。这种方法产生的新词素及其词素义还有："蒙（蒙古族）、沙（沙皇）、壮（壮族）"等。

2. 固有词素增加新义项

除了随着新词素的出现直接生成新词素义，词语简缩生成的新义绝大多数表现为汉语词汇系统中固有词素添加新义项的情况。这种情况又分为两种类型。

（1）由词简缩生成词素新义项。

对现代汉语中的某些词进行简缩，在所形成的新合成词中会产生原有词素的新义项。

> 老吴是有智慧的人，他用板报的形式寓教于乐地帮助孩子们储存道德。
>
> （《中国妇女报》2007年12月28日）
>
> 在上海交大附中的板报栏里，专门有一个"民族专栏"，用来宣传国家的民族宗教政策以及新疆班的各种信息。
>
> （《中国教育报》2011年9月25日）

"板报"是由"黑板报"一词简缩而来的，"板"在这里表示的是"黑板"的意思。"板"在原有词素义项中并无此义，但随着这种用法不断被人们使用，"板"就在原有词素义项的基础上增加了"黑板"这一新词素义。"板（黑板）"恰与原有词素义之一"片状的较硬的物体"这一意义存在一定联系。同时，"板"的新义还能组成新词"板擦、板书"等。再如，"翅席"简缩自"鱼翅席"，"翅"在"翅席"中实现的是"鱼翅"的意义；随着"翅席"一词使用频率的提高，词素"翅"便增加了"鱼翅"的意义。需要注意的是，虽然"板"的"黑板"义、"翅"的"鱼翅"

---

① 苏新春：《"的士"的"意化"过程》，《语文建设》，1995年第5期。

义与词素的原有义项之间存在或松或紧的联系，但它并不是在原有词素义的基础上产生的，而是通过简缩造词的方式，在新合成词中，经历了一个由临时义到语言义的过程。

此外，对某些专有名词的简缩，有时也会为固有词素添加新义。例如，"港"的"香港"义、"股"的"股票"义、"文"的"文科"义分别是由"香港、股票、文科"提取其中一个音节或词素简缩而形成的新义。这些新义与固有词素的义项存有联系，从而成为故有词素的新义项。

（2）由词组简缩生成词素新义项。

对凝固性强、高频使用的词组或某些固定形式进行简缩，提取其中的代表词素组成新的合成词，同样也会出现词素义项增加的情况。例如，"交警"由"交通警察"简缩而来，"警"在这里表示的是"警察"的临时义，随着"民警、交警"及"武警（武装警察）、警校（警察学校）、刑警（刑事警察）、海警（海洋警察）、防暴警（防暴警察）"等系列简缩词在言语中的高频使用，这个意义就逐渐由言语义转化为语言义，成为词素"警"的一个新义项。"警"的新义项是通过对词组的简缩而形成的。

（二）简缩造词生成词素义的判定

判断一个词素义是否由简缩造词生成，需要注意以下几点。

1. 应符合简缩造词的特征

一般认为，简缩造词的原词语应该具备定型性或常用性的特征，简缩生成词素新义的原词语也要符合这个条件。例如，"乒"的"乒乓球"义来自"世界乒乓球锦标赛"的简称"世乒赛"，其中"世界乒乓球锦标赛"是固定短语。如果原词语不具备这种固定性或常用性，就不能看作是由简缩造词衍生的新义。例如，在"塑钢、塑封"等词中，"塑"实现的都是"塑料"义，但是这些词没有和它们相对应的固定全称。因此，此义项不是由简缩造词生成的，而是说明造词的结果。所谓"说明法是通过对事物加以说明从而产生新词的造词方法"[①]，是人们直接选取思维活动中合成词的某一关键词素进行造词的方法。人们给事物命名时，为了使大家了解该事物，就用现有的语言材料对事物作某些说明，这就是人们通过认识和思维，然后把思维结果用词素组合表示出来以形成新词的过程。这种思维活

---

① 葛本仪：《现代汉语词汇学》（第三版），北京：商务印书馆，2014年，第72页。

动一般是在人们头脑中进行的,不像简缩造词那样外化为语言形式。这也是两种造词法之间的重要区别。当然,有些词素义项的产生和确立是简缩造词和说明造词共同作用的结果。例如,"庭"的"法庭"义,就是由"民事法庭、刑事法庭"简缩而来的"民庭、刑庭"等词,以及运用说明造词法造出的"开庭、出庭",共同作用而形成的。换句话说,这类词素不仅可以构成简缩词,而且具备了直接构成新词的能力。

2. 词素新义具有首现性

简缩造词衍生的词素新义应该是该词素在意义发展过程中首次出现的,而不是早就存在的,这就需要把它与汉语的双音节化现象区别开来。古代汉语词以单音节为主,发展至现代汉语,逐渐双音节化。例如,"息",在古代汉语中有"利息"的意义,像《周礼·地官泉府》:"凡民之贷者,于有司辨而授之,以国服为之息。"①后来在双音节化趋势影响下,出现"利息"一词。在《现代汉语词典》中,"息"有"利钱;利息"的义项。通过上面的分析可以看出,此义项不是通过简缩造词形成的,而是汉语词双音节化的结果。所以说,在判断简缩造词衍生词素新义时,新义的首现性也是非常重要的一个条件。

3. 在现代汉语中完成词素义生成过程

本节讨论的词语简缩造词是在现代汉语中发生的,比较容易观察到它们生成新词素义的情况,但还有少数词语自古代起就完成了这一过程,容易被多数人忽略。例如,"堂兄弟"的"堂"是由"同堂"一词简缩而来,生成"堂房"的意义。《王力古汉语字典》中注:"晋人称同祖兄弟为同堂,至唐省去同字称堂兄弟。"也就是说,"堂兄弟"的原有形式应为"同堂兄弟"。我们对"佛教、佛像、佛经、佛门"等词并不陌生,也知道其是由印度引进来的外来词,但在佛教这一宗教用语中,"佛"最初是"佛陀"的简称。《王力古汉语字典》中注:"佛:佛陀的简称。佛教徒称释迦牟尼为佛陀,省称佛。"②这种情况还有"蟑、麟、释"等,它们都是在古汉语中就已完成了简缩生成词素义的过程,所以不在本节讨论的范围内。

依据以上标准,笔者对《现代汉语词典》中的简缩造词衍生的词素义的情况进行

---

① 广东、广西、湖南、河南辞源修订组、商务印书馆编辑部编:《辞源》(修订本),北京:商务印书馆,1988年,第608页。

② 王力主编:《王力古汉语字典》,北京:中华书局,2000年,第160页、第23页。

了穷尽式考察，共找出 206 个义项。这些义项，《现代汉语词典》采用了三种解释方法。一是释义中有"……的简称"的字样，这种情况有 8 例，如"涂：⑤海涂的简称""漏：③漏壶的简称，借指时刻"等。二是用"指……"或"特指……"来释义，如"蟒：②指蟒袍""牙：②特指象牙"等，以这种方式解释的有 95 个义项。当然这并不是说《现代汉语词典》中所有以"指……"或"特指……"来释义的都是简缩造词衍生出来的。三是采用直接解释的方式，如"办：⑤办公室""导：④导演"，这种情况有 103 个义项。第二、第三种释义方式有时需要人为进行判断。判断时，借助了《现代汉语词典》不同版本、《新华字典》、《辞源》、《古汉语常用字字典》等工具书，以及北京大学 CCL 语料库。

四、简缩造词生成词素义的特点和规律

现代汉语中，简缩造词生成词素义呈现出一定的特点和规律，主要表现在以下几个方面。

（一）生成新义的词素或者简缩词本身具有较高的使用频率

通常来说，如果某个词素可以参与构成一系列的词，并且这些词具备一定的复呈性，那么这个词素的意义就应是语言义，不会是偶发义或临时义。由简缩造词生成新义的词素大都具有较强的构词能力。例如"机"，由简缩造词构成了"机票、机场、机群、劫机、运输机"等词；"化"，构成了"化工、化肥、化疗、化纤、理化"等词；"干"构成了"干校、干群、干警、调干"等词。从上面的例子可以看出，包含这些词素的简缩词往往形成一个词群，具有系列性的特点。也有的词素构词能力不强，但包含该词素的简缩词使用频率较高，同样也可以形成词素新义。例如，表示"卧铺"的"卧"，只构成了"软卧、硬卧"这两个词，但由于"软卧、硬卧"所表示的事物和人们的日常生活密切相关，在语言生活中具有较高的复呈性，所以"卧"也生成了新义项。

（二）生成新义的词素多为不成词词素名词性词素，而成词词素中语法性质多为名词

从《现代汉语词典》中筛选出来的 206 个义项中，从词性上看，生成新义的成词词素的语法性质只局限于名词、动词、形容词和量词四类，并且名词性占绝对优势。笔者对成词词素义的语法性质进行了统计，参见表3-1。

表 3-1　简缩造词生成词素义语法性质统计表

	词性	个数（个）	占总数（206个）比例（%）
成词词素义项 （54个）	名词	44	21.4
	动词	7	3.4
	量词	1	0.5
	形容词	2	1.0
不成词词素义项 （152个）		152	73.7

（三）新义项大多是固有词素增加了新义项，并且多是由短语简缩而形成

对两种词素义生成情况进行统计，参见表 3-2。

表 3-2　成词词素与不成词词素在两种词素义生成情况中所占比例统计表

	成词词素个数（个）				不成词词素 个数（个）	总数 （个）	占总数（206个）比例（%）
	名词	动词	量词	形容词			
新词素义项	14	2	0	0	28	44	21.4
固有词素增加新义项	30	5	1	2	124	162	78.6

如表 3-2 所示，简缩造词生成词素义大多表现为固有词素增加新义项，成词词素中的名词更易因简缩产生新义项。

（四）词语简缩方式主要集中于节略简缩法和缩合简缩法

现代汉语中，节略简缩法（抽取原词语中每一个词的代表词素或音节来构成）、缩合简缩法（抽取部分词中的某几个代表词素或音节组合而成）、替代简缩法（用原词语中某一部分代替原词语）、统括简缩法（提取出几个并列成分中的共同词素，再使用数字概括概念相近的同类项）、提取简缩法（提取出几个并列成分中的共同词素，再和这几个并列成分缀合而成）是常用的五种简缩方法。衍生词素新义的简缩方法主要是节略简缩法和缩合简缩法。例如，"交警（交通警察）、评介（评论介绍）"等使用的是节略法；"男篮（男子篮球运动）、女排（女子排球运动）"等使用的是缩合简缩法；替代简缩法多生成成词词素义，如"价"表示"化合价"的意义，来自对"化合价"一词的简缩使用，使用的就是替代简缩法。简缩生成词素义的情况中，替代简缩法使用较少。这和简缩衍生词义的情况不同，衍生新词义的简缩方式也主要集中于替代、节略和缩合三种方法，但替代简缩法占绝对优势[①]。例如，"笔记本（笔记本电

[①] 张小平：《词语简缩与词义衍生》，《海南大学学报（人文社会科学版）》，2010年第5期。

脑）、保安（保安员）"使用的是替代简缩法，这样提取出来语言单位都应是词，而不会是不成词词素。因此，替代简缩法不会衍生出不成词词素义，而只能是词义或者说成词词素义。

（五）衍生新义的词素提取时大多遵循"首字优先"的原则

如前所述，通过简缩造词衍生新义的词素都是作为某一词语的代表词素从原词语中提取出来的。例如，"影"由于简缩造词衍生了新义"电影"，事实上，"影"就是作为"电影"的代表词素从"电影评论、电影院、电影明星"等词语提取出来和其他词素一起构成新词的。词素的新义就是它所代表的词语，本书中暂且把词素新义所代表的词语称为词素的原词语。也就是说，"影"的原词语就是"电影"。词素的原词语根据音节数量可以分为双音节词和多音节词语。双音节词里包括单纯词和偏正、主谓、动宾、联合结构的合成词。多音节词语里面既有词，如"乒乓球、工程师、霸权主义"等；也有短语，如"篮球运动"等。根据这样的分类，笔者对152个不成词词素的提取方式进行了统计分析，参见表3-3。

表3-3 不成词词素提取情况表

原词语		提取词素	数量（个）[①]	比例（占原词语总数）(%)	例子
双音节词	偏正	偏	72	47.1	驳³：③驳船
		正	33	21.6	板¹：③黑板
	动宾	动	12	7.9	董：②董事
		宾	1	0.6	饭：④指吃饭
	主谓	主	0	0	符：③符合
		谓	2	1.3	
	联合	第一音节	15	9.8	标：④标准；指标
		第二音节	0	0	
	单纯词	第一音节	1	0.6	模：④指模特儿
		第二音节	0	0	
多音节词		第一音节	16	10.5	办：⑤办公室
		第二音节	1	0.6	影：⑦指皮影戏

---

① 原词语总数比笔者统计的152个义项多出1个，是因为《现汉》中的"委¹：④指委员或委员会"有两个原词语："委员"和"委员会"。

如表3-3所示，偏正结构中提取的词素最多，占了总数的68.7%，这与现代汉语简缩词中偏正结构居多有关。偏正结构中"偏"的部分相对更容易被提取并生成词素义，这是由于偏正结构中的修饰限制成分在语义中起着区别和标记作用，是词义的特征部分，以此替代原词语在一定程度上可以使表意更加明确清晰，并且和原词语的联系更加紧密。事实上"以特征代替整体的借代现象在汉语中很普遍"[1]。偏正结构中"正"词素往往表示事物的类属，只有在选取"偏"词素表意不明的情况下，才会选取"正"词素。例如"黑板擦"，选取"黑"构成"黑擦"，会让人不知所云，不如"板擦"表意更加明确。动宾、主谓结构表达支配关系和陈述关系，词的内部关系比较紧密、整体性较强，用其中的一个词素来代表全词，表意相对来说不是那么显豁和完整，所以动宾、主谓结构的双音节词中提取的词素不是太多。就二者自身而言，动宾结构中动词素和主谓结构的谓词性词素都更易被提取并产生新义。联合结构的两个构成成分意义相同或相近，在意义上没有太大差别，这种情况下，多选取词中的首字作为整个词的代表。单纯词的情况类似，单纯词的两个音节都无意义，提取的多是第一个音节。在多音节词语中，无论其内部结构如何，往往提取的也都是第一个音节。其实，偏正结构的"偏"和动宾结构的"动"也都是原词语的首字。这样看来，原词语中的首字或者第一个词素更易被提取并生成新义。这和人们的联想思维有着密切关系。"通过联想作用，追寻它在原短语中对应的词，就可以理解缩略语表达的意义。第一语素最有利于人们通过缩略语中的语素来联想原短语中对应的词，即通过第一语素最容易想到以它打头的词。"[2]

（六）简缩衍生词素义处于不同的发展阶段，呈现动态的发展过程

无论词义还是词素义的形成，都是一个渐进的发展过程，都需要经历一个相当长的时间，简缩造词生成的新词素义也是如此。从搜集到的语料中，可以看到处于各个发展阶段的词素义。笔者将《现代汉语词典》第6版和1978年版进行了对比分析，第6版收录的206个由简缩生成的词素新义，其中111个义项已被1978年版收录；也就是说，这111个义项是在改革开放之前形成的，其余95个大多是在改革开放以后形成的。除《现代汉语词典》收录的这些已经完成衍生的义项之外，在言语中，也有一些由简缩造词衍生词素新义的情况。例如，"小"的"小学"义，"中"的"中学"义，"企"的"企业"义等。虽然目前《现代汉语词典》还未收录这些词素新义，但

---

[1] 宋作艳：《字化与汉语限定关系字组的编码机制》，《世界汉语教学》，2003年第4期。
[2] 殷志平：《构造缩略语的方法和原则》，《语言教学与研究》，1999年第2期。

是其相应的简缩词如"初小、高小、附小""初中、高中、附中""民企、国企、私企、企改、企管"等都已收录在《现代汉语词典》中。还有"话"的"电话"义，《现代汉语词典》不仅收录了相应简缩词"市话、话费、话亭"，还收录了由"电话"义直接构成的词，如"话吧、话网"等。因此，就目前来看，这些词素义基本得到人们的认可和使用，正逐渐发展为词素的语言义。

五、简缩造词衍生词素义的原因

简缩造词法能导致词素义的衍生，其衍生机制主要源于以下几种情况。

（一）简缩词的大量使用与汉语词素的有限性促成了词形的偶合

不言而喻，简缩生义最直接的原因就是简缩词的大量使用。美国学者乔治·金斯利·齐夫（George Kingsley Zipf）提出的"省力原则（Principle of Least Effort）"指出，人类行为的根本原则是"以最小代价换取最大利益"，人们在争取达到某种效果时，往往采取相对省力和经济的途径。[①]这一经济原则同样适用于人类的语言行为。

一方面，随着社会的飞速发展、新事物的不断涌现，大量新词语不断产生，而社会的发展又要求时间、精力的节省和效率的提高，要求语言使用经济，表意精炼；还有人们求简心理的内在驱动，大量词语被压缩、省略，从而在语言中形成了众多的简缩词。另一方面，受现代汉语词双音节化趋势的影响，简缩词也以双音节为主。据丁秀菊统计，"钟嘉陵编著的《现代汉语缩略语词典》（济南，齐鲁书社 1986 年版）收录的双音节缩略语有五百三十多个，约占总数的 75%"[②]。在笔者搜集到的 83 个由简缩添加义项的词中，双音节词有 72 个，约占总数的 86.7%。这说明双音节化在由简缩添加义项的词中表现尤为突出。再者，汉语中词素多以单音节为主，汉语实际使用1348个音节表示几千个常用词素。如果把一千多个单音节形式相互组配，理论上可以得到一百多万个双音节组合；但实际上，由于语义、语法上的因素阻碍了许多单音词素的组合，这种理论的组合有很大一部分在双音词中没有实现。[③]因此，尽管人们在简缩时总是尽量避免与固有词形重合，但受到汉语音节和词素组合的影响，简缩总是不可避免地造成词形偶合现象，从而为日后的简缩生义埋下伏笔。

---

① 转引自刘玉梅：《现代汉语新词语构造机理研究》，北京：中国社会科学出版社，2015 年，第 153-154 页。
② 丁秀菊：《缩略语产生探析》，《山东大学学报（哲学社会科学版）》，2003 年第 6 期。
③ 俞理明：《汉语缩略研究》，四川大学，2002 年博士论文。

（二）语言的系统性、人们认知的相似原则为义项的衍生奠定了理论和心理基础

语言是音义结合的符号系统，它内部的各种要素始终处于对立统一的关系之中，相互间呈现一种平衡的状态。如果其中某一种要素发生变化，破坏原有的平衡，那么系统内的有关部分就会重新调整相互间的关系，以达到新的平衡。① 也就是说在语言系统中不存在孤立自足的单位，语言中每个要素的变化，都会导致相关要素的连锁反应。当简缩造成词形偶合时，降低了符号与符号之间的区别度，于是词汇系统中部分固有词就采用收纳义项的办法解决这一矛盾，从而使语言系统重新获得平衡。因此词语简缩不仅会促进词语层面的变化，导致简缩词语的出现，而且也会触及词义系统内部的变动，形成简缩生义。当然，词语简缩之初，其意义与固有词原有义项之间并没有建立真正的联系，但它们的存在显然为这些固有词的词义聚合带来了一定的影响和冲击，在客观上造成了固有词词义聚合中的意义空位，而用这些义项去填补事实存在的意义空位只是时间的早晚而已，一旦空位填补得以实现，简缩生义也就真正完成了。此外，从认知心理的角度来看，人们在认知新事物、新概念时，首先遵循的是"相似原则"，即"容易将相同或相似的东西看做是一个单位"②，也就是说，当简缩造成形体偶合时，人们第一反应是把它看作固有词素的新用法，而非一个新词。只有当新旧意义之间差别很大，没有任何联系时，才会考虑同音词的问题。因此"相似原则"也为简缩生义提供了非常重要的心理基础。

（三）人类的转喻认知机制也促成了简缩生成词素义

乔治·莱考夫（George Lakoff）认为，转喻是一种基本认知特性。人们较为普遍地采用事物某一个容易理解或者容易感知的方面去代表事物整体或事物的另一个方面或其自身的一部分。③ 简缩生成词素义正是基于转喻思维的这种替代作用而形成的。人们在简缩造词时，其实就是以简单来代替复杂，以部分来代替同一认知框架中的整体；并且提取的词素，因为多为原词语中的首词素，所以往往具有附带激活原词语的作用。例如，"青"的"青年"义的衍生，就是源于以词素"青"代替原词"青年"。相对于词

---

① 叶蜚声、徐通锵：《语言学纲要》，北京：北京大学出版社，1997年，第176页。
② 赵艳芳：《认知语言学概论》，上海：上海外语教育出版社，2001年，第97页。
③ George Lakoff: Women, Fire and Dangerous Things: What Categories Reveal about the Mind, Chicago: University of Chicago Press, 1987, p.77.

素"年"来说,"青"为首词素,且与"青年"的意义联系更为密切,因此其突显度更高。正因为突显度高,更能激活其在原组合中的"青年"义,也就是说,人们看到"知青""文青"中的"青",很容易联系到"青年"。这样,二者互为因果,"青"的"青年"义也就此生成。

此外,语言的类推机制在简缩生成词素义中也起着重要的作用。语言具有类推机制。俞理明认为,缩略有时会在某一时期内出现相类似的词语通过相类似的方式进行简缩,并举例说明自汉魏时期,曾形成了一股带"何"复音词语缩略的风气。[①]这种情况就是由语言的类推机制形成的。正是由于语言的类推机制,含有相同成分的原词语才会进行相同的提取,简缩词才会出现较明显的系列化、规则化的特点,并最终促成词素义的生成。现代汉语尤其是当代汉语中,这种表现尤其明显,像"交警、民警、特警"等词就是在包含"警察"的原词语中提取了"警"作为代表词素,从而导致"警"的"警察"义的形成。

综上,作为造词材料的词素,其意义的演变依赖词或词义的发展变化来完成,汉语造词法对词素义的生成具有重要的影响。汉语简缩造词法是汉语词素义生成的途径之一。因此,从造词法角度研究词素义,对于系统深入地研究词素义的发展乃至词汇的发展都有着重要的意义。

第三节 比喻造词法与词素义的生成

在语言交际中,人们为了使语言表达更生动、效果更佳,往往会有意识地使用一些修辞手段。在创造新词语时,人们为了使新词语的形象、贴切,同样会使用一些修辞手段,如比喻、仿拟、借代等。比喻造词是在词语的创造中使用较多的一种修辞造词法,在造词的同时有时会产生新的词素义。

一、比喻造词法研究现状

比喻词语在上古汉语中就已出现,如"社稷、草芥、心腹"等词都是经过比喻创造出来的。对比喻造词法的研究始于 20 世纪 40 年代,1947 年郭绍虞在《譬喻与修辞》一文中不仅明确提到了比喻造词,而且提出了比喻造词的标准:"喻义简练到副词化或

---

① 俞理明:《汉语缩略研究》,四川大学 2002 年博士论文。

形容词化,事实上即创造了新词。"①此后,学界也开始对比喻造词进行了较为系统的研究。1956年,孙常叙在《汉语词汇》中第一次系统地论述了造词法,其中提到比拟造词,又把比拟造词分为单纯比拟和条件比拟。事实上,孙常叙的比拟造词称为比喻造词更为合适。1981年,任学良的《汉语造词法》第一次明确提出了"修辞学造词法",并把比喻造词作为讨论的重点之一。20世纪80年代之后,随着词汇学的发展,学界对比喻造词法的研究也更为深入,角度也更加多样。研究成果主要涉及比喻造词的概念和分类、比喻造词与思维的关系、汉外比喻造词比较等内容。

二、比喻造词法及其分类

比喻是用具有相似性的喻体来表现本体,从而达到表达形象生动的效果。陈光磊先生统计出"各类修辞方式用于构造新词的数量由多到少排列顺序为:比喻、节缩、借代、仿拟、异语、委婉、谐音、异色、夸张、移就"②,由此可见比喻造词法具有很高的能产性。

(一)比喻造词法的界定

比喻造词法是现代汉语尤其是新词语中非常重要的一种造词方法。葛本仪先生在《现代汉语词汇学》中将比喻造词法和比拟造词法合称为比拟法,认为比拟法就是用现有的语言材料,通过比拟、比喻等手段创制新词的方法。刘叔新先生在词汇材料式造词法的结合法中虽然没有明确提出"比喻造词"这一概念,但是也讨论了这一类词语,认为"组合一起的词汇材料并非字面上直接指明对象,而是比喻地拐个弯表示某种对象"③,就造出了由比喻造词法产生的新词语。④其实,简单地说,比喻造词法就是利用比喻这一修辞手段创制新词的方法。

(二)比喻造词法的分类

根据比喻性词素在词语中的位置分布,学界一般将比喻造词法产生的词语分为半喻式和全喻式;半喻式又分为前喻式、后喻式、中喻式、前后喻式等类型。由半喻式造词形成的复合词,一般由喻指成分和直指成分构成。喻指成分类似于比喻辞格中的喻体成分,如"冰糖"中,"冰"是喻指成分,表示"像冰的","糖"是直指

---

① 郭绍虞:《譬喻与修辞》,《国文月刊》,1947年第60期。
② 陈光磊主编:《改革开放中汉语词汇的发展》,上海:上海人民出版社,2008年,第140页。
③ 刘叔新:《汉语描写词汇学》,北京:商务印书馆,1990年,第95页。
④ 葛本仪:《现代汉语词汇学》(修订本),济南:山东人民出版社,2004年,第100页。

成分。

1. 前喻式

这种类型中喻指成分在前，直指成分在后；喻指成分多是指称物体的某些特征，如形貌、性质、功能、颜色等，然后把这些特征附加到直指成分上，前者对后者起修饰、限定作用，词语的语义中心是词的直指成分。例如"狼尾草"，指的是一种植物名，叶子上有刚毛，像狼的尾巴。喻指成分"狼尾"表示这种长满刚毛的叶子很像狼的尾巴，以形状上的相似性进行比喻，进而修饰直指成分"草"。前喻式词语很多，如"垃圾股、蜡白、龙须面"等。

2. 后喻式

这种类型中直指成分在前，喻指成分在后。例如"扣眼"，"眼"是喻指词素。词语的语义重心在于比喻性词素所反映的事物，如"木马"，前面的非比喻性词素也是对后一词素的修饰、限定，表示的是由木制的形状像马的东西。"形状像马的东西"是该词的语义重点。类似的词语还有"矿床、浪花、林海"等。

3. 中喻式

这种类型中喻指词素在中间，非比喻性词素置于喻指词素的前后，一般为三音节词素。这一类型的词语很少，如"连轴转"，用来比喻"夜以继日地劳动或工作"，喻指词素"轴"位于词语中间。

4. 前后喻式

这种类型中前后词素均为喻指词素，两个词素分别表示事物的部分特征。例如"爪牙"一词，"爪"是指猛禽的武器，"牙"是指猛兽的武器，两个词素合起来比喻坏人的党羽，帮坏人做事，两者共同表现事物特征。利用前后喻式造出的词语还有"骨肉、雨露"等。这种造词法在古代汉语中使用较多，现代汉语中比较少见。

5. 全喻式

这种类型是将所有构词词素作为一个整体来比喻事物的特征的，并且不使用其字面义。例如"饭桶"，用来比喻没有用的人，构成词素"饭"和"桶"不能分开，其字面意义"吃饭的桶"也不被作为词来使用，而是用整体来表示其比喻义。利用全喻式造出的词还有"撑腰、猴头"等。

三、比喻造词生成词素义的过程

在分析比喻造词生成词素义的过程之前，首先厘清比喻造词与词的比喻义的区别，并不是所有拥有比喻义的词语都是由比喻造词法产生的。试比较下列两个词语：

【龙头】名词，③比喻带头的、起主导作用的事物

【裸机】名词，①指没有加入通信网的手机、寻呼机

以上两个词语都含有比喻义，但是"龙头"不是通过比喻造词产生的比喻义，它有其本义"自来水管的放水活门，有旋转装置可以打开或关上"。在原有的"起控制作用"的这一意义层面上，比喻引申产生了新词义，新比喻义和原义之间存在相似性。而"裸机"是由比喻造词产生的新词，在产生之初就是比喻义，喻指词素"裸"作为修饰、限定成分来表示喻体，喻体与本体之间存在相似性。可见，比喻造词是用比喻造词法直接创造新词，造词过程中，词素直接生成比喻义；词的比喻义是在既有义基础上由比喻引申产生的新词义，而不是新词。

到目前为止，学界对比喻词语的研究还主要局限于造词法和比喻义方面，有关比喻造词与词素义关系的研究鲜有涉及。就笔者所搜集到的文献来看，对这一问题进行较为系统探讨的当属杨润陆《由比喻造词形成的语素义》一文。杨润陆的文章从《现代汉语词典》中比喻新造词入手，逐一分析不同类型中喻指形成的词素义。指出只有半喻造词才能形成新的词素（语素）义，将前喻式复合词、后喻式复合词按照直指的性质分为不同的类型，并分析了前喻式复合词、后喻式复合词在直指为名素、动素、形素时，由喻指成分形成词素（语素）义的情况。同时指出，在前喻式、后喻式复合词中，"名素+名素"类型中的喻指形成词素（语素）义的能力最强。[①]相对于之前的缺少或只是零散的研究来说，这是迄今为止对比喻造词法生成词素义论述最为全面、系统的研究成果。此外，史厚敏的《英汉半喻造词形成的语素义比较研究》一文从英汉对比的角度对半喻造词形成的词（语）素义进行了研究。[②]吴汉江《关于半喻造词形成的形状喻指语素义的思考》一文则对形状喻指语素义进行了更为细致和深入的探讨。[③]本书笔者直接从《现代汉语词典》中的词素义入手，对每个词素的各个义项逐

[①] 杨润陆：《由比喻造词形成的语素义》，《中国语文》，2004 年第 6 期。
[②] 史厚敏：《英汉半喻造词形成的语素义比较研究》，《西安外国语大学学报》，2010 年第 1 期。
[③] 吴汉江：《关于半喻造词形成的形状喻指语素义的思考》，《辞书研究》，2012 年第 6 期。

一排查，将20世纪以来新产生的通过造词形成的词素比喻义进行统计，在此基础上进行分析，力图总结归纳出比喻造词产生词素义的特点和规律。

例如，"梯"的本义是"便利人上下的用具或设备"，生活中有一种田地，沿着山坡开辟，一级一级的，形状很像阶梯，人们利用隐喻认知，把这种田地称为"梯田"，在这个新的组合中，"梯"实现的新义就是其比喻义"形状像阶梯的"。比喻造词法形成新义的过程如图3-2所示。

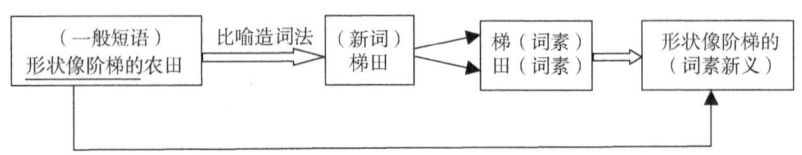

图3-2　比喻造词生成词素义过程图示

再以词素"盲"的比喻义的生成为例。《汉语大字典》中收录的释义为："①眼睛失明。《说文·目部》：'盲，目无牟子。'《释名·释疾病》：'盲，茫也，茫茫无所见也。'《老子》第十二章：'无色令人目盲；五音令人耳聋。'"①"盲"在造字之初的意思就是指眼睛看不见、失明，之后又引申出"失明的人、昏暗"等意义。而在《现代汉语词典》中收录的"③指对某种事物不能辨别或分辨不清的人；缺乏某方面常识、能力的人"义则是由比喻造词生成的词素义，它的产生源于"文盲"一词。《现代汉语词典》对"文盲"的解释是"不识字的成年人"。"盲"在"文盲"中是喻指词素。盲人本来是看不见东西的，人们在隐喻思维的作用下，发挥主观想象，将没文化、不识字的人说成是"文化/文字盲人"，能更形象地表现出一个没有文化、不识字的人在文字面前的手足无措，非常生动贴切。随着中华人民共和国成立之初"扫盲运动"这项全国性的教育运动的开展，"扫盲班"遍及士农工商各个阶层，"文盲""半文盲"等词的出现频率非常高。一直到现在，虽然随着国家义务教育的普及，中国的文盲人口比例已经非常小，但这一人群仍然存在，所以"文盲"一词的生命力依然存在。伴随"文盲"一词的通行，使用喻指词素"盲"已仿造出如"色盲、法盲"等词语。于是，"盲"也不再局限于人不识字，所指范围不断扩大：如果人们对某些领域一窍不通或缺乏某方面的常识、能力，都有可能被称为这个领域的"盲"，如不懂电脑的人被称为"电脑盲"、不懂股票的人被称为"股盲"、不懂音乐的人被称为"乐盲"等。

---

① 汉语大字典编辑委员会编纂：《汉语大字典》（第二版），成都：四川辞书出版社、武汉：崇文书局，2010年，第1257页。

从上例可以看出，当喻指词素能够和两个或多个直指成分结合构成词，并且喻指词素在所构新词中实现的意义较为固定和一致时，喻指词素一般就会生成新的意义。

四、比喻造词生成词素义的条件

研究表明："比喻用法转化为语素义的必要条件，一是要具有较高的构词频率，二是要形成较强的专指义。"①词素义的形成总是要经过一个从临时义到逐步被人们接受和使用，再到固定为词素义的过程。比喻造词的词素义更是如此。因为用到辞格的原因，很多比喻造词中的喻指词素只是修辞手段在造词中的临时用法，只有当这种临时的修辞用法得到人们的认可并可以用来创造其他更多新的比喻词或达到一定的使用频率时，该词素义才会逐渐被固定为新的词素义。例如，"流"表示"像水流的东西"时，可以构成"气流、暖流、寒流、电流"等词，具有较高的构词频率。另外，喻指词素应该具有较强的专指义，也就是说词素的比喻用法应该有较为固定的所指。例如，"云"在现代汉语中可以构成"云游、云散、云集"等词，但在每个词中，"云"所表示的具体意义不同，难以形成固定的专指义，也就无法生成新的比喻义。因此，有些比喻造词的新词语，其中的喻指词素由于构词能力差、专指性较弱，最终不能形成新的词素义，如"笔直"中的"笔"、"箭竹"中的"箭"、"蚕豆"中的"蚕"等都还被人们看作修辞用法。需要指出的是，这两个条件，并不是每个新义生成都要同时具备的。词素新义的生成，有时是其中一个条件决定的，有时是两个条件共同作用的结果。

五、喻指成分突显属性义分析

本书中所讨论的比喻造词不同于从比喻词语着眼分析其结构，而是直接从《现代汉语词典》中搜集 20 世纪以来由比喻造词新产生的词素义，共有 54 例。在这 54 例比喻义中，《现代汉语词典》的释义方式主要分为两种情况：一种是释义中有类似"像、相似"等词，能够反映出原词语的造词理据，如"盆：②形状略像盆的东西"；一种是直接释义，已看不出原词语的造词理据，如"尾：主要部分以外的部分；没有了结的事情"。第二种的比喻义应该比第一种转化更为彻底，其意义的专指性更强。对这些词素比喻义，这里从其喻指成分所指事物的属性义角度进

---

① 杨润陆：《由比喻造词形成的语素义》，《中国语文》，2004 年第 6 期。

行分析。

前人多对比喻造词中名词性喻指成分突显出的属性义类型进行研究，这些研究也给予本书一定的启发。杨润陆认为"作为喻指的名素，以其所代表的事物的特点进行比拟"，这些特点主要包括形状、色彩、位置、功能、性质等几类。[①]符淮青将多义词义项之间的相似性联系分为形状、性质和作用三种相似的情况。[②]许晓华将比喻造词中名词性喻指成分突显的属性义分为位置、形貌、动态、颜色、声音、功能、性质七类。在笔者统计的 54 例比喻义中，喻指成分除了"裸"原为动词性外，其他都为名词性；动词"裸"作为构词词素进行造词时，其属性也随之转化为形容词性，表示某种属性，生成"指除了自身外，什么都不附带的"的词素义。因此，参照前人对比喻造词喻指成分的分类，54 例比喻义突显的属性义可以分为形貌、性质、功能、颜色、位置、形貌兼功能六类。

1. 形貌属性义

此类词素义表示在形状或状态上与比喻本体相似，因为形貌往往是事物最直观、最明显的外在特征，所以此类意义最为清楚明了，共 32 例。例如，"伞：②形状像伞的东西""刀：③形状像刀的东西"。吴汉江指出："如果原型事物呈现的几何形状特征是圆形、长条形、线形、圆柱形、圆（棱）锥形、长（立）方体、球体等，那么该形状喻指语素往往会形成新的语素义。"[③]笔者对此也进行了统计，结果如下：

（1）圆形（3个）：碟、盆、裙

（2）长条形（3个）：鞭、尺、刀、

（3）线形（2个）：缆、毛

（4）圆柱形（5个）：杯、杠、管、冕、腰

（5）圆（棱）锥形（5个）：包（蒙古包）、苗、纽、碗、亭

（6）长（立）方体（7个）：床（某些像床的地面）、排、墙、室、梯、箱、砖

（7）球体（6个）：弹、腹、米、棉、伞、雾

（8）网状（1个）：纱

在产生新义的喻指词素所表示事物的几何图形中，呈长（立）方体的数量最多（7

[①] 杨润陆：《由比喻造词形成的语素义》，《中国语文》，2004 年第 6 期。
[②] 符淮青：《词义的分析和描写》，北京：语文出版社，1996 年，第 65-67 页。
[③] 吴汉江：《关于半喻造词形成的形状喻指语素义的思考》，《辞书研究》，2012 年第 6 期。

个),其次是球体(6个)和圆柱形(5个)、圆(棱)锥形(5个),最少的是网状(1个)。这个统计结果与吴江汉的统计基本一致。也就是说,喻指词素能否产生新义与它所指代事物的几何形状特征有着密切的关系。

2. **性质属性义**

此类词素义表示的事物内在性质与本体相似,共13例。例如,"胶:③像胶一样黏的""风:④像风那样快""盲:③指对某种事物不能辨别或分辨不清的人;缺乏某方面常识、能力的人"等。

3. **功能属性义**

此类词素义表示事物的作用或用途与本体相似。在笔者搜集到的词例中,纯粹表示功能属性义的只有1例:"梯:②作用跟楼梯相似的设备"。

4. **颜色属性义**

此类词素义表示的事物颜色与本体相似,共2例。例如,"橙:③红和黄合成的颜色""棕:③像棕毛的颜色"。比拟颜色的喻指词素往往专指义较弱,也不能像比喻状貌的喻指成分一样具有系列化的构词能力。所以,比拟颜色的词素不太容易形成比喻义。在笔者搜集到的词例中,也仅这2例,这两个喻指词素专指义较强,并且参与构词的频率也较高,如"橙"可以构成"橙黄、橙红","棕"可以构成"棕黄、棕红"等。

5. **位置属性义**

此类词素义表示事物的位置或处所与本体相似,共2例。例如,"核¹:②物体中像核的部分",果实的核都处于最中间的位置,细胞核也处于细胞的中心位置。再如,"腰:④事物的中间部分",也是因为与人或动物的腰部位置相似而产生新的比喻义。

6. **形貌兼功能属性义**

有的比喻义并不是单纯在某一个方面与本体相似,而是兼具两种属性特征,多表现在兼具形貌和功能两种属性上。这样的词素有4例。例如,"枪¹:③性能或形状像枪的器械,如发射电子的电子枪,气焊用的焊枪""裙:②形状或作用像裙子的东西""床:③某些像床的承载物,特指某些有底座支撑的机器""弓:②弓子(形状或作用像弓的东西)",这些属性义表示的事物不仅在形貌,而且在功能上与本体都有相似之处,并且功能都是事物在产生之初即具有的,具有这类功能的大都是人工物类。上面提到的"枪""裙""床"都是人工物类。比如,"枪"是用来发射或射击的物品,比喻复合词"电子枪、焊枪"中的"枪"突显的都是"用来发射的枪形的",包括功能和状貌两种属性义。

在笔者搜集到的语料中,生成新义的喻指词素中只有形貌兼功能的属性义,没有发现形貌兼性质的属性义。这是因为有的具有性质属性义的词素表示的不是客观事物,而是某种性质和特性,如"裸、盲"等。有的即使是客观事物,但或者没有具体的形貌,比较抽象,如"风、(水)流";或者外观不固定、不统一,如"胶"无定型,"鱼苗、猪苗"中"苗",每种动物的"苗"的形貌也不同。所以喻指词素没有形貌兼性质的属性义,也就不难理解了。

六、比喻造词生成词素义的特点

在比喻造词法中,只有半喻式造词才能形成新词素义,表示形貌、性质的喻指词素更易形成新词素义。

1. 只有半喻式造词才能形成新词素义

整体比喻式造词的构成词素不单独表示比喻,而是作为一个整体来比喻事物特征。"比喻义与参与构词的两个直接成分之间只存在整体的联系,不存在单独的、个别的联系,所以参与构词的哪一个语素也不会由此形成新的意义。"①例如,"鞭策"的比喻义是"比喻督促",喻指是"鞭策"这个整体,与词素"鞭"和"策"没有直接的关系。前后喻式和中喻式的词语本身数量极其有限,而且其中的比喻性词素构词能力较弱,更像是偶然的修辞用法,基本上不会生成新的词素义。因此,只有半喻式造词才会产生新词素义。在笔者所搜集到的语料中,形成新词义的比喻造词全部为半喻式造词。半喻式造词的喻指词素往往从形状、性质、功能、颜色和位置等方面对直指成分进行修饰限制,基于造词的经济、便捷,以及喻指词素所特有的修辞表现力,喻指词素的新义很容易被大家接纳并用来构成新的词语,这样,其构词能力不断增强,为新词素义的生成提供有利的条件。在半喻式造词中,后喻式造词更容易形成新词素义,前喻式造词形成新词素义的情况较少。在 54 例词素义中,纯粹由前喻式造词形成的只有"风"的"像风那样快的"、"胶"的"像胶一样黏的"、"裸"的"除了自身,什么都不附带的"、"梯"的"形状像阶梯的"、"橙"和"棕"表示颜色等 6 例,还有

---

① 杨润陆:《由比喻造词形成的语素义》,《中国语文》,2004 年第 6 期。

由前喻式和后喻式造词共同作用形成的词素义4例（"冰""米""盆""尾"等词素的比喻义），其余的44例都是后喻式造词衍生的新词素义。可见，后喻式造词形成的词素义占有绝对优势。这种状况的形成原因可以分析如下。

后喻式造词形成的新词多为偏正结构，喻指成分多表示类属意义，充当偏正结构的中心语。这样构式的词语其更易形成新词，造词时只要有相应的修饰限制成分就可以构成新词，往往会形成系列词。例如，"缆"可以构成"钢缆、电缆、光缆"等词。此外，后喻造词形成的词素新义的专指义比较强，对新造词的语法结构依赖性不强。例如，"缆"的本义是"拴船用的铁索或许多股拧成的粗绳"，其新比喻义为"许多股拧成或结成的像缆的东西"，其专指性较强，不涉及语法结构意义。正因为如此，"缆"的构词能力也会不断增强，构成的新词才可以具备系列化的特点。也就是说，在后喻式造词中，构词频率和专指义二者相辅相成，共同促进了新词素义的衍生和生成。前喻式造词形成的新义主要集中于表示性质、状态、颜色和形状，组成词语也大都是偏正结构，与后喻式造词不同，喻指词素充当的多是修饰限制成分，而修饰限制成分的新义往往会对新词的语法结构具有较强的依赖性。例如，"胶"本义是"某些具有黏性的物质"，在"胶泥、胶皮"中，"胶"的新义表示"像胶一样黏的"的意义，包含了"胶"在偏正结构获得的修饰限制意义，由名词性词素转变为形容词性词素。换句话说，只有当词素结构义反作用于词素，造成词素原义发生改变，以至于形成的词素新义可脱离该结构还能被语言使用者所认知，才算形成较为稳定的专指义。[①]这样必然会增加生成新词素义的难度或者延缓新词素义形成的过程。就构词能力来看，前喻式造词也不如后喻式造词能力强。在上面几例中，如果以《现代汉语词典》收录的词目为依据，"裸"的构词3次（裸机、裸婚、裸眼）、"风"2次（风发、风行）、"梯"2次（梯田、梯形），"橙"2次（橙红、橙黄），"棕"1次（棕熊），其构词频率明显不如后喻式造词。后面提到的未能生成新比喻义的表示形貌的喻指词素也都为前位词素，其构词能力也都极为有限。

2. 表示形貌、性质的喻指词素更易形成新词素义

比喻造词中喻指词素的主要作用就是揭示事物在形状、性质、功能等方面与本体相似的特征，或用喻体的特征来修饰、限定本体。在搜集到的新词素义中，用来比喻

---

① 吴汉江：《关于半喻造词形成的形状喻指语素义的思考》，《辞书研究》，2012年第6期。

形貌、性质的共45例，约占总数（54）的83.3%。也就是说在比喻造词中，比喻形貌、性质的词素更易生成新词素义。在这两者之中，具有形貌属性义的词素有32个，约占总数（54）的59.3%。为什么表示形貌的喻指词素更易形成新词素义呢？分析原因有二。其一，从人类的认知角度来看，事物的形貌通常是事物外在属性特征中最直观、最明显的，人们在认知客观事物时，通常最先认知的就是其外部特征。造词是人们对客观事物认知结果的一种语言呈现形式，当人们对事物进行命名时，首先想到的就是事物最突出、最直观的特征。这样，表示形貌特征的词素往往更容易被人们选用来进行造词。也就是说，表示客观事物外观形貌的词素更容易被人们拿来作为构词成分进行造词。其二，表示形貌的喻指词素构词频率更高，往往具有系列性的特点，更容易形成新的词素义。杨润陆曾指出："比拟形状的喻指语素所具有的专指义较弱，其能否形成新的语素义，主要取决于参与构词的频率。"①通过对所掌握的语料统计分析可见，具有形貌属性义的喻指词素往往具有较高的构词频率，如"杯"可以构成"银杯、奖杯、捧杯、夺杯"等词，"棉"可以构成"石棉、腈纶棉、蓬松棉"等，"亭"可以构成"书亭、报亭、电话亭"等。

现代汉语中有大量表示形貌的喻指成分还是被人们看作修辞用法，如"犬齿""蛾眉""柳腰""杏眼""腰果""狼狗""猫熊""蛙泳""箭竹""剑麻""蚕豆""凤梨""胆瓶"等词中的喻指词素，在《现代汉语词典》中都没有设立义项，还被看作修辞用法。这除了因为其构词能力有限，几乎没有构成其他词语外，还与其喻指词素难以抽象、概括出固定的形貌特征，以及专指性较弱有关。

具有性质属性义的词素往往专指义较强，同时还具备较强的构词能力，因此比较容易形成新的词素义。例如，"锈：②附着在器物表面，像锈一样的物质"，此义项的生成就是人们进行造词时，根据锈附着在器物表面的性质进行比拟而来的；而且，附着在器物表面又是铁锈比较突出且较为单一的特点。正因为如此，人们也喜欢用它作为喻指成分进行构词，形成"茶锈、水锈"等词，较高的构词率从另一个方面又加速了"锈"的比喻词素义的形成。许晓华把比喻造词中喻指成分突显的性质属性义大致分为两类：一类与事物的内在性质有关，比如，"冰冷、冰凉"中的"温度低"的属性义；另一类与人们对客观事物的主观评价相关，这一类往往具有很强的民族特性，例如，"猴急、猴精"中的"猴"突显的性质属性义是"性急或精明的"，

---

① 杨润陆：《由比喻造词形成的语素义》，《中国语文》，2004年第6期。

具有非常明显的民族性。①通过对掌握的语料进行统计分析可见，产生新义的喻指词素都是表示事物的内在性质的，关涉人们对客观事物主观评价的词素都没有产生新词素义。这更好地证明了，在比喻义产生的过程中，较强的专指义是新义产生的重要条件。

七、比喻造词生成词素义的原因

（一）汉民族的具象思维方式和生动形象的表达追求

思维方式是人们认识事物的方式方法。汉民族习惯于化抽象为具体，化复杂为简单，非常注重追求语言的修饰美及意境美，善于用一些意象来作为表情达意的载体。在中国的传统文化、诗词歌赋及中国书画中经常可以看到汉民族传统的具象思维方式。"观物取象，取象比类"，从自然万物中找到相似之处进行认知，更倾向于采用大家喜闻乐见的事物来表现抽象的事物。在比喻造词中，根据事物之间的相似性，人们多用指称身体器官及生活中常见的具体事物等基本范畴词做喻体，来命名抽象的事物，如"米¹：③小粒像米的东西""伞：②形状像伞的东西"等。

在语言表达中，人们为了增强表达效果采用一些修辞手法；在造词的过程中也会为了追求表达的生动性、形象性而运用辞格。运用比喻造词法用人们更为熟知的形象色彩鲜明的事物来指代一些较为抽象的事物，化陌生为熟悉，会使新词语更加生动形象，更易于被人们接受。极具表现力的修辞手法更容易满足人们喜新求异的心理，推动比喻词语的传播，同时也会激励人们利用比喻造词法创造出更多的新词语。尤其是当某一比喻造词非常流行的时候，人们更倾向于用其中的比喻词素义仿造出其他在语义上相关的比喻词语。

（二）汉语特有的复合式构词法

汉语属于孤立语，词语的形态变化较少，汉语最主要的构词手段是复合式构词。复合词是由两个或两个以上词素组合而成的，这样的内部结构很容易把喻指成分和直指成分按照某种语法结构结合在一个词中。在汉语词组的五种基本结构类型中，偏正结构的组成成分之间，相对来说结合不是那么紧密；相对松散的结构也利于比喻造词中的喻指成分从整个结构中突显出来形成新的比喻义。在汉语比喻造词中，偏正结构占据绝对优势。此外，汉语词素的复合可以构成数量众多的复合词，一个词素和不同

---

① 许晓华：《比喻造词中名词性喻指成分属性义的类型及其分布特征》，《语文研究》，2013年第4期。

的词素组合可以构成不同的新词。例如词素"床"，可以构成"牙床、琴床、冰床、机床、车床、刨床"等一系列新词，高构词率正是词素新义生成的重要条件。

（三）语言的隐喻认知机制

在比喻造词及其生成词素义的过程中，最为直接地体现出了隐喻认知机制所发挥的作用。"人类的思维就建构在隐喻之上，因为我们要认识和描写以前未知的事物，必须依赖我们已经知道和懂得的概念及其语言表达式，由此及彼，有时还需要发挥想象力。比喻词语用认知理论才能有效揭示比喻词语的词素意义之间的关系，以及一个词素的不同意义之间的关系。"①也就是说当人们借助于表示具体事物的词语来表达抽象概念时，必须以这两个事物的相似性为基础，但是又需要人的联想思维，因为对语言的创造和表达都要受到人们的主观干预。在比喻造词中，人们会根据自身的生活经验来认识新事物，在联想的作用下，发现新事物与原有事物之间在某方面的相似性，通过隐喻，用熟知的事物作喻体来比喻与之具有相似点的新事物，完成对新事物的命名。在这一过程中，原有词素带上了比喻义，当新词的复现率不断提高，词素就有可能形成新的比喻词素义。

综上所述，比喻造词中的喻指词素作为构词的重要组成部分，是构词的外显理据和人们理解词义的重要启示。在主客观条件的共同推动下，喻指词素的意义会从临时的修辞用法转化为词素的一个新义项，这对词素义的发展乃至整个汉语词义系统的发展都有着重要的意义。同样，对比喻造词法生成词素义的特点和规律的研究也会推动整个汉语词义系统的研究和发展。

第四节　仿拟造词法与词素义的生成

"仿拟"作为一种修辞手法，在修辞学中备受关注，且频频出现在文学作品、报纸杂志、电视广告及网络语言中，如"促进-促退""家庭妇女-家庭妇男""咳不容缓（仿'刻不容缓'）""哥读的不是书，是寂寞（仿'哥吃的不是面，是寂寞'）"等。已有的研究从定义、分类、特点、功能、产生原因等多角度研究"仿拟"这一修辞手法及其在修辞中的重要作用，但是对于"仿拟"作为一种造词方法的研究还较少。本节主要从造词法的角度对"仿拟"进行研究，分析其在造词时生成词素义的过程、特点及原因。

---

① 肖模艳：《现代汉语比喻造词研究》，厦门大学 2008 年博士论文。

一、仿拟造词法及其研究现状

1932年,陈望道先生在《修辞学发凡》一书中首次提出"仿拟"这一概念。在之后的语言研究尤其是修辞学研究中,仿拟作为重要的修辞手段备受关注。

徐国珍认为:"仿拟格是为了实现一定的辞效,适应特定的语境,故意仿拟既有的词、语、句子或作品的格调,创造偶发性的语言成分或言语作品的一种修辞方式。"①可见仿拟辞格包括仿拟词、仿句、仿调、仿篇,多是在具体的语境中被使用和理解。对于"仿词",黄伯荣、廖序东指出:"根据表达的需要,更换现成词语中的某个语素,临时仿造出新的词语,这种辞格叫仿词。"②仿词修辞就是在语义上的临时组合,是一种言语组合体,是人们在使用之初为了追求讽刺、幽默等表达效果而产生的生造词现象,而受众借助语境及已有语言经验,通过联想来理解。

仿拟一般可以渗透到修辞学和词汇学两个范畴。人们为了具体语境中临时表达的需要,仿造汉语原有词语造出新的词语,来指称新事物、新现象。在这些新词中,有的对语境依赖性较强,只能在具体语境中被理解和使用,不能进入词汇系统,成为偶发性的仿拟词语,如文学作品中的大部分仿拟词语基本都是这种情况;有的对语境的依赖性较小,超越了原有语境,被更多的人所认可和使用,就会固定下来成为一般词语。

仿拟造词法就是仿拟词修辞参与到造词过程中,在现代汉语尤其是新词语的产生中已成为一种非常重要的造词手段。仿拟造词法是为指称新事物、新现象,根据事物的某一特征,仿造语言中原有的词,替换其中部分词素,仿造出新词的造词法。利用这种方法造出来的词,称作仿拟词。这是一种能产性非常高的造词方法,直接更换原有词语中的部分词素创造新词,造出的新词既可以与被仿拟词同时出现,又可以脱离原有语境独立使用。

仿拟造词无论在古代汉语中还是改革开放之前的现代汉语中都较少出现,直到改革开放后,随着仿拟造词产生的新词大量涌现,学界才开始重视仿拟造词法的研究,研究成果主要集中于仿拟造词的称名问题、类型、特点、仿拟造词的成因、中外仿拟词语的对比等方面,其中比较有代表性的是刘兰民和徐国珍的文章。

---

① 徐国珍:《仿拟与词汇系统的辩证关系》,《修辞学习》,2002年第2期。
② 黄伯荣、廖序东主编:《现代汉语》(下册),北京:高等教育出版社,2007年,第199页。

刘兰民主要从结构、语义关系和修辞手段等方面对汉语仿拟词的类型及其特点进行了探讨[①],徐国珍主要探讨了仿拟造词法的内部外部理据[②]。

二、仿拟造词法分类

仿拟词和被仿拟词一般都存在形式或意义上的对应关系,所以可以从形式结构和意义两方面进行分类。

(一)形式仿拟

根据替换词素的位置,可以分为以下几种类型。

1. 仿前式

仿拟原型词的结构形式,更换前一词素,后一词素保持不变,如"先进-后进""软件-硬件""短信-飞信/微信""民风-官风""黄昏恋-忘年恋"等。这种方式在仿拟造词中占多数。

2. 仿后式

这种形式与仿前式正好相反。前一词素保持不变,只更换后一词素,如"主妇-主夫""富翁-富婆/富姐""的哥-的姐"等。这种方式在仿拟造词中数量较少。

3. 仿中式

这种形式的仿拟词一般为三音节的,更换原型词位于中间的词素,其他词素保持不变。例如,"全天候-全年候""托儿所-托老所""可读性-可塑性/可视性"等。这种方式在仿拟造词法中使用最少。

(二)语义仿拟

语义仿拟即按照词语中意义之间的类义、对义、反义关系来仿造词语。其实这些词语在结构上仍然存在共同的结构形式,即在相同的位置拥有共同的词素。

1. 类义仿拟词

该类仿拟词与原型词之间在意义上存在类义关系,即替换与被替换词素之间是类义关系,属于同一语义范畴。例如,由"空姐"仿拟出"空嫂",都是指在飞机上做

---

① 刘兰民:《汉语仿词造词类型刍议》,《修辞学习》,2001年第2期。
② 徐国珍:《论仿拟造词法的内部理据——造词法理据探析的个案研究》,《汉语学习》,2007年第6期;《仿拟造词法的外部理据——造词法理据探析的个案研究》,《修辞学习》,2008年第1期。

服务工作的女性，只是"空姐"指年轻的未婚女性，"空嫂"指已婚妇女，但二者属于同一聚合范畴。

2. 对义仿拟词

该类仿拟词与原型词之间在意义上是相对的，即替换与被替换词素在意义上是相对的。例如，由"家庭妇女"仿拟出"家庭妇男"，由"国手"仿拟出"国脚"，由"的哥"仿拟出"的姐"等。

3. 反义仿拟词

该类仿拟词与原型词之间在意义上存在反义关系，即替换与被替换词素之间是反义关系。例如，"硬盘"与"软盘"、"软件"与"硬件"、"下岗"与"上岗"、"审美"与"审丑"、"好评"与"差评"等。

从上面分类可以看到，几乎所有的仿造词语都是形式结构仿拟和语义仿拟共同作用的结果，都可以从这两个角度进行分类，如"空姐"和"空嫂"，它们既是结构形式上的仿前式，又是语义仿拟词中的类义仿拟词。

三、仿拟造词生成词素义的过程

仿拟造词生成词素义的过程突显了仿拟词与原型词之间互相影响的双向关系。这里以词素"城"的"指大型营业性场所"义的产生为例。因为"city"在英文中具有"都市、城市"义，又可表示伦敦商业区、伦敦城（伦敦最古老的部分金融商务中心），后者最初被借用到汉语中是用在"商城"一词中，表示"大型、综合性商场"义。其新颖性使自身被频繁使用，被更多人熟知。于是"商城"一词就在人们的头脑中形成了表示在大型建筑物内面积大、商品齐全的综合性商场这样一种较为固定的概念。而随着服装业、饮食业等休闲娱乐产业的不断聚集化发展，很多地方出现了一些大型的美食商城、服装商城等，这些提供消费的某一服务业聚集的地方在汉语里还没有与之对应的词语来称说。此时，人们便在认知系统中开始寻找合适的概念来表示，在联想思维的作用下意识到"商城"中"城"所蕴含的"大型商场"义与上述现象有着相似之处，因此仿造"商城"，前面加上能够表示自身特征意义的"服装""美食"等，造出"服装城""美食城"等新词，在语言的类推机制作用下又出现"韩国城""影视城"等更多的系列词语。随着这些词语的不断应用，"城"指"大型营业性场所"的意义逐渐固定下来，成为"城"的新义。"城"的新词素义生成过程如图 3-3 所示。

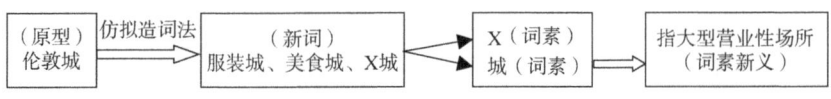

图 3-3　仿拟造词生成词素义过程图示

其他类似的还有："星"的"明星"义是随着仿造"歌星"所造的"影星、球星、笑星、舞星"等词的出现而产生的；"族"的"称具有某种共同属性的一类人"义是随着仿造"上班族"所造的"打工族、工薪族、月光族、有车族、啃老族、追星族、蚁族"等词的出现而产生的。

语言中还有一种仿拟词，早在被仿拟词出现之前，新仿拟词所表示的概念或事物就已出现，只是语言中一直没有与之对应的词语来命名。例如，随着互联网及电子商务的迅猛发展，一种通过在网络上挑选、购买、接收商品的买卖活动在近几年十分流行，网民将这种在网络上购物的行为称为"网购"。"网购"风行开来之后，逐渐出现将顾客上街去直接购买商品这种传统的购物方式称为"街购"的现象，与"网购"相对应。这种情况下如果仿拟词与被仿拟词是一对一的关系，就很少产生新词素义。

总之，仿拟造词本身有一定的随意性，很多产生的新词语只是偶然的临时性修辞现象，失去了具体的语境或是经过一段时间之后就不再使用。只有当这种临时性的用法复现率很高，得到人们的广泛认可并形成系列词语后，仿拟词中的固定词素才有可能产生新词素义，并逐渐进入现代汉语词汇系统。

四、仿拟造词生成词素义的特点

在仿拟造词生成词素义的过程中，也呈现出一定的特点，主要表现在以下三个方面。

（一）仿拟造词生成词素义数量较少，反义和对义仿拟不易产生新义，新义大多源于类义仿拟

虽然在现代汉语尤其是当代新词语的产生中，仿拟是非常重要的造词法，很多新词语都是由仿拟造词产生的，但是在笔者所搜集到的语料中，由仿拟造词法生成词素义的情况却仅有 31 例。这是因为虽然仿拟造词法的能产性很强，但多数情况还是"一对一"的仿拟关系，这种情况由于仿拟词数量有限，一般不会超

出其词素义原来的表达范畴，新词素义也就不会产生。例如，"暖气-冷气""外资-内资""冷饮-热饮"等，由于仿拟词数量较少，对中心词素的意义没有任何影响，其语义范畴没有变化。如果从仿拟造词的类型来看，反义仿拟和对义仿拟由于其仿拟词的数量一般都是一至两个，不易产生新词素义。在《现代汉语词典》中收录的由仿拟造词形成的新义，大都源于类义仿拟。相对于反义仿拟、对义仿拟，类义仿拟能够形成系列词和词群，其较强的构词能力比较容易形成新的词素义，如：

"X门"的仿拟词有"艳照门、解说门、贿赂门、考试门"等，"门"形成"借指引起公众关注的消极事件"的词素义。

"X奴"的仿拟词有"守财奴、洋奴、房奴、孩儿奴、车奴"等，"奴"形成"称失去某种自由的人，特指为了偿还贷款而不得不辛苦劳作的人（含贬义或戏谑意）"的词素义。

"X热"的仿拟词有"足球热、旅游热、自学热"等，"热"形成"加在名词、动词或词组后，表示形成的某种热潮"的词素义。

此外，仿拟造词生成词素义数量较少的原因还在于大部分仿拟词形成时间较短。一般来说，仿拟词是随着词的多音节化逐渐发展起来的。有学者指出，在中华人民共和国成立前后相当长一段时间里，仿拟词的数量一直很少，直到改革开放后，特别是近年来，大量仿拟词才开始融入新词语的洪流中。[①]而当代汉语的大部分仿拟词由于出现时间较短，新的词素义尚在形成过程中，大部分未被收入规范词典中。例如，在"零等待、零补考、零感染、零伤害、零增长、零下岗、零换乘、零团费"中，"零"的意义已经在"表示没有数量"的基础上发生了引申变化，"零"可附加在名词性成分和动词性成分之前构词，并且构词具有定位性、能产性的特点，意义也已经开始类化，"零"已经虚化为类前缀。由于此义项形成时间较短，《现代汉语词典》尚未收录。类似的还有：

导X：导游、导吃、导住、导读、导购、导医

X客：黑客、骇客、博客、晒客、快客、威客

X霸：浴霸、面霸、学霸、波霸、彩霸、巨无霸

X姐：空姐、的姐、房姐、导姐、港姐、球姐

[①] 郭伏良：《新中国成立以来汉语词汇发展变化研究》，保定：河北大学出版社，2001年，第103页。

（二）产生新义的多是名词性词素和仿前式造词类型

在仿拟造词产生的新义中，名词性词素占了绝对优势。在笔者所搜集到的 31 例新义中，除了"非金属、非晶体、非处方药"中的词缀"非"，"裸机、裸婚"的"裸"和"时装秀、泳装秀"的"秀"的意义都是由动词性意义引申演变而来之外，其他 28 例都是名词性词素产生的新义。此外，仿拟词的结构多是仿前式，也就是说，生成词素新义的多是居于后位的中心词素。在 31 例新义中，只有"非 X""裸 X"是仿后结构促成的新义衍生，其他 29 例都是利用仿前造词造出新词，进而衍生新义的。这当然与仿前式词多为偏正结构有着密切关系。在偏正结构中，居于后位的"正"词素处于被修饰和限制的位置，一般用作修饰限制的大多同属于某一语义范畴，在较多的"偏"词素共同比照下，"正"词素由于修饰语的制约而被迫使指称的对象发生转移，使语义发生变化。此外，任何一个词汇形式在与其他词汇形式发生组合关系时都有一个稳定的搭配范围。这一范围首先是语法上的，其次是语义上的，其中有认知性和习惯性之分，前者取决于人们常识中对外界事物的认知把握，后者取决于语言群体的使用习惯。因此，一个词汇形式对特定搭配范围的选择就造成了它的组合方式。例如，"酒吧"本源自对英语词"bar"的音译加类属方法的借用，"酒"事实上是对"吧"的注释说明，受汉语语言群体的使用习惯的影响，人们把它理解为偏正结构，并不断使用新的修饰限制成分，创造出新的组合方式，如"网吧、话吧、水吧、陶吧、书吧、氧吧"等，最终使"吧"生成新的词素义，指"供人从事某种休闲活动的场所，有的兼售酒水、食品"。

与此同时，仿拟造词时，被替换的词素为修饰限制成分，保留的词素为中心词素，随着仿拟词的增多，中心词素的修饰限制成分的范围也不断扩大，这必然会对中心词素意义范畴有所影响，进而促成新词素义的生成。

（三）由仿拟造词形成的新词素义多经历了泛化过程，有的呈现一定的虚化倾向

仿拟造词作为一种能产的造词法，其造词结果多形成系列新词，形成词群。词群中所有词中共同词素由于较高的复呈率极易产生新义，并且这些新词素义大多经历了泛化的过程，有的甚至呈现一定的虚化倾向。例如，"X 门"源自英语"X gate"，在英语中"X gate"最初由"Watergate"派生而来，用来表示丑闻，尤指政治丑闻。汉语通过翻译借用过来很多新词，如"伊朗门、拉链门、特工门"等；后来汉语也开始利用此结构大量仿拟造词，出现了各种各样的"X 门"，如"泄密

门、召回门、捐款门、电话门、解说门、女友门、艳照门、控制门"等。

"泄密门"两嫌犯被拘：白天工程师晚上黑客

（《21世纪经济报道》2012年1月13日）

"召回门"折射丰田阿喀琉斯之踵

（《新华每日电讯》2010年2月1日）

有分析称，"捐款门"不太可能轻易平息，"邮件门"丑闻也助长了其持续发酵。幸灾乐祸者将在希拉里的邮件里搜寻证据，证明她知晓这些捐款。

（《文汇报》2015年3月12日）

从上例可以看出，汉语中"X门"在"X gate"的原有语义和用法的基础上，扩大了其应用范围，不再仅仅局限于政治丑闻。"门"主要用来表示发生在公众人物或公共机构身上的引起社会关注的消极事件，在媒体用语中几乎成了丑闻、绯闻、风波的代名词，意义不断泛化。周日安、邵静敏曾指出：这种泛化的结果，必将导致"门"的进一步的虚化，"门"也许将来会发展成真正的后缀。[1]在由仿拟造词形成的词素义中，这种泛化现象非常多。例如，"界"从"界限、一定的范围"的意义衍生出"职业、工作或性别等相同的一些社会成员的总体"；"热"本来的意义是"物体内部分子不规则运动放出的一种能量"，在"X热"中表示"形成的某种热潮"，从具体的物能转化为抽象的社会现象。随着意义的泛化，这些词素逐渐呈现出类词缀化倾向。

此外，在仿拟造词衍生的词素义中，有的已经完全虚化。例如，"X性、非X、X生"在《现代汉语词典》释义中已经标注其词缀的性质。可以说，在现代汉语中词缀和类词缀大都是在仿拟造词的不断复制和传播中产生的。

五、仿拟造词生成词素义的原因

（一）造词方法的便捷性和能产性

社会发展日新月异，现有的词汇已不能满足社会生活的发展及人们的表达需要，而且语言词汇的发展是一个渐变过程，不可能在短时间内涌现出过多人们陌生的新词语，这既不符合人们的记忆规律也不符合语言发展的渐变性规律。这就给仿拟词这种便捷、能产的造词法提供了"用武之地"。

仿拟造词的词语结构形式主要表现为"词语模"，"词语模是具有新造词语功能的

---

[1] 周日安、邵静敏：《美英式原型标记"-门"的类化和泛化》，《外国语（上海外国语大学学报）》，2007年第4期。

各式各样的框架。这种框架由'模标'和'模槽'两部分构成"①,"模标"指语模中不变的部分,这与仿拟词中稳定不变的词素相对应;"模槽"指语模中的变动部分,这与仿拟词中可以被替换的词素相对应。而通过模仿得以复制和传播的都可以被称为模因,仿拟词即是语言中典型的模因现象,很好地实现了旧有语言成分与语言创新的衔接。对于造词者来说,仿造原有的形式,只需更换其中的某一词素就可以造出新词,这无疑给造词带来极大便捷。正是由于"模标"的定位性导致了仿拟词中"模标"词素的语法性质逐渐发生变化,由原来的不定位词素逐渐演变为构词定位词素,随着构词能力的增强,必然会导致词义的演变,甚至很多词素义走向泛化和虚化,"模标"词素最终演变为类词缀或词缀。

（二）关联联想的认知思维方式和语言的类推机制

客观世界事物之间的联系是普遍存在的。联想就是人们根据事物之间的相互联系,由一事物联想到其他事物。认知心理学认为,人们对新事物的认识总是在已有知识的基础上进行的。语言的创造主体在大众,由于缺乏对语言理论的了解,在遇到新事物、新现象需要命名时,人们首先会借助于联想在脑海中搜索已有的经验和与之具有联系的相关事物,考虑如何用已有的认识和词语来表达。仿拟造词法的最大特点就在于,仿词与被仿词在结构形式上具有对应关系,在意义上具有相关、对应及反义关系。仿拟造词法更契合人们的关联联想,使人们在原型词语意义基础上认识新词词义较为容易,给人一种既陌生又熟悉的感觉。

在联想的作用下,人们利用类推机制创造出了大量的仿拟词语。语言和思维都具有类推机制。这是仿拟词得以产生的基础和内因。"类比形式就是以一个或几个其他形式为模型,按照一定规则构成的形式。""类比是语言创造的原则。"②仿拟词作为一种根据已有的原型进行创造活动的产物,不论是创造还是接受的过程,都是一个类推的过程。另外,类推还是人的一种思维形式,而使用汉语的人们又特别擅长"不计形式,注重意合"的思维方式。再加上随着中国现代化程度的不断提高,人们的思维方式也开始发生变化。传统的思维方式是原子式的,习惯于孤立地处理所面临的事物。现代的思维方式则是结构的,倾向于在不同的事物中发现共同的模式来把它们整理成一个系列,为的是能够在一个统一的结构模式中对它们进行整体思维操作。一个社会

---

① 李宇明:《语法研究录》,北京:商务印书馆,2002年,第2页。
② [瑞士]费尔迪南·德·索绪尔:《普通语言学教程》,高名凯译,北京:商务印书馆,1980年,第226页、第232页。

越是现代化,也就越是需要用这种思维模式来应付高度复杂化的现实社会。仿拟词正是在联想认知和类推机制的共同作用下形成的。仿拟词中未被改变的部分往往蕴涵着一种认知事物、处理经验的模式,而可替换部分所赋予使用者的自由度则帮助其把这种模式加到他们所需要处理的各种现象上,所造成的结果就是将这种现象归结为一个系列而得到统一的处理。

(三) 词语创造的理据性

随着社会和语言自身的发展,词语的构成要素不断丰富,为创造词语提供了大量的材料。又由于人们在认知过程中,总是借用旧概念和旧词语来确定和理解新词语,人们在创造新词语时,几乎已不再使用音义任意结合法。费尔迪南·德·索绪尔(Ferdinand de Saussure)曾指出:"一切都是不能论证的语言是不存在的。"[1]当新对象与旧对象在某些方面有共同特征或存在某种联系时,人们理所当然会优先选择与旧词语有更多联系的词语,以增强词语的理据性。尤其是像汉语这种没有形态变化的词根语类型的语言,要常常靠词素的组合,以及词语意义相互映衬的"意合"而形成语义,更讲究词语的理据性,当原有词不能充分完成表达时,就会根据需要更替其中的成分仿照成新词。正因为如此,同一原型的仿拟词都同属一个语义场,所表达的是同一范畴的事物,形成类义、反义、谐音等关系。当然仿拟词的理据性也包含了结构框架的制约性,现代心理学认为,人的行为具有目的性,包含着认知成分,有着内在联系。因此,新词语的创造,必须符合人们头脑中的内在知识。可以说,在创造者的心中存在着一个语言结构框架,它规范着创造者的行为。

(四) 语言能力的"内应"

这里所说的语言能力是指人类在长期的、世代相袭的言语交际活动中积淀而成的一种内化了的语言认知、运用能力。语言学家诺姆·乔姆斯基(Noam Chomsky)在他的"转换生成句法理论"中提出了"语言能力":"语言是一个生成系统,在任何一种语言中,都可以说出无数的符合一定规则或语法的话。"[2]这种一定的规则和语法构成了句子的深层结构,人的天赋中已有对这种深层结构的理解,并可以通过转换,"从有限的深层结构中衍生出无数的表层结构",这就是人的一种"与生俱来"

---

[1] [瑞士]费尔迪南·德·索绪尔:《普通语言学教程》,高名凯译,北京:商务印书馆,1980年,第184页。

[2] 转引自徐国珍:《仿拟行为心理机制探析》,《云南师范大学学报(哲学社会科学版)》,2002年第4期。

的语言习得机制。①后来有的认知语言学家、心理语言学家也提出类似的看法：人天生拥有一种对语言结构成分自行组合、分解和生成的能力。考察仿拟词语的生成过程，不难发现，这种语言能力显然也正是仿拟词语生成的重要催生素。人们为什么能根据"脱口秀"仿拟出"双人秀、模仿秀"，而不是其他的语言形式呢？虽然，在"双人秀、模仿秀"的生成过程中类推思维起了逻辑推导作用，但人们对"X 秀"格式深层结构的理解与把握显然也是一个重要的潜在因素。同理，为什么仿拟现象复杂多样，但又总是与一定的言语结构规律相吻合？而不符合语言结构规律的，最终会消失？比如"生源"，是仿照"水源、能源、货源"等词而来，"X 源"都是"名词素+源"组成的。"生源"符合人们比较熟悉的这个结构框架，易为人们理解接受；反之，"饲源（饲料来源）"的"饲"是动词素，与常规的框架不一致，人们感到别扭，最终也无法流通。②也说明了人们显然都是遵循着一定的言语内在规律来创造仿拟词的。从另外一个角度来看，在仿拟生成的过程中，人们从根据表达意图展开联想到提取出所仿拟原型再到根据原型创造新词，其间往往只有很短的时间，而要在这短短的时间里完成仿拟这项复杂的、创造性的工作，没有一种内化了的、近乎本能的语言能力的"内应"显然是不可能的。由此可见，所谓由"此"仿"彼"的类推过程，实际上也正是人们将某种语言现象的深层结构转换成另一形态表层结构的过程。所以，乔姆斯基的"深层结构转换论"为仿拟生成的能产性提供了有力的理论依据，同时也为类推思维和语言的关系提供了更深一层的认识。

（五）求异、从众心理的趋成

从社会心理方面来看，仿拟词盛产的原因也十分清楚。人们都有求异心理，希望通过与众不同来体现自身的价值。但是求异心理的充分表露势必会使个人突出于社会之外，造成一种不安全感；为了躲避这种不安全感人们就会产生一种从众心理，模仿他人、顺应社会。不过从众心理的直接后果却是个性的泯灭、个人价值的隐没。在这种两难选择中人们只好让这两种心理相互补偿：一方面要在一定程度上超前于整个社会的现有状态，以满足求异的心理；另一方面又要使参与的个体数量形成一定规模，使它不是个体的行为而是一种社会行为，来满足从众的心理。如此人们便可追求新异而又不必顾虑那种不安全感的威胁。仿拟词的产生也正是这两种心理张力的生动体现，是模仿与创新的统一，只是在满足从众心

---

① 转引自徐国珍：《仿拟行为心理机制探析》，《云南师范大学学报（哲学社会科学版）》，2002 年第 4 期。
② 《新词新语新用法》编写组：《新词新语新用法》，《语文建设》，1987 年第 5 期。

理的前提下更能满足人们的求异心理，更能从中体会到一种创造的快感。仿拟词语起始于一种模仿，但被模仿的只是抽象的组合方式，而选择何种词素来进行组合却是一种创新，完全可以体现创造者个人的独特追求。

总之，人们利用旧有的词语模式，更换其中的某一或部分词素，这种快捷的仿拟出新词语的造词方法，不仅符合社会和时代的发展要求，符合语言系统自身的发展规律，也满足了人们求新求异、追求便捷高效的语言表达需求。正因为如此，由仿拟造词形成的新词基本呈现系列化的特点，多形成词群。仿拟词中的固定词素，可以构成较多的新词，自然具有较高的构词能力，并且所构新词的结构也基本一致，这样更易促成词素新义的形成。

第四章 造词法与汉语词素义的生成（下）

本章继续探讨造词法对汉语词素义生成的影响，重点讨论摹声造词法、音义任意结合法和说明造词法与汉语词素义生成之间的关系。在此基础之上，运用范畴理论，对造词生成词素义的过程进行具体分析。最后，对造词法影响词素义生成总体情况进行小结。

第一节 摹声造词法与词素义的生成

汉语中一直存在大量像"呼啦、嘟、咖啡、咣当、咔嚓、华尔兹"等一类通过摹拟事物的声音而创造的摹声词，它们因生动形象的语言表现力在日常口语和文学作品中被频繁使用，是摹声法造词的产物。摹声造词法是早期汉语重要的造词方法，自汉语产生以来一直发挥着重要作用，且在造词的同时也会引发新的词素和词素义的产生。马庆株先生早在1987年就明确提出了"拟声语素"的概念，他认为拟声语素的基本作用是构成拟声词，由一个拟声语素构成的是单纯拟声词，由拟声语素重叠构成的是重叠式拟声词，拟声语素重叠派生出合成拟声词。单纯拟声词和合成拟声词的句法作用有很大不同。①尽管如此，在30多年的时间里，学界对拟声词素的研究成果并不多见。本节主要对由摹声造词法产生的摹声词素及其意义进行阐述。

一、摹声造词法概述

（一）摹声起源说

关于语言的起源，出现过"神授说""手势说""感叹说""劳动呼声说""拟声说""进化说"等说法。相比于上帝创造语言的"神授说"，以及根本不能通过人类的发声器官发出、仅靠手势进行简单近距离交流的"手势说"来说，"感叹说""劳动呼声说""拟声说""进化说"有其合理的一面。它们从实质上都是摹拟声音的方法，都可以说明汉语部分拟声词和感叹词的来源问题，但不能解释汉语中非摹声词的来源。

---

① 马庆株：《拟声词研究》，收入南开大学中文系《语言研究论丛》编委会编：《语言研究论丛》（第四辑），天津：南开大学出版社，1987年，第122页。

尽管如此，我们不能忽略摹声在汉语起源的初始阶段所发挥的重要作用。在语言没有产生之前，人们在兴奋、激动、恐惧、愤怒、悲伤等不同情感状态下发出声音是人情感宣泄的本能，这些声音与动物的叫声没有本质的区别，没有被约定为有一定的意义。随着人类思维能力、发音器官的发展完善及交际的需要，人们逐渐把摹拟自然界动物的叫声及事物所发出的声音约定为声音符号进行交流，于是产生了早期的摹声词，如"布谷、蛐蛐、雀、牛"等。

（二）摹声造词法

孙常叙的《汉语词汇》最早提出一套完整的造词法体系，将造词法分为语音造词方法、语义造词方法和结构造词方法，在语音造词方法中提到了象声造词。①任学良先生在《汉语造词法》中将根据事物声音来造词的方法称为语音学造词法。②刘叔新先生在《汉语描写词汇学》"造词法"一节中指出根据造词使用语言材料的不同分为词汇材料式、语音材料式和混合材料式，其中又将语音材料式造词分为拟声法（如"叮当、哗哗"）、表情法（如"哎呀、喂"）、联绵法（如"蜘蛛、蜿蜒"）、音译法（如"扑克、阿司匹林"）四类。③葛本仪先生在《现代汉语词汇学》中指出"摹声法是用人类语言的语音形式，对某种声音加以摹拟和改造，从而创制新词的方法"④。虽然称名不同，但三位学者都认同并阐释了摹拟事物声音来造词的方法。

本书采用葛本仪先生对摹声造词法的定义，认为摹声法是用人类语言的语音形式，对某种声音加以摹拟和改造，从而创制新词的方法。

（三）摹声造词的范围

在参考前人研究成果的基础上，根据搜集到的语料，笔者将摹声造词范围分为以下几类。

1. 拟声词

拟声词，又叫象声词，是模拟人或事物及自然界发出的各种声音的词，如"砰、哗啦、叽叽喳喳、噼里啪啦"等。从古代汉语到现代汉语和当代汉语，拟声词一直频繁出现在人们的日常交流和文学作品，尤其是小说及儿童文学作品中。毋庸置疑，拟声词是摹声造词的典型及核心部分。

---

① 孙常叙：《汉语词汇》，长春：吉林人民出版社，1956年，第79页。
② 任学良：《汉语造词法》，北京：中国社会科学出版社，1981年，第238页。
③ 刘叔新：《汉语描写词汇学》，北京：商务印书馆，1990年，第107-112页。
④ 葛本仪：《现代汉语词汇学》，济南：山东人民出版社，2001年，第77页。

自1951年吕叔湘、朱德熙两位先生在《语法修辞讲话》中首次提出"象声词"①这一术语，自拟声词开始被作为一个词类展开研究起直至今天，拟声词一直是语言学者的研究对象。学界从性质、归类、分类、修辞作用等多角度对拟声词展开讨论，但在拟声词的词性归类问题上仍未统一，或将拟声词归于副词，或归于形容词，或归于叹词，或独立为一类。仅就目前高校普遍使用的几种现代汉语教材就可见一二：黄伯荣、廖序东主编的《现代汉语》（增订四版）将拟声词和叹词归为实词，各自独立为两个不同词类；邵敬敏主编的《现代汉语通论》（第二版）也将拟声词和叹词归为实词中的两个独立词类；但邢福义、汪国胜主编的《现代汉语》（2003版）将拟声词归为虚词，并认为拟声词包括叹词和象声词。研究者已从语法功能、意义等方面具体论证过拟声词与副词、形容词、叹词的不同之处，这些内容与本章的侧重点有所不同，这里不再详细说明。目前学界的主要倾向是将其看做实词中独立的一类。

2. 叹词

叹词用来表示感叹或招呼应答。丁声树的《现代汉语语法讲话》和黎锦熙、刘世儒的《汉语语法教材》将拟声词归入叹词。党怀兴的《谈拟声词的归类》、炳南、文同的《象声词应该自成一类》及张嘉星的《象声词的命名及其归属》等文章从意义和语法功能的角度论证了拟声词和叹词的不同。学者普遍认为，在意义方面，叹词除表示一定声音外，重在表"情"；在语法功能方面，叹词不像拟声词一样可作为一般句法成分，叹词独立性强，常作独立成分，可单独成句，不与句子中其他词语发生结构关系。但是从摹拟声音的角度看，叹词和象声词都是象声的，只是拟声词是单纯地摹拟人、动物或事物的声音，而叹词摹拟声音追求的不是对声音形象的描绘，更看重人的感情和意向的表达。《语法修辞讲话》在首次提出"象声词"术语之初就指出，象声词包括叹词如"嚯、嗯"类、问答词如"喂、嘿"类和狭义的象声词如"轰隆、沙沙"类三种。廖化津在《说象声词》中的观点与《语法修辞讲话》相同，认为狭义象声词、叹词、问答词在意义上有主要的共同点，都表示人或物的声音，表示关于声音的概念。因此，就叹词和拟声词在表示声音概念上的一致性，结合本节造词法的论题，此处将叹词和拟声词都看作是摹声造词的产物。

3. 语气词

语气词是多用在句末也可用在句中表示陈述、疑问、祈使、感叹等语气的虚词。

---

① 吕叔湘、朱德熙：《语法修辞讲话》，沈阳：辽宁教育出版社，2002年，第10页。

虽然语气词多读作轻声且附着性强，但语气词也是用来模拟声音的词，它以不同的语音外壳加之语调表现不同的语气来表意。段曹林在《论拟声词、叹词、语气词皆"摹声"》中就明确指出叹词、语气词也是摹声的产物。上古汉语就已有语气词，先秦诗歌的许多诗句末尾都有语气词，如"兮、止"，但早期的部分语气词不是由摹声产生的，如"止"，最初指的是脚，因为属于人体的下部，与多位于诗歌句尾的语气词有相似之处，所以被用作诗歌的句末语气词。笔者在语料的搜集排查中发现，目前现代汉语中所使用的语气词，以及部分叹词如"吁、咦"、拟声词如"噗、叮咚"、音译外来词如"那摩温"等，它们虽然是摹声造词，但早在 20 世纪之前就已经产生，都不在本节研究范围之内，笔者搜集到的语料中并未有符合条件的语气词。

4. 部分外来词

随着经济全球化的不断发展，各国之间的社会文化交流也日益扩大化，越来越多的外来词进入现代汉语系统。依照外语词的原有语音而用音同或音近的汉字记录其全部语音的音译词（如"曲奇、巧克力"），以及音义兼译词（如"维他命、可口可乐"）、半译音半译义词（如"摩托车、迷你裙"）、音译加注词（如"卡介苗、艾滋病"），这些外来词都完全或部分摹拟外语词的语音，都属于摹声法的产物。但像日语借词、"CT"类字母词这样的借形词不在摹声造词的范围之内。

二、摹声造词生成词素义的过程

摹声造词就是用人类语言的语音形式，对某种声音加以摹拟和改造，从而创制新词的方法。摹声法造词及生成词素义的过程就像它的定义一样简单明了，易于理解。

首先，认知是语言的基础。当人们遇到一种新事物时，只有认识了它才会想要或需要用语言来表达。当人们最开始遇到杜鹃这种鸟时，听到它的叫声是"布谷、布谷"，与其他动物的叫声不同，在表述它时自然选用最省力的直接摹拟"布谷"叫声的方法将它命名为"布谷鸟"。

其次，人们试图用语音形式和书写形式将其记录下来。在汉语中就会用汉语的语音形式对这些被摹拟的声音进行改造，以使它们符合汉语的语音特点。由于造词之初是以听觉上、语音上的相似性为基础，必然会带有人的主观因素，所以就是在同一种语言中，在最开始记录某种声音的时候也会出现一些不同的语音形式及书写形式。就是已被词典收录的词，如形容金属、瓷器等撞击的声音的"叮当"一词，仍有"丁当"、"玎珰"等词形。音译外来词的翻译在这方面更为突出。所以在摹声造词之初会有这种语音、书写形式上的不定型性。

最后，当新词语逐渐被接受，其语音、书写形式上的不定型就会被固化为某一特定形式（或以某一形式为推荐形式）而进入词汇系统。对于拟声词、叹词和音译外来词，在被摹拟声音表意的初期都会出现多种书写形式，随着该词使用频率的不断提高，得到大众的认可，人们就会选用较为通用、熟知度高的固定语音和书写形式将它们记录下来。同时由于摹声造词产生的新词多为单纯词，因而新摹声词固定形式的出现即标志着新词素及新词素义的出现，所以它们既是摹声词，也是摹声词素。例如，"形容人外表英俊潇洒，表情冷峻坚毅，有个性"的"酷"通过摹拟英语词"cool"的语音形式而来；在它作为新词出现的同时，也意味着新词素及新词素义的形成。

值得注意的是，在现代汉语词汇系统中，摹声词素有时也可用作构词成分参与构词，如"响当当、呱呱叫"中"当当、呱呱"，这样的摹声词素由于构词能力较弱，意义一般不会发生变化。此外，在当代汉语中，很多外来摹声词素被改造后参与构词并形成了新词素义。例如，"的士"被简缩为"的"大量构词，形成"的哥、的姐、摩的、打的、板儿的"等词，随着构词能力的不断增强，"的"的词素义也在"的士"的基础上逐渐泛化为"运营用的车"。类似的还有"奥林匹克"中的"奥"、"迪斯科"中的"迪"等。但是不能将它们归于摹声造词产生词素义的范围，因为类似这样的词语是由摹声成分和汉语原有词素构成的，在这些词出现之前，摹声成分"当当、呱呱"或者"的士"等就已经出现并且被人们作为摹声词来使用了；即使类似"的"等外来摹声词素生成了新词素义，但其意义的生成是在采用其他造词法进行大量造词的基础上生成的，不是在摹声造词的过程中产生的。因此像"当当、呱呱、的（的士）"之类原有摹声词参与构词的情况不在本节的讨论范围之内。

三、摹声造词生成的词素义分类分析

摹声造词因其直接用声音表意的特殊性，形成之初即是拟声词或名词、叹词等不同词性的新词，因此，对搜集到的词素义语料可以从摹声词的分类角度展开分析。这里从所含音节数量、被模仿对象两个角度对 267 个词素（288 个词素义）进行分析。

（一）根据音节数量分类

根据所含音节数量可分为：单音节摹声词，如"咕、哼"等，共 66 个；双音节摹声词，如"呼噜、夹克"等，共 130 个；三音节摹声词，如"嘉年华、尼古丁"等，

共54个；多音节摹声词，如"罗曼蒂克、噼里啪啦"等，共17个。

由此可见，在摹声造词生成新词素义中，与现代汉语词汇中双音节词占优势相同，双音节摹声词占多数，且多为音译的外来词，这与已有的新词语研究中多音节新词语在近些年来数量和所占比例不断增加的研究成果一致。

（二）根据所摹拟对象分类

自然界中存在无数声音，受发音能力的限制，人类不可能摹拟自然界中的所有声音。摹声造词摹拟的声音大致可以分为人类、动物和物体等所发出的声音，以及摹拟外语或中国少数民族语言中词语的语音形式等几种情况。

1. 摹拟人声和外语或中国少数民族语言中词语的语音

摹拟人声的词主要是表示人的各种感叹、招呼应答，主要为叹词性词素，如"啊、哼、喂、嗬"等，也有少量的拟声词素，如"形容小孩子学话的声音"的"咿呀"，再如"哼哈、呼噜、叽叽嘎嘎"等；摹拟人声的词素共42个。摹拟外语或中国少数民族语言中词语的语音的音译词素较多，如"好莱坞、吉他、康乃馨、门巴"等，共164个。其中，摹拟外语的音译词有154个，大部分是音译英语词，摹拟中国少数民族语言的有10个，来自藏族、蒙古族、满族、傣族四个少数民族。

可见，音译词占绝对优势，一方面是由于伴随着古往今来的对外交流，音译外来词的数量很多，另一方面也是因为表示人的感叹和呼声应答的摹声词虽然在口语和不同方言中数量很大，但被认可并赋予固定的语言形式和书写形式被收录到字典中的还是少之又少。

2. 摹拟动物声音

这类摹声词的产生最初多是因为人们在交流时依靠摹拟动物发出的叫声来指代不同动物，甚至用来给发出这种声音的动物命名，如模仿"喵""哞"的叫声给"猫""牛"命名。这种造词方式在现代汉语阶段几乎已经不再使用。笔者所搜集到的摹拟动物声音词素主要是摹拟动物的叫声，如"咪咪、喵、哞、咕"共4个，数量极少。

3. 摹拟物体声音

人类处在一个有声的世界，自然界的物体会发出不同的声音，如风雨雷电声"呼、哗哗"等，物体碰撞声"叮当、玎玲、咣当、哐啷"等，机械器具声"轰隆、嘀嗒"等。笔者所搜集到的摹拟自然界物体声音的摹声词如"咣当""轰隆"等共57个。

四、摹声造词生成词素义的特点

（一）音义之间的关联性

索绪尔语言学认为符号的音与义之间是任意的，没有必然的联系。但是摹声造词的音义之间与其他词相比具有明显的关联性。摹声通过摹拟原声的方式进行造词，使符号的声音与客观事物之间及词语意义之间具有了必然的因果联系。正是凭借与原声的最大相似性，使人们理解起来更加便捷，人们听到某个声音，就会联想到它所表达的相关事物；同时也使语言表达更加生动逼真，增强形象生动的表达效果。这也是摹声造词能够长久不衰，一直被人们使用的主要原因。

但是摹声造词也不是对原有声音的完全再现。首先是受发音器官的限制，自然界的很多声音人类无法再现。人们所认可的"咩咩"声由于受人类发音器官的限制与真实的羊叫声相差甚远。其次，人是具有主观能动性的，在摹拟声音时会融入自己的主观感受。人在摹拟声音时，"只是按照感觉，做大体的描拟，不能完全与事物的原声音相符"①，其中也包含了很多想象、夸张等主观成分在内。比如，在形容物体断裂等声音时会用到"咔嚓"这个词。实际上，物体断裂的声音并非完全如此。人们在造词时，只是为了呈现生动形象的表达效果，借助人类的夸张与想象，在汉语中约定了"咔嚓"一词。此外，由于人们个体感知的不同，对相同的声音可能会有不同的理解，会出现用不同的摹声词摹拟同一声音，或同一摹声词表示不同声音的情况。例如，"我揉揉眼，缩回脖子，听到了嘣嘣的筋响。""'嘣！嘣！'的砸门声，大斧劈柴样沉闷地响到山梁上。"②同一个"嘣"被用来摹拟两个不同的声音，显然是受人的主观因素的影响。不同语言或方言的语音系统及言语习惯、文化传统的不同决定了人们对同一声音的描述也会出现差异性。例如，汉语中用"嘀嗒"来表示钟表摆动的声音，英语中则用"tick"。因此，当人们遵循汉语语音系统的声、韵、调规律去摹声时，不管这个摹声词在人耳听起来与原声有多么接近，也只是原声的近似值。

（二）摹声造词生成的词素义具有丰富的形象色彩

摹声造词生成的新词或新词素多用于口语交流及文学作品中，其在表情达意时，还会派生出更为丰富的形象色彩。摹声词在形象逼真地描绘某种声音时，会让人感到

---

① 张弓：《现代汉语修辞学》，石家庄：河北教育出版社，1993年，第53页。
② 阎连科：《艺妓芙蓉》，杭州：浙江文艺出版社，2011年，第264页、第269页。

如闻其声、如临其境。在阅读时,某种语境下某个摹声词的巧妙使用会唤起人们的丰富想象和联想,往往会在带给人听觉感受之外又带来视觉、触觉、味觉等方面的不同感受。例如:"杜柏立在门口,朝西屋的棺材盯了一阵,走过去一下掀开棺盖,日光呼呼啦啦打在杜岩的脸上,他眯着双眼,如风吹了一样,身子叮叮当当猛然哆嗦起来。"① "叮叮当当"本是形容金属等撞击的声音,这里形容身体的抖动,夸张的描述能够给人强烈的震动感和画面感,一位青年男性惊恐、害怕的形象生动地展现在读者眼前。也正是如此,摹声词在文学作品的抒情叙事中才如此受欢迎。

(三)生成的新词素义多为摹拟与人们日常生活密切相关且比较容易摹拟的声音

通过前面的论述,可以发现能形成新词素义的摹声造词都是描摹与人们日常生活密切相关的声音。在这些词素义中,除了音译外来词外,摹拟人声、动物声和物体声的词素义都是表示人们经常听到的声音。摹拟人声的叹词性和拟声词性词素不用赘述,都是人们经常发出和听到的声音;摹拟动物声的词素也都是猫、牛、鸡等常见家畜、家禽的叫声;摹拟物体的声音也不例外,都是人们日常生活中常见物体所发出的声音。

大自然的声音不计其数,而语言中的摹声造出词的数量相对来说要少得多。

这当然与词义的概括性有着密切的关系。其实,最直接的原因是自然界中的很多声音是人类的语音系统无法摹拟出来的。摹声造词只能摹拟自然界中那些可以摹拟的声音。可见,自然声音的可摹拟性是摹声造词的前提条件。在可摹拟的声音中,声音摹拟的相似程度又有所不同,有的比较容易摹拟,词语语音与原音的相似程度就高,反之,相似程度会低。一般来说,和汉语的语音系统所形成的音色差距不太大的声音更容易被摹拟出来。换一个角度来讲,只有和汉语语音系统差距不大的声音才会被摹拟出来,并被用来造词形成新的词义或词素义。

五、摹声造词生成词素义的原因

摹声造词之所以会从汉语产生早期一直沿用到现在,而且能够生成现代汉语中如此形象的新词素义,自然是基于摹声造词的优点。

(一)造词的简便省力

一般来说,就人们认知事物所花费的认知时间和精力来说,摹声所需要付出的

---

① 阎连科:《阎连科自选集》,成都:天地出版社,2017年,第19页。

认知努力是最少的,再加上声音多具有容易辨识、易于记忆及突显性强等特点,人们在造词时,更倾向于选取此种方式。也就是说,当人们还未给有声事物或可发出声音的动作行为命名时,最简单、省力的方法就是将这个声音用人的发音器官模仿出来。例如,人们用发音器官摹拟雷声、爆炸声和机器声,造出声音类似的新词"轰隆";造词可谓简便快捷,听者也因为这种造词方法能最大程度的接近所表示的原始声音,理解起来更容易。再如音译的外来词,直接用音近的汉字记录外语词的原有语音,不仅简单省力而且保留了词的外来色彩,利于吸引人们的注意,进而促进其在汉语中的通行。

(二)生动形象的表达效果

陈望道先生认为摹声"是吸收了声音的要素在语辞中的一种辞格"①。摹声也是一种修辞手段,主要修辞作用在于通过摹拟声音使语言表达更具体、形象,用声音营造出生动的画面,唤起人们的想象和联想,使人们产生除听觉之外在动觉、视觉、触觉、嗅觉上的感受,更好地实现以声表意和以声传情的效果。特别是在文学作品的阅读中,即使对于不太熟悉的事物,摹声词也能激发读者的兴趣,帮助理解,给读者留下足够的想象空间。

(三)语言象似性的认知机制

索绪尔早在论述符号的任意性时就曾把个别拟声词排除在外。随着近几十年来人们对语言与认知的不断研究发现,"语言结构反映人们在对客观世界的知觉和认知的基础上形成的概念和概念结构,也就是说,语言结构与人的经验结构之间有一种必然联系"②。认知语言学中的这种象似性指的是语言与思维的关系,语言结构能反映出人的某种思维及经验。语言中的摹声词及汉语中的象形字最能说明语言的象似性这一特点。象形字是用类似图像的象似符号来表现语言符号与人的认知经验的关系;摹声词是利用语音与被模仿声音的象似性来表现的。同一民族或地区的人们由于有共同的民族传统、文化背景,在事物的认知上也比较一致。摹声词对声音的摹拟很好地体现了人们语言认知上的象似性,因此能够被同一语言或方言地区的人们"约定俗成"和认可。

拟声词作为较为"原始"的汉语造词法,在现代汉语阶段仍发挥着重要作用,创

---

① 陈望道:《修辞学发凡》,上海:上海人民出版社,1976年,第137页。
② 赵艳芳:《认知语言学概论》,上海:上海外语教育出版社,2001年,第156页。

造出包括拟声词、叹词、语气词、部分音译外来词在内的大量单纯摹声词，并生成相应的新词素义，使现代汉语词汇、词素及词素义更加丰富。同时，摹声造词基于语音的象似性进行造词，简便省力，语言的生动性、形象性强，利于唤起听者多方面的形象感受，也正因如此，摹声造词一直被广泛使用。

第二节　音义任意结合造词法与词素义的生成

在人类社会中，可以表达意义的符号有手势动作、狼烟、旗语等很多种，其中语言以其独有的优越性成为人类最重要的交际工具。被称为"现代语言学之父"的索绪尔所提出的"语言符号的任意性"观点对现代语言学乃至当代语言学的发展影响深远。语言符号的任意性是指语言符号的能指（音响形象）和所指（音响形象表示的意义）之间没有必然的、本质的联系，而是一种约定俗成的关系。这种音义之间任意结合的方法成为早期汉语尤其是汉语原生阶段主要的造词方法，在今天的现代汉语阶段仍在发挥作用，且在新词产生的同时会生成新的词素义，为词汇的再创新提供基础材料。

一、音义任意结合造词法概述

（一）语言符号的任意性

索绪尔提出语言符号由能指和所指构成，能指即音响形象，所指即音响形象表示的意义内容。语言符号的任意性指的就是能指和所指之间的任意性，即音响形象和音响形象表示的意义之间是任意的，它们之间没有必然的、本质的联系，是一种约定俗成的关系。例如，"桌子"这一语言符号的能指是"桌子"一词的语音，所指是起着在上面放东西或做事情这一作用的、上有平面下有支柱的这种事物。为什么最初称之为"桌子"是无理据可言的。同时又指出，"后者不是物质的声音，纯粹物理的东西，而是这声音的心理印迹"[①]。可见，索绪尔认为音响形象即语音也是经过人们的主观认识形成的，不是纯粹物理世界的声音。即使是那些模拟自然界声音所造的摹声词，虽然在声音上听起来与被模仿声音非常相似，但也是在人们的主观选择之后确定一个固定的语音形式来造词，且不同民族的语言对同一声音的模拟所选择的固定语音形式还有所差异。所以，人们选择某一语音形式与意义结合没有外在的、必然的联系与依

---

① ［瑞士］费尔迪南·德·索绪尔：《普通语言学教程》，高名凯译，北京：商务印书馆，1980 年，第 101 页。

据。需要注意的是，虽然人们可以自由选用某种语音形式与意义相结合，但这一语言符号一经固定下来，对使用它的共同体来说就具有一定的强制性，不能随意更改。

（二）语言符号的理据性

关于索绪尔的语言符号任意性的原则，学术界一直存有争议。与语言符号的任意性相对的是语言符号的理据性观点，也有的学者将其称为语言的象似性、可论证性。这种观点认为语言的能指与所指之间是存在某种联系的，即用什么样的声音来表示什么样的意义是有原因的、可论证的，可由所指的性质、特点等因素来决定。最典型的例子就是摹声词，即认为摹声词的语音形式与被模仿的声音存在相似性。不可否认，摹声法易于识别、理解的优越性会使人们在可能的情况下，优先选用具有象似性的摹声法来造词，但是语音模仿的范围极其有限，除了一些辨识度高的动物叫声、自然界风吹雨落之声及一些动作行为的声音外，大部分的事物及人们的各种思想感情是无法用声音进行模仿的。所以，用音义象似性这一原则来解释音义之间的关系不符合语言事实，而且摹声词在汉语词汇中的比例很小，不能使语言符号的任意性产生动摇。

那么语言符号的理据性究竟是否存在呢？郭鸿在《索绪尔的语言符号任意性原则是否成立？——与王寅教授商榷》一文中指出"象似性普遍存在于符号组合（语言结构）中，而不在（单个）符号中"[①]。邹凤群在《语言符号任意性的成因及价值分析》一文中用语言的结构双层性特征说明这一问题，指出"用有限的音位（最多不超过50个），构成表意的词素时，首先考虑的不是象似性，而是词素之间的区分性。所以在这个语言最小意义单位的构成上，任意性是不可避免的。而在更大单位的组合上，如复合词、派生词、词组、句子等，就更多地考虑规则性，象似性的因素就比较多起来"[②]。由此可见，语言符号的任意性是对于音义结合的语言符号个体内部来说的，语言符号的理据性是对复合词、派生词、句法规则等语言符号与符号之间的关系来说的，它们是在语言符号确定了音义关系之后，符号与符号间的组合关系。例如，在汉语发展的滋生阶段，人们就是在单音词的基础上，构成更多的合成词、派生词，此时的理据性越来越明显。

综上所述，任意性和象似性都是语言的特性，但是二者所指不同，任意性是指符号内部的音义关系，理据性是指符号与符号之间的关系。

[①] 郭鸿：《索绪尔的语言符号任意性原则是否成立？——与王寅教授商榷》，《外语研究》，2001年第1期。
[②] 邹凤群：《语言符号任意性的成因及价值分析》，《扬州大学学报（人文社会科学版）》，2010年第6期。

（三）音义任意结合造词法

葛本仪先生在《现代汉语词汇学》中指出，"音义任意结合的造词方法就是用某种声音形式任意为某种事物命名的方法。这样产生的新词在音义之间，开始并无必然的联系"①。但这并不是说该词的产生毫无理据，而是说词的音响形象和表示的概念意义之间没有必然的联系，即为什么把"山"称为"山"，"手"称为"手"而不称为其他的是无理据可言的。本书即采用葛本仪先生对于音义任意结合造词法的定义。

袁庆德在《早期汉语造词法新探》一文中指出"汉语词汇的发展大体经过了三个阶段，即自生阶段、派生阶段和合成阶段"②。自生阶段，是汉语起源的早期，在这一时期人们主要通过音义结合的方法造出大量汉语原生词，如"风、火、牛、阴、阳"等。在派生阶段，人们主要依靠词义引申的方法派生出新词语，出现了大量的同源词。经过前两个发展阶段的词语积累，由原有词语合成创造新词语的造词法逐渐盛行，汉语发展进入合成阶段。但是随着社会和语言要素的不断发展、丰富，音义任意结合造词法的能产性大大减弱，在原有语言原料基础上创造新词的方法如说明法、修辞法后来居上。但是在现代汉语时期，由音义任意结合造词法产生的新词语仍然存在，较多见于一些新发现的化学元素的命名。

二、音义任意结合造词生成词素义的过程

人类完备的发音器官及意识的逐步发展促使人类选择有声、便捷又能表达多种抽象概念的语言作为主要交际工具。在早期汉语阶段，社会发展还很落后，人的思维、认知水平有限，语言多是单音单素词，音义结合多是任意的，当人们选用某种语音形式去表示某种事物或现象时就实现了音与义的结合。汉语最初的一批词是人们在对客观世界有所认识的基础上，结合外化的语音形式，音义任意结合产生的，如"人、手、阴、阳、牛"等。这些事物为什么要用这样的语音形式来表示，是人们无法解释的。

考察音义任意结合造词生成词素义的过程，可以以词语"火"为例。当人类初次接触并意识到火的作用之后，就对这种事物有了基本认识。由于共同的生存、生活环境及相似的认识水平，人们再看到燃烧的火这种东西，在意识世界就会浮现对"火"

---

① 葛本仪：《现代汉语词汇学》，济南：山东人民出版社，2001年，第76页。
② 袁庆德：《早期汉语造词法新探》，《殷都学刊》，2002年第1期。

的已有认识,当这种场景出现多次,人们需要用语言去表达"火"时,就会选取一定的声音形式与"火"这种事物相结合,这时音义的任意结合初步形成。但是这一阶段与"火"结合的语音可能有多种,人们为了避免交际障碍会从多种音响形象中筛选出为大家普遍接受的最佳语音形式,此时"火"这一语言符号终于有了一个固定的语音形式。由此可见,这种音义结合形成以后不可能直接成为语言中的词,必须要接受社会大众的考验,即社会的约定俗成,这个词才会进入语言系统,否则只是言语成分的昙花一现。由于音义任意结合法所造新词都是单纯词,所以在单纯词形成之时也就意味着新词素和词素义的形成。需要注意的是,在音义任意结合形成新词以后,事物的名称也不是一成不变的,会随着社会的发展及语言本身的发展在语音和意义上发生变化,如汉语的古今语音流变现象、词义的发展变化等。

当然,随着人类认识思维的发展及利用已有语言要素作为新的造词材料,在今天更多新的造词法及具有理据性的合成词语成为词汇发展的主流,以求最大限度地满足社会发展及人们交际的需要。但是同样也不能忽略现有少数单纯词尤其是新的化学元素的命名仍采用音义任意结合法,这一造词法的生命力依然存在。

三、音义任意结合造词生成词素义的特点

尽管音义任意结合法已退出造词法的主流,但是除去化学元素等专业术语,笔者仍从《现代汉语词典》中统计出 20 世纪以来由音义任意结合造词产生新词素义的情况共 52 例。事实上,对于语言研究者来说,音义任意结合法是一种退而求其次的方法,一般无法找到造词理据的词都会被归为音义任意结合法。依据笔者所掌握的材料,当无法找到某个词的造词理据时,也就是无法分析该词的意义为什么用某个语音形式来表示时,就判定为音义任意结合法。当然,其中也有可能会出现有些词有它的造词理据,但由于年代久远或自身掌握材料不完备而出现误判的情况。随着研究的深入,如果出现新的研究成果,笔者会及时更正,并把相应词例归入正确的造词法中。下面对 52 例由音义任意结合造词生成的词素义进行简要分析。

(一)单音节词素占有绝对优势

在现今的语言发展阶段,各种语言要素都非常丰富,新的语言符号一般不会创造全新的音和义的组合,而会尽可能地在已有的音和义的基础上进行组合,创造新词语。因此现阶段的合成新词是新词语的主流,但这并不是说音义任意结合法就失去了生命力。在一些领域,尤其是物理、化学等自然科学领域还会使用音义任意结合法,如"腈:有

机化合物的一类,是烃基和氰基的碳原子连接而成的化合物"等的命名。虽然由于其应用领域的局限,本节对这类词素不予考虑,但不否认它们多数是音义任意结合的单音节新词。现阶段由音义任意结合法产生的词语都是单纯词,也是单音节词素,因此在该单纯词经过人们的约定俗成被确认为现代汉语词汇的成员时,新的词素义也随即产生。

按照音节数量来分析,从搜集到的语料可以看出,在52例词例中,单音节词素有51例,双音节联绵词只有指代一种鱼的"鮟鱇"1例。可见,音义任意结合法生成的新词中单音节词或词素占有绝对优势。

（二）动词性词素比例最高

对由音义任意结合法生成的词素义的语法性质进行统计后发现（见表4-1）,动词性词素共有34例,如"捂:遮盖住或封闭起来""镗:用镗床切削机器零件上已有的孔眼",所占比重最大。名词性的共有13例,如"猹:野兽,像獾,喜欢吃瓜（见于鲁迅小说《故乡》）""蜻:无脊椎动物的一大类,雌雄异体,身体呈圆筒状,不分节,有少数刚毛"。量词性的共有3例,如"撮:a)用于手所撮取的东西；b)借用于极少的坏人或事物""幢:房屋一座叫一幢"。形容词性的仅有1例:"齉:鼻子不通气,发音不清"。数词性的仅有1例,即"〇:数的空位,同'零'（多用于数字中）"。

表4-1　音义任意结合法生成词素义的语法性质分布表

	词素性质	个数（个）	所占比例（%）
词素义项总数 （52个）	动词性	34	65.4
	名词性	13	25.0
	量词性	3	5.8
	形容词性	1	1.9
	数词性	1	1.9

需要注意的是,除了与字形有关的析字造词法以外,其他造词法在进行造词的过程中与词形基本没有什么关系。例如,有很多表示金属元素的词都是金字旁,是否就具有理据性呢？答案是否定的,因为有关字形的问题多涉及的是文字,文字是记录语言的书写符号。一般所说的音义结合只是指音与义的结合。所以,人们在表示某种金属元素时根据该物质的性质选择某种相同的偏旁关乎造字法的问题,与造词法无关。

（三）词素义多表示具体概念,多为词素的本义或第一义项

随着社会科技的进步及人类认知思维能力的不断提高,社会越来越需要一些能够

表达抽象概念的词语，汉语合成词就应需而生。而处在汉语初期发展阶段的人们由于受外部客观世界及自身思维水平的限制，创造的多是表达具象概念的简单词语。早期音义任意结合法产生的词语就多表达具象概念，如人体名词"手、足、耳"等、表示人类赖以生存的自然界事物"火、水、雨"等。汉语的早期阶段如此，在现代汉语阶段使用音义任意结合法造出的词语同样也是多表示具象的概念，如表示一种烹调方法的动词性词素"焯"，指"烹调方法，将菜肴的原料放在沸水中略煮，取出后再用酱油、醋等作料来拌"，动词性词素"梴"指"杀猪后，在猪的后腿上割一个口子，用铁棍贴着腿皮往里捅叫作梴，捅出沟后，往里吹气，使猪皮绷紧，以便去毛除垢"。

另外，受造词法特点的影响，由音义任意结合造词所形成的词素义都是该词素的唯一义项或第一义项，该词素的其他义项都是在此词素义项的基础上发展演变而来的。在52例义项中，其中是词素唯一义项的有33例，约占总数的63.5%；作为多义词素第一义项的有19例，并且这些词素的总义项数也不多，除了词素"电"的义项有6个外，其他的词素大多有2至3个义项。可见，由音义任意结合法所生成的词素义再生成其他词素义的概率并不大。这是因为运用音义任意结合法造出来的词虽然大多为具体的概念，但也大多为不常见的事物和现象，因此人们在创造新词时也很难联想到它们，很难把它们作为造词材料，从而也就较难产生新的义项。

综上所述，与合成词语可以表达多种抽象、复杂的概念意义，或是表示形象生动的修辞意义相比，由音义任意结合法产生的词或词素在表情达意和修辞效果方面都要逊色很多；由于要创造一个全新的音义结合单位，所以在造词的经济简洁性方面也没有优势可言。但是，存在即合理，音义任意结合法作为原始造词法之一，在表示某一与其他已有事物都无关的新概念时仍然是一项必不可少的造词法。

第三节　说明造词法与词素义的生成

汉语自产生以来，经过不同时期的发展，已积累了丰富的语言素材和规律。伴随着社会的发展、科技的突飞猛进，人类智慧、思维能力不断提高，现代社会的人们对事物的认识更加科学、全面、细微。除仿拟造词、摹声造词这些高效造词法外，说明造词法以人们对事物的基本认识为基础，用现有的语言材料进行说明，以此提取相应的词素产生新词，不论是其造词过程还是词义都很容易被人理解，在现代汉语中使用非常广泛。说明造词法在产生新词语的同时，某些构成词素也会在造词过程中获得它们原本没有的意义，从而产生新的词素义。

一、说明造词法及其分类

（一）说明造词法

说明造词法是通过从某一角度对事物加以解释说明来创造新词的造词方法。葛本仪先生指出："合成词的产生，根本上都是根据社会交际和表达的需要，从说明的角度用现有的语言材料组合而成的。"①这也就是认为汉语中所有的合成词都是由说明造词法产生的。而双音法、修辞法、引申法和简缩法等"则都是在说明的基础上，又根据各种不同的造词特点，进一步加以细致区分罢了。例如用比拟法造出的'佛手'，事实上也是在说明'一种形状像大佛的手一样的果实'，用简缩法造出的'文教'，目的仍然是在说明'文化和教育'"②。而郭伏良先生对说明造词法的认识与葛本仪先生基本一致，在其《新中国成立以来汉语词汇发展变化研究》一书中明确提出说明法有狭义、广义的概念，并将说明法造词列在简缩法造词、比喻法造词、仿拟法造词三种新词的高频创造方法之首，指出广义上的说明法造词包括简缩法、比喻法、仿拟法、双音法、引申法等，认为这些都是在从说明的角度选用现有的语言材料组合而成的基础上，又根据不同的造词特点进行的更细致的区分。狭义说明法则专指在既有的语言材料基础上，没有相应的原词原语形式下，通过对事物进行逻辑说明而造词的方法，如"防寒服"，是对衣物的用途说明而造词，"钢钉"是对钉子的质料说明而造词等。③这里采用的是狭义说明法，即指通过从某一角度对事物加以解释说明的造词法，以此与简缩法、比拟法、引申法等其他造词法相区别。

学者刘宗保在《现代汉语造词研究述评》一文中，将葛本仪先生和郭伏良先生的"说明法造词"归为"语义造词"，因为他们在造词分析中突出语义因素，反映出语义因素在造词中所发挥的重要作用。本章在研究说明造词法的性质、分类等问题的同时，关注造词过程中由此所产生的新词素义，亦是从语义的视角分析说明造词法。

（二）说明造词法分类

每一个造词活动都是人们在对某一事物或现象认识的基础上进行的。由于种种因素的影响，人们对同一事物的认识可能呈现多样化特点，这就决定了说明造词法在造

---

① 葛本仪：《论汉语合成词形成的有理性》，收入《词汇学新研究》编辑组编：《词汇学新研究——首届全国现代汉语词汇学术讨论会选集》，北京：语文出版社，1995年，第165页。
② 同①。
③ 郭伏良：《新中国成立以来汉语词汇发展变化研究》，保定：河北大学出版社，2001年，第72页。

词过程中的复杂性。不同的民族观念和思维方式，不同的社会阶级、阶层，不同地域，不同的年龄、性别等都会影响人们对客观事物的认识，引起人们对同一事物的认识差异，因此从不同角度会造出不同的词语。根据笔者的统计，参考葛本仪先生在《现代汉语词汇》一书中的分类，说明造词法可以从性质特征、用途、领属、颜色、数量、所属物类、情状等常见角度对事物、现象进行说明来创造新词。

从事物的性质特征方面进行说明，如"蘑菇云、方便面、旱田、公报、人造革、哑剧"等；从事物的功能、用途方面进行说明，如"旅游鞋、书桌、洗衣机、衣架、救护车、睡袋"等；从事物的领属方面进行说明，如"车筐、帽檐、锅盖、衣领、细胞核、豆芽"等；从事物的颜色方面进行说明，如"红牌、紫菜、黑板、鸭蛋青、湖蓝、彩页"等；用数量对事物进行说明，如"一瞥、百分制、万事通、两党制、万年青"等；通过注释的方法进行说明，如用所属物类进行说明的"网卡、菊花、羽绒服"、用单位名称注释说明的"船只、马匹、花朵"、用事物情状进行注释说明的"红通通、黄澄澄、笑嘻嘻"；运用语言中习用的虚化成分，对原有词的意义做某些改变以说明事物，如"甜头、作家、老板、黑乎乎"等。

以上所列举的是较为常用的说明角度，并不能涵盖说明造词法的所有情况。人们还可以从更多不同角度使用说明法进行造词，其造词情况非常复杂，本节仅列上述七种。随着学界对说明法造词的深入研究及新词语的不断出现，在造词过程中还会产生新的说明角度，需要学者们逐一去发现。

二、说明造词法生成词素义的过程

人们在命名新事物时，为了让大家更容易理解，就用现有的语言材料对事物作某些方面的说明，并以此作为创造新词的基础形式。这就是人们把对事物的认识和思维结果汇成"语言片段"，在此基础上提取词素，外化为语言形式——新词语的过程。葛本仪先生在《汉语词汇研究》中曾提出，用既有的语言材料将认识内容外化成语言形式的过程要依赖词的基础形式，各种造词法形成新词都有其基础形式：摹声法造词的基础形式是自然界及社会中的各种声音；简缩法造词以简缩前的原词语形式为基础形式；比喻法造词以其被比喻原型及事物特性为基础形式；引申法造词以原词义为基础形式。各种造词法之所以会有摹声法、比喻法、引申法等具体分类，则是将这些词语在说明的基础上，根据其更显著的造词特点作进一步细分。

说明造词法的基础形式不是固定的，没有相应的原词原语，这里暂且把它称为事物或对事物某方面的认识所形成的"语言片段"。周洪波也指出,"有的新词语在显现之前,多由一个松散的或较长的语言片段来表述"①。说明造词法就是在新词诞生之前先有一个松散的或较长的"语言片段"存在于人们的认识中,人们以该"语言片段"为基础形式,根据其表意特点及构成成分,提取相应的词素组合成新词。例如,从语言片段"值得庆祝的建校纪念日"中提取词素"庆"和"校",又为了突出值得庆祝的原因而将"校"提前,构成新词"校庆"。说明造词法会促成词素义的形成,虽然是在说明造词完成之后实现的,但和其造词过程有着密不可分的关系。因此,要考察词素义的生成,就要对这一造词过程进行分析。根据从"语言片段"中提取词素的不同,可以将说明造词过程分为三种情况来分析。

（一）选取思维活动中合成词或合成词的某一词素进行造词

选取思维活动中合成词或合成词的某一词素进行造词,所抽取单位的意义在这种造词环境中,就具有了整个合成词的意义,如果这种抽取造词的数量不断增多,词素就会形成较为固定的新义。直接选取"语言片段"中的合成词来造词就预示着所产生的新词语至少为三音节词语。像"爆发力"的基础形式是"体育运动中瞬间爆发出来的力量",在造词时选取基础形式中的合成词"爆发",并提取"力量"中的词素"力"组合成词。随着"爆发力"一词在体坛的高频使用及语言学界以同样方式产生的词语"爆发音"的出现,"爆发"一词逐渐在新词中成为新的合成词素。虽然合成词素"爆发"的意义与原合成词的词义相同,但在语言要素中不属于同一层级,合成词素"爆发"已属词素层。在此要说明的是,正因为合成词素形成之后意义与原合成词基本一致,一般不会产生新的义项,所以本节的讨论对象不包括合成词素。

再如,人们从思维活动中的"在编制以内"这个短语中抽取"在"和"编"构成新词,其中"编"即是选取合成词"编制"的一部分来造词的,"编"的词素义是所选取的合成词"编制"的词义反映。再加上这种造词的不断增多,如"超编、编外、缩编、定编"等,就使"编"增添了"编制"的新义项。新义形成过程如图 4-1 所示。

再如,从"拍卖物品""采取相互竞争的方式拍卖"等基础形式中分别提取代表词素产生"拍品""竞拍",词素"拍"产生"拍卖"义也是这种情况。

---

① 周洪波:《合力构词》,收入中国语文杂志社编:《语法研究和探索》(八),北京:商务印书馆,1997年,第 209-210 页。

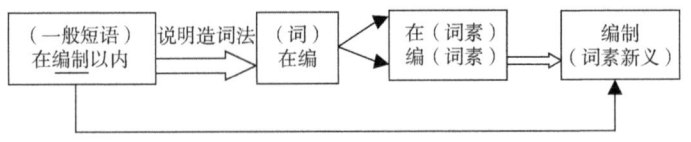

图 4-1　说明造词生成词素义过程图示 1

（二）选取思维活动中短语的某一部分进行造词

例如，"新秀"就是从思维活动中的"新出现的优秀人才"这一基础形式中分别选取"新"和"秀"组合而成的，其中"秀"是从相对常用的短语"优秀人才"中抽取出来的，在这个语境中，"秀"成为"优秀人才"的代表词素，也具备了这个意义。同样"后起之秀"中的"秀"也是如此抽取出来的。随着这两个组合的在语言中复呈率的提高，"秀"也就增添了和本义形成一种借代关系的"优秀人才"的新义项。形成过程如图 4-2 所示。

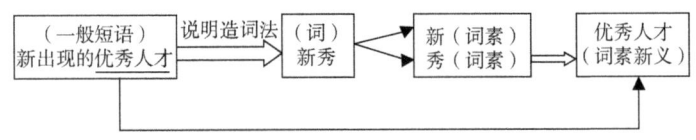

图 4-2　说明造词生成词素义过程图示 2

再如，从"主要为产奶而饲养的牛"中提取"奶"和"牛"构成"奶牛"一词，"奶"就是从"为产奶而饲养"这一短语中提取出来的。随着"奶牛"一词在人们日常生活中使用频率的提高，"奶"也就生成了"主要为产奶而饲养的"的义项。再如，"日本通"是通过从其基础形式"精通日本很多事情的人"中分别提取"日本"和"通"而形成的。"通"就是从"精通……的人"中提取出来的词素并进而形成新的词素义。

需要说明的是这两种情况和简缩造词法不同。简缩词一定是有固定的繁称，并以此为基础简化而来的。而上面的这两种情况中的思维活动是在人的头脑中进行的，一般不外化为语言形式。

（三）间接提取思维活动基础形式中的某一词素进行造词

这种造词活动是指新词的某一词素并不是直接来自于基础形式，而是在词形成的基础形式上又有一个总结概括的过程。例如，"菜牛"指的是"专供食用而饲养的牛"，词素"菜"并没有出现在原词的基础形式中，由于人们饲养这种牛的目的主要是用来做菜，供人们食用，所以提取了"菜"作为构词词素，这是采用的间接提取的方式，同样的造词方法形成了"菜羊"一词，"菜"由此生成了"专供食用的"的义项。词素新义项形成的过程如图4-3所示。

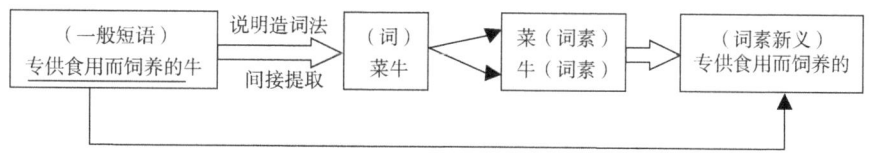

图 4-3　说明造词生成词素义过程图示 3

再如，人们从语言片段"属于国际间共有的海域"中，根据"属于国际间共有的"这一特点，换用可代表"公共"义的词素"公"与"海"结合，构成"公海"一词，概括性更强，词义也更易于理解。此处即以词素"公"来代替语言片段"属于国际间共有的海域"中表示"共有的"这一成分。如果不用更换词素的方式，假设提取词素"国"，可能会造出"国海"一词，这易被人误认为表示属于某一国家的海域；假设提取"际"，造出"际海"，就会产生不知所云的理解障碍。

需要指出的是，在说明法造词中，新词的产生并不局限于仅从合成词或仅从短语中提取词素，多数情况下在一个词的产生过程中兼用这两种方法，如从"主要为食用其肉而饲养的牲畜（家禽）"中提取"肉"和"畜（禽）"构成词语"肉畜（禽）"，"肉"和"畜（禽）"分别是从短语"为食用其肉而饲养"和合成词"牲畜（家禽）"中提取而来的，随着"肉"的构词量不断增多，也就产生了"专供食用而饲养的"意义。

一般来说，在"语言片段"中会选择哪个词素作为构词词素，除了受到其在构词时的表意的重要性及概括性的强弱等要素影响外，还会受到词汇系统中其他词语的制约。例如，在汉语词汇中已有"西瓜""甜瓜""哈密瓜"等词，它们所表示的三种瓜都具有"味甜"的特点，但不论是其形状还是原产地都各不相同，为了加以区别，人们必然要选择不同的词素来说明。例如，"甜瓜"从水果的特性，口感"甜"的角度选用词素"甜"来造词，其他具有口感甜这一特点的瓜就不能再命名为"甜瓜"，所以"西瓜"从品种来自异域的角度选用词素"西"，而"哈密瓜"从水果的产地为哈密的角度选用词素"哈密"。

三、说明造词生成的词素义分类分析

说明法是目前现代汉语造词法中最为常用的方法。据刘中富统计，中华人民共和国成立后"用说明法造出的新词语约占总数的 80%……是建国（中华人民共和国成立）

以来新造词语的突出特点之一"①。笔者从《现代汉语词典》中搜集了20世纪以来由说明造词法产生新词素义的情况,共有145例,按照上述提取词素的不同情况,对它们进行如下分析。

选取"语言片段"中合成词的某一词素来造词而产生的新词素义,共有32例。例如,"时尚"一词的基础形式为"当时的风尚;时兴的风尚",人们从中选出"尚"和"时"一起构成词。随着"时尚"一词使用频率的提高,"尚"就生成了"风尚"的意义。再如,"速:②速度"义也是这样生成的。首先,人们利用说明法创造了"风速、车速、时速、声速、光速"等词,这些词中的"速"都是从其基础形式"速度"中提取出来的。

选取"语言片段"中短语的某一部分进行造词形成的词素义共有33例。例如,"健:②使强健""历¹:②经历过的事情""秋:⑤指秋天成熟的农作物""趣:②有趣味的"等。

间接提取"语言片段"中的某一成分生成的词素义共有80例。例如,"码¹:①表示数目的符号""客:⑧在人类意识外独立存在的""热:⑩放射性强"等。

从上面的分析可以看出,由说明造词法生成词素义的情况中,从基础形式中的合成词或短语中直接抽取词素进行构词的情况较少,所占比例较低;而以其他词素代替基础形式中某些成分的间接抽取方式所占比例较高。这与语言自身的创新机制及造词的简洁性和表意明确性有着密切联系。语言系统的创新机制决定了词汇系统为了满足人们日常交际的需要,会不断产生新成员。人们在使用说明法造词时,为了使大家对新事物和新现象有所了解,会用现有的语言材料对事物做某些说明;因为有了这些语言材料的参与,词的形成往往要在客观存在的基础上,通过人们的认识和思维活动,先形成一种基础形式,然后再在基础形式之上选择词素构成新词。人们造词时,都会优先选择词形简洁、表意明确的词语形式。人们造词从基础形式中选择词素时,最便捷的方式就是在原有基础形式中直接选取词素来构词,但这种直接选取词素构词,往往或词形不简洁,或表意不明确,受到的限制会很多,有时候会很难实现。例如,"活水"的基础形式是"有源头而常流动的水",其中"水"很容易提取,而另外一个词素无论选择"源"还是"流"或者选择"源流",构成"源水""流水""源流水"都不合适,因而最终采用了间接提取"活"的方式来构词。据笔者对889个说明造词法造出的新词的粗略统计,间接提取词素造词的有501个,直接提取词素造词的有353

---

① 刘中富:《新造·吸收·转化——当代汉语新词产生的基本方式》,《山东师范大学学报(人文社会科学版)》,1988年增刊。

个，同时使用直接和间接提取的有 148 个。这样看来，还是间接提取词素造词的方式占优势。

四、说明造词法生成词素义的原因

说明造词法的广泛使用及词义的生成原因除了社会发展、新事物出现的推动作用外，汉民族意合的思维特点及语言自身的经济原则都在发挥作用。

（一）汉民族意合的思维特点

人的认识和思维活动是说明造词法实现造词的基础。在当下这种经济科技日新月异的社会环境下，人们对事物、现象的认识角度呈现多样化，既会对旧有事物产生新的理解，又对新事物、新现象的认识更加科学、细致，可以从不同的角度对事物进行说明来命名新事物。例如，从功能、用途的角度将在下雨天用来遮雨的伞称为"雨伞"，将在晴天用来遮挡阳光用的伞称为"阳伞"；用所属物类对各种花进行注释说明，将它们分为"菊花""荷花""梅花""牡丹花"等。同样，汉民族的认知事物的思维方式也是正确理解所造新词的基础。正是借助于汉民族意合的思维特点，在汉语造词中才会出现如此丰富的造词法，才会实现说明法造词的广泛应用。当从说明的角度选取富有代表性意义的词素组合造词时，人们会根据已有的认知经验及语言常识，通过对构成词素之间的相互关系及意义的理解，发挥适当的想象和联想，一旦能够表现出该事物的特点，就会被接受和使用。这种思维特点对从没有固定原词语、以"语言片段"为基础形式来选择词素的说明造词来说是至关重要的。同时，在汉民族具有共通性的认识和意合思维作用下，所说明的词语也会带有较强的理据性而方便大众的理解和记忆。正是这些因素的联合作用，才促使了词素义的生成。

（二）语言的经济性原则和造词方式的能产性

在汉语发展的现阶段，采用音义任意结合法创造新的语言符号的情况已是少数，而以原有的语言材料为基础进行造词是现代汉语造词的常态，这也是语言经济性原则的体现。语言的经济性原则要求人们用尽可能少的语言材料表达尽可能多的意义内容，达到减轻人们的记忆负担、提高交际效率的目的。在某些专业领域之外的人们非常熟悉的社会生活中，人们根据对不同事物的不同理解，采用代表词素的组合来完成对某一事物的说明及命名，达到了"以旧驭新"的效果，既经济高效，又易于理解和交际。此外，如上所述，说明造词法可以从不同的角度来进行说明造词，比较灵活，能适应多方面的造词要求，因此，它具有较强的能产性。正因为能产性强，造词方便快捷，才会促使大量的词素被从思维活动的基础形式中提取出来，适应新的构词语境，从而产生新的义项。

在如今快节奏的社会生活中，人们已经习惯于利用原有的造词材料进行加工改造，高效便捷地创造新词语。这决定了研究需要更多关注利用已有语言材料进行造词的说明造词法、比喻造词法、简缩造词法等，但是目前学术界对于使用最为广泛、能产性最强的说明造词法的研究非常薄弱，即便是学术论文也较少见，这方面的研究还需要语言学研究者的更多关注。

第四节　基于范畴理论的造词生成词素义过程分析

造词就是创制新词，人们造词的目的就是为了满足社会不断变化的交际需要。社会发展了，新事物、新现象也不断出现，再加上语言自身的发展和调整，都会促进新词的出现。也就是说，随着社会的进步，人类的认知系统和概念系统都会出现新的成员，如何称说这些新成员和新内容，就会出现造词的问题。事实上，任何新词的形成并非凭空想象、毫无根据，都与语言使用者的生活经验及对新事物或现象的概念化和范畴化有着密切的关系。这部分内容主要基于范畴理论对造词过程中词素义的生成进行分析和解释。

一、范畴化与非范畴化

范畴理论是认知语言学的重要内容之一。客观世界中的事物是千变万化的，同时也是杂乱的，而大脑对事物的认知却是有序的。范畴就是人们认知过程中的对世间万物进行的归类。莱考夫指出，范畴化就是人脑利用符号系统将纷繁复杂甚至混沌的世界整合梳理成有序信息的过程。[1]赵艳芳认为范畴化是人类对世界万物进行分类的一种高级认知活动，在此基础上人类才具有了形成概念的能力，才有了语言符号的意义。[2]和范畴化密切相关的是原型理论，认知语言学认为，人类对现实世界的范畴化主要是依靠与范畴典型成员即原型的类比来进行的。埃莉诺·罗斯奇（Eleanor Rosch）强调，

---

[1] George Lakoff: Women, Fire, and Dangerous Things: What Categories Reveal about the mind, Chicago: University of Chicago Press, 1987, p.5.
[2] 赵艳芳：《认知语言学概论》，上海：上海外语教育出版社，2001年，第55页。

范畴内部的结构是原型结构。范畴中的典型成员被称为原型，原型是范畴化的认知参照点，根据认知对象与原型的相似度来判断其是否属于该范畴；因而范畴内成员地位不平等，有中心成员和边缘成员之分，范畴边缘也具有模糊性，临近范畴的边缘往往交叉重叠。①罗斯奇对"鸟"的范畴进行了试验。他发现鸟范畴具有原型结构，知更鸟是与其他成员拥有更多共享特征的成员，可以看作鸟范畴中的原型。也有学者认为原型更确切的含义是指作为范畴核心的图式化的心理表征，其最佳成员只是原型的个例。

非范畴化概念最早由霍泊·J.保罗（Hopper J.Paul）和桑德拉·A.汤普森（Sandra A.Thompson）提出来，主要用来解释词的范畴属性的动态性。后来，非范畴化一般指在一定的条件下范畴成员逐渐失去范畴特征的过程。这些成员在重新范畴化之前处于一种不稳定的中间状态，在原来范畴和它即将进入的新范畴之间会存在模糊的中间范畴，它们丧失了原有范畴的某些典型特征，同时也获得了新范畴的某些特征。②非范畴化很好地显示了范畴的动态性，也就是说具体的范畴并不是一成不变的，它同样也会随着社会和人们认知的发展进步而不断发生变化。范畴的变化过程从一定意义上来看，也是非范畴化的过程。范畴化是从个别到一般，提取其共有特征的过程；非范畴化则是从一般到个别，不断增加个性的过程。非范畴化的动态过程，会逐渐打破原有的平衡状态，使事物之间的联系出现不平衡，并进而寻找新的平衡，建立新的事物之间的联系。

非范畴化理论为词义的发展演变及其形成原因的研究开辟了一个崭新的视角，较之原型范畴理论更进一步。"原型理论主要是说明各语义之间的相互关系，所以更多的还是静态描写。"③而非范畴化理论主要从动态角度进行研究。一般认为，范畴化是一个动态的过程，包括了无范畴、范畴化、非范畴化、次范畴化或再范畴化等阶段。次范畴化是社会发展和人类认知不断深化的必然结果。它是对已知事物的再分类，是在基本范畴的基础上继续切分出下位范畴的认知活动。人类所认知的事物或现象一般都是从无范畴状态逐渐发展到范畴状态的，有时在不断发展变化过程中可能会逐渐丢失掉原范畴中的某些特征，开始走向非范畴化，经过一段时间的模糊状态或中间状态，进而形成次范畴或再范畴；而后不断循环往复，促进人们认知的不断发展变化。这是人类认知规律之一，同样也适用于词素义的研究，非范畴化也是词（词素）义衍生的主要过程和动力。新词（词素）义的生成也就意味着词（词素）义再范畴化的完成。

---

① Eleanor Rosch: Cognitive representations of semantic categories, Journal of Experimental Psychology: General, 1975, 104(3), p.192-233.
② 刘正光、刘润清:《语言非范畴化理论的意义》,《外语教学与研究》, 2005 年第 1 期。
③ 同①。

词素义衍生的过程主要涵盖了非范畴化、次范畴或再范畴化等阶段。例如，在现代汉语中，"族"在范畴化阶段，本指"事物有某种共同属性的一大类"，其属性特征是标记事物，不标记人群。随着社会的发展和人们认知活动的深入，社会生活中出现了一些新的人群，他们往往有着某种共同特征或志趣爱好，为了标记这类人，语言中出现了"白领族""工薪族""上班族""有车族"等词。在这些词中，为了适应标记新范畴的需要，非范畴化开始运行，"族"［+事物］特征基本消失，转为具有［+人］的特征，而［+共同属性］的特征仍然保留。这样，词素"族"就生成了新义"称具有某种共同属性的一类人"，再范畴化完成。再范畴化的完成也标志着新义的形成。

二、造词过程中词素义的非范畴化

实际上，通过各种造词方法形成新词的过程都是人们对客观世界中的现象范畴化的过程。在范畴化过程中，人们根据新事物、新现象的各种属性，利用头脑中已有的认知模式和已有的范畴对其进行归类，进而形成新的词语和新的范畴。一般来说，新范畴一般都是在使用过程中产生的，词素的使用就是参与造词。确切地说，词素构造新词其实是词素所承载的某一词素义进行造词。单义词素，就是词素的唯一义项来参与造词；多义词素，只是其中一个义项参与造词，而不是词素的所有义项共同参与。例如，"哥"在《现代汉语词典》中有四个义项：①哥哥；②亲戚中同辈而年纪比自己大的男子；③称呼年纪跟自己差不多的男子（含亲热意）；④姓。在"的哥、酷哥、帅哥、款哥"等新造词中，参与造词的只是③义项，并在此义项的基础上开始出现非范畴化。因此，词素义的非范畴化就是在造词过程中产生的，人们的造词活动有时候会引起词素义的非范畴化、再范畴化，进而使词素产生新的义项。当新范畴出现并且需要语言符号进行标记的时候，造词主体一定会选择与承载着跟新范畴有关联的词素义的词素作为造词材料。如果现有词素义所具有的属性特征与新范畴的属性一致，那么词素意义就不会发生变化；反之，如果不能很好地标记新范畴，造词主体就会对词素义的属性进行相应的调整，去除原有范畴的某些属性，增加新属性，使之符合新范畴的要求。例如，"车奴、法盲"等词，在标记新范畴时，分别选取了"车""奴""法""盲"四个词素，其中"车""法"词素义基本可以适应标记新范畴的需要，其意义基本没有发生变化。而"奴"在现代汉语中是一个不成词词素，最常用、最基本的意义是"奴隶或奴役"，而在"车奴、房奴"等新组合中，原范畴中的"旧社会受压迫、剥削、役使而没有人身自由等政治权利的人（与'主'相对）"等特征已经消失，获得了"因某种原因而身心备受束缚的人"的特征。在"法盲"中"盲"在原范畴中用来指称"眼睛失明的人"的特征在新范畴中已被舍去，取而代之的是"对某种事物不能辨别或分辨不清的人；缺乏某方面常识、能力的人"的属性特征。

当词素义的某些属性特征开始变化的同时，参与造词的词素义也就出现了非范畴化。在非范畴化的过程中，词素义新获得的那些属性会形成一个中间范畴，此中间范畴的出现可能仅仅是暂时性的，昙花一现；也有可能随着使用频率的提高，新范畴完全从原范畴中脱离出来，获得独立性，完成词素义的再范畴化，成为词素的一个固定的独立的新义项。例如，上例中"奴"表示"因某种原因而身心备受束缚的人"的范畴还处于中间状态，《现代汉语词典》对此义的处理是："②称失去某种自由的人，特指为了偿还贷款而不得不辛苦劳作的人（含贬义或戏谑意）"，虽被《现代汉语词典》收录，但其是作为原有义项的特指义出现的，并没有作为独立义项单独列出。"盲"指称"对某种事物不能辨别或分辨不清的人；缺乏某方面常识、能力的人"的意义伴随着其构词频率及所造词使用频率的提高，其意义已经被收录到《现代汉语词典》中，成为现代汉语语义系统中的正式成员，也就是说已经完成语义范畴从非范畴化到再范畴化的过程。

综观造词过程与词素义的非范畴化，可以看出，词素参与造词为词素义的非范畴化提供了条件和可能，非范畴化是对原范畴的改变，也是新词素义生成的开始和基础，没有非范畴化，新词素义也无从生成；再范畴化是新义生成的标志，只有完成了再范畴化，新范畴才真正形成，词素的新义才会被约定俗成，真正成为词义系统中的一员。所以，新词的衍生过程也是词素义范畴演变过程的开始，众多的造词活动必然会导致词素义系统的发展演变。

三、词素义非范畴化的形成机制

承载某一词素义的词素参与造词引起词素义非范畴化，在非范畴化过程中，其属性特征的取舍不是毫无章法、任意形成的，而是与其原范畴及人们的认知模式有着密切联系的。人类的认知方式和思维方式主要包括隐喻、转喻和类推，这三种认知方式在新词创制和词素义生成过程中也起着举足轻重的作用。

（一）隐喻机制与词素义的非范畴化

隐喻的实质就是利用事物之间的相似性，以某一事物来理解和体验另一事物。一般把需要理解和体验的事物称为"目标域",帮助理解和体验的事物称为"始源域"。人们常常利用具体的、有形的事物来认识和处理抽象的、无形的事物,在造词和词素义的非范畴化过程中也是如此,新词和新义的产生都是在原有的造词材料和语义范畴的基础上生成的,新事物的发展和隐喻思维方式是新词和新义产生的催化剂。前面提到的"比喻造词、仿拟造词"中都或多或少包含有隐喻认知模式。毋庸置疑,比喻造词及比喻义的形成都是隐喻认知在语言中最直接的体现,如"裸婚"指的是结婚时没有房子、汽车等财产。当代社会中,有一部分年轻人强调自由和独立,或者迫于生活压力,结婚前的物质条件、婚礼等被重视的程度日益减弱,"裸婚"逐渐成为"90后"最新潮的结婚方式。例如:

法国女学霸甘愿与中国小伙裸婚——"不要房,不要车,只要和你在一起"

(《中国晨报》2016年5月2日)

"裸"本指"露出,没有遮盖",早期多局限于描写人体裸露的情况。在文明社会中,身体一般都需要衣物来遮蔽。同样,在传统婚姻文化中,结婚也是需要有一定经济基础的。也就是说"裸"原范畴中的"该有而未有"的特性在"裸婚"一词中仍然保留,或者说二者之间存在相似性,通过隐喻认知模式,由具象认知到了抽象。但是在认知过程中,"裸"的意义也由此出现非范畴化,其原范畴中的性质特征"没有衣物"被舍去,添加了"没有财产"的特征。与此同时,在现代汉语词汇系统中,由"裸"构成的其他词也层出不穷,如"裸机、裸视、裸考"等,不断强化"裸"的非范畴化,"裸"也就产生出一个新的义项"指除了自身外,什么都不附带的"。

(二)转喻机制与词素义的非范畴化

转喻是同一认知域中的一个概念实体为另一个概念实体提供心理通道的认知过程。"与隐喻不同的是,转喻所涉及的是一种'接近'和'突显'(salience)的关系。"[①]人们在对物体、事情和概念进行认知时,往往更多地注意到其最突出、最容易记忆和理解的属性,并且用这些属性代替整体或整体的其他部分,或者使用具有完形感知的整体代替部分。针对隐喻和转喻的关系,国内外已经进行了大量的研究。一般认为,隐喻机制

---

① 赵艳芳:《认知语言学概论》,上海:上海外语教育出版社,2001年,第115页。

对语言结构起着决定性的作用，转喻识解成为隐喻机制运作的根本前提，也就是说，隐喻的运作机制本质上是转喻的。在造词的转喻过程中，转喻模式呈现多样化。

以"河床"为例，其源域为"供人躺在上面睡觉的家具"，目标域为"河流两岸之间容水的部分"，人们借助生活中熟知的实体"床"来喻指与其形状相似的实体"河流两岸之间的部分"，这属于隐喻机制。事实上，这一隐喻过程是以转喻为基础的。具体来说，"河床"一词的产生，是基于"实体–形状"的转喻模式，即用"床"来转指其形状。该转喻使用突显的完形整体"床"来激活转喻目标"河床"。当然，这也是一个非范畴化过程。"床"这一实体范畴中包含了"长方形""可以睡觉的""家具"等属性，在与"河流"这一概念范畴复合的时候，只保留了形状这一特征，其他属性都已舍弃。随着像"苗床"等其他类似范畴的形成，"床"逐渐衍生出"某些像床的地面"。从"供人躺在上面睡觉的家具"到"某些像床的地面"是典型的非范畴化过程，是"实体–形状"转喻机制运作的结果。再如"山脚"的"脚"，其源域为"人和动物的腿的下端，接触地面支持身体的部分"，目标域为"物体的最下部"，人类认知世界时，常常把人的身体和经验作为衡量周围世界的标准，人类生而拥有自己的身体并以此来感知世界，最先感知到的就是空间方位，"山脚"一词的出现，正是基于"实体–方位处所"的转喻模式，用"脚"处于人体最下端的位置来激活目标域中"山体最下部"。类似的转移模式还出现了"墙脚、高脚杯"等词，不断强化"脚"的这种非范畴化，最终促使了"脚"的新义的产生。

由于事物、概念的属性往往具有多样性，人们认知概念和范畴的角度不同，其突显特征也会不同，所以同一范畴由于所出现语境不同，其突显的属性也会不同。也就是说，不同本体会对同一喻体的范畴属性作出不同的取舍。如上例中的"床"在"牙床、琴床、冰床、车床"中，其转喻模式是"实体–功能、形状"，突显的是"床"的"承载功能"和形状，进而实现非范畴化，产生"某些像床的承载物，特指某些有底座支撑的机器"的意义。上面提到的"脚"，在"国脚"中，以人的身体部位来转指使用此部位进行某种运动的运动员，其转喻模式是"部分–整体"。再如，"金"在"金橘、金发"中，其转喻模式是"实体–颜色"；在"金口玉言"中，实现的转喻是"实体–性质"。

因此，在转喻机制作用下，喻体范畴的大部分属性特征会消失，只保留其中一个或一部分特征；保留下来的特征会跨越边界进入本体的认知范畴，对本体在功能、颜色、形状等方面进行限制，从而实现本体的次范畴化和非范畴化。

在人们的造词活动中，有时还会出现连续转喻的情况，也就是转喻一个接一个出现，环环相扣，形成一个转喻链。这种连续转喻当然也会导致连续非范畴化。也就是说词素新义的形成有时包含着连续转喻机制。随着改革开放的不断深化，中国的经济迅速发展，社会分工越来越细化，从事不同职业的人不断分化出一些新型群体。为了称说这些不同职业群体，汉语从英语中借用过来一些词并进行改造创造出了一批新词语，如"白领、蓝领、金领、钢领、灰领、圆领"等。例如：

>据了解，目前绝大部分在线直播的用户集中在二、三线城市，而且其中绝大部分是低收入群体和缺少经济实力的年轻群体，大城市白领阶层和具有较高教育水平的人群参与较少。
>
>（《华西都市报》2016年8月5日）
>
>以美国为例，在人人是大学生的情况下，高校毕业生在麦当劳打工或从事蓝领工作的非常普遍。
>
>（《新民晚报》2016年8月3日）
>
>从深圳富士康工厂流水线上的装配工人，到北京国贸三期高级写字楼里的金领，他们领着不同水平的薪资，体验着不同的工作环境，有一点却是相同的，那就是加班。
>
>（《中国青年报》 2016年8月5日）
>
>过去只有蓝领和白领，而现在还有粉领、灰领、钢领、圆领。
>
>（《浙江日报》2015年5月26日）

这些词语中都蕴含了连续转喻机制。以"白领"为例，人们首先感知的是"白色领子"，根据认知时的邻近原则和完形感知，"白领"被用来转指"带有白色领子的衣服"，继而再用"带有白色领子衣服"来转指"穿带有白色领子衣服的人"。在职业群体中，管理人员、技术人员、政府公务人员等从事脑力劳动的职员，在工作中多穿白色衬衫，"白领"就被用来指这部分人，至此，"白领"形成了一个完整的转喻链。在此连续转喻的过程中，"白领"和"领"范畴的大部分典型特征逐渐消失，只保留了"穿在人身上"这一特征，"领"的意义也逐渐转指"某类职业群体"。与此同时，这种连续转喻也完成了循序渐进的非范畴化过程。

（三）类推机制与词素义的非范畴化

除了隐喻和转喻之外，类推也是人类认知的重要机制之一。前文已经提到，这里不再赘述。

由以上可以看出，造词过程中词素义的非范畴化一般是隐喻、转喻和类推机制共同作用的结果。事物或概念间的相关性和认知域之间的相似性，推动了不同范畴间的互相融合。在以邻近性、突显性为原则进行转喻的基础上出现隐喻化过程，受类推认知机制的影响，造词时会形成词语模，并进而生成新的词素义。例如，"砖"的本义是指"把黏土等做成的坯放在窑里烧制而成的建筑材料，多为长方形或方形"。在"实体–形状"的转喻和形状相似的隐喻认知模式下，再加上类推机制的共同作用，人们创造出一系列新词"茶砖、煤砖、冰砖"等，在新词不断形成的同时，"砖"的词汇地位也由词演变为构词词素。随着词语类聚成员的增多和使用频率的提高，"砖"的非范畴化逐渐完成，"形状像砖的东西"在其认知域中成为较为突显的概念实体，并随时为其他概念实体打通心理通道，为"X砖"词语模添加新的成员打下良好的基础，这样，各种机制互相作用，词素"砖"的新义最终形成。

第五节　造词法对汉语词素义生成的影响情况小结

从词素义生成和演化的源头来看，任何词素义的衍生都是发生在人们造词构词时对词素变换使用过程中，或是变换词素的使用语境，或是变换词素的外在物质形式；而人们的造词活动就是在变换词素使用的语境，从而形成新的词素义。因此，造词法会影响到词素义的衍生和演化。前面主要讨论了六种造词法对词素义生成的影响，对每种造词法生成的词素义进行了实际的统计和具体的分析。六种造词法分别影响生成的词素义个数及其所占比例可见表 4-2。

表 4-2　造词法影响生成的词素义个数及所占比例

造词法	简缩法	比喻法	仿拟法	摹声法	音义任意结合法	说明法	总计
词素义数（个）	206	54	31	288	52	145	776
所占比例（%）	26.5	7.0	4.0	37.1	6.7	18.7	100

如表 4-2 所示，在这六种造词法中，受摹声法影响产生的词素义的个数最多，有 288 个，占新产生的词素义总数的 37.1%；其次为简缩法，影响产生的词素义为 206 项，所占比例为 26.5%；说明法影响产生的词素义是 145 项，所占比例为 18.7%。这与现代汉语中造词法的使用频率有着密切关系。摹声法之所以影响产生的词素义个数最多，主要是由于现代汉语尤其是当代汉语中音译外来词的数量多而导致的。而简缩法和说明法也是现代汉语中使用频率较高的造词法。仿拟法影响形成的词素义最少，

只有 31 项，这与仿拟法出现时间较短不无关系，另外，有些仿拟类型如对义仿拟和反义仿拟由于造词数量较少，也较难形成新的词素义。

此外，造词法能够影响到词素义的生成，也与人们认知客观世界的范畴机制有着密切的关系。范畴理论是认知语言学的重要内容之一。新词素义的生成，一般都经历了范畴——非范畴化——再范畴化的过程。词素参与造词为词素义的非范畴化提供了条件和可能，非范畴化是对原范畴的改变，也是新词素义生成的开始和基础；再范畴化是新义生成的标志，只有完成了再范畴化，新范畴才能真正形成，词素的新义才会被约定俗成，真正成为词义系统中的一员。所以，新词的衍生过程也是词素义范畴演变过程的开始，众多的造词活动必然会导致词素义系统的发展演变。承载某一词素义的词素参与造词引起词素义非范畴化，在非范畴化过程中，其原范畴及人类的隐喻、转喻和类推等认知方式在新词创制和词素义生成过程中也起着举足轻重的作用。

第五章 汉语词素义的发展演变个案分析

社会生活的变化会影响到语言的变化。1949年中华人民共和国成立以后，中国的政治、经济、文化生活等方面发生了很大的变化，这些变化都会影响到语言中的词语，乃至词素的发展。当代汉语词素义的发展演变具有两大特点：一是现实性，这是作为断代的现代汉语词素义在当代的最新发展，也是我们最容易感知到的变化；二是快速性，随着改革开放的逐步深入，汉语新词语乃至新词素正以前所未有的速度大量涌现。因此，针对当代汉语中词素义的发展演变进行研究，可以窥一斑而知全豹，可以从当代汉语词素义的变化轨迹挖掘到汉语词素义发展演变的规律。本章主要对当代汉语词素义的发展演变进行个案研究。

第一节 当代汉语词素"粉"意义的发展演变

"粉"在现代汉语中表示"粉末；变成粉末；粉红"等意义，兼有名词、动词和形容词三种词性。近年来，随着网络微博的流行，"粉"呈现出较强的能产性，以"粉"为词素构成的新词语频频出现，逐渐形成以"X粉""粉X"为主的"粉"族词语构式（以下简称"粉"族构式）。"粉"来源于英语词"fans"的音译词"粉丝"[1]，它与现代汉语中表示"粉末"的"粉"意义上没有联系，只是由于音译外来词造成了形体上的一种偶合，是同形同音关系。学界大多关注对"粉丝"一词的研究，如周日安[2]、陈流芳和曲卫国[3]等，这些研究多集中于"粉丝"的引入、意义及影响其生成的社会文化心理等方面的问题。也有少数学者对"粉"的意义及其形成的社会文化因素进行了探讨，如王焕玲[4]。不过，目前文献鲜有结合构式压制理论来讨论"粉"的语义衍生的。

根据构式语法对构式内涵的一般理解，可以将构式理解为形式和意义（或功能）的特定结合体，从语素，到词，到短语，到句子，直至篇章，甚至语体、文体，都可

---

[1] 在当代汉语中"粉"还有"很、非常"义，是程度副词，如"粉喜欢"表示"很喜欢"的意义，这主要是受方言语音影响而形成的网络语言，与本节讨论的"粉"具有同形同音关系，不在我们的讨论范围之内。
[2] 周日安：《"粉丝"、"铁丝"与"钢丝"》，《修辞学习》，2006年第6期。
[3] 陈流芳、曲卫国：《外来词与本土词的语义互补初探——以"粉丝"的引入为例》，《当代修辞学》，2011年第2期。
[4] 王焕玲：《"粉"字新义》，《现代语文》，2012年第12期。

以看作构式。构式压制（construction coercion）是用来解决构式与词之间的语义冲突（semantic conflict）、类型错配（type mismatch）的机制：构式有独立的意义，如果词不能满足构式义的要求，就可能被强迫进行类型移变（type shift），包括论元结构（argument structure）的变化、意义变化等。例如，John sneezed the napkin off the table. 其中 sneeze 本是一价动词，在上句中进入了三价的使移构式（caused-motion construction），就具有了三价动词的句法语义特征，添加了致使义。[①]施春宏在此基础上，将构式语法对构式压制的理解和生成词库论对语义强迫的理解结合在一起，对构式压制进行了界定："所谓构式压制，指的是这样的现象：在组构成分进入构式的过程中，构式向组构成分提出需要满足的准入条件，如果组构成分的功能、意义及形式跟构式的常规功能、意义及形式不完全吻合，则通过调整其功能和意义结构及形式结构中的某些侧面以满足该准入条件，若两相契合，则构式压制成功；若不能两相契合，则构式压制无效。"[②]本书采用施春宏对构式和构式压制的界定，拟以构式压制理论为基础，对当代汉语中"粉"的意义演化进行探究。

一、"粉"族构式的形成及"粉"的词素化

（一）"粉丝"的出现及"粉"族构式的形成

"粉"源于对"粉丝"的简缩使用。"粉丝"一词最早见于台湾媒体，2004年进入大陆，2005年随着某卫视的大型选秀节目而流行开来[③]，多指"迷恋、崇拜某个名人的人"。从构式压制的角度看，"粉丝"一词的形成与汉语母语者头脑中已内化了的构式有着密切的联系。首先，"粉丝"同时受到英语词"fans"语音形式和汉语固有词形"粉丝"的压制。"粉丝"是利用音译方式，通过模拟英语词"fans"的语音形式，采用汉语中固有词形"粉丝"记录而形成的。其次，"粉丝"受到汉语词双音构式的压制。"'双音构式'是现代汉语构词中使用频率最高、具有原型性效应的词法构式，在构词法中具有绝对先用权（pre-emption）。"[④]无论从音节韵律还是汉民族的文化心理来看，双音构式在构词时都具有绝对先用权。"fan"对应的本是汉语中的单音节词

---

① Adele Eva Goldberg: Constructions: A Construction Grammar Approach to Argument Structure, Chicago: University of Chicago Press, 1995. Laura A. Michaelis: Type shifting in construction grammar: An integrated approach to aspectual coercion, Cognitive Linguistics, 2005（15），p.1-67.
② 施春宏：《"招聘"和"求职"：构式压制中双向互动的合力机制》，《当代修辞学》，2014年第2期。
③ 郭利霞：《从"粉丝"到"扇子"》，《华北电力大学学报（社会科学版）》，2007年第3期。
④ 刘玉梅：《"吧"族词形成的认知机制研究》，《解放军外国语学院学报》，2010年第1期。

"粉"，但是"粉"没有成为汉语中的新式表达，而是对译了"fan"的复数形式"fans"构成双音节词"粉丝"，这除了与英语词"fan"在表示对某事物或人之狂热者的意义时常用作复数形式有关外，还与汉语词双音构式有着密切的关系。在音译外来词时，如果外来词只是一个音节，汉语双音构式会进行压制，将其进行改造来填充双音的形式框架，如外来词"卡车、啤酒、酒吧"等就是在原有音译音节之外添加了表示意义类属的词素。"粉丝"则是利用"fan"的复数形式"s"来填充这一空缺，以满足汉语双音构式的要求。

"粉丝"的流行，开启了"粉"族构式形成的大门。2005年开始，"超级女声""快乐男声"等系列娱乐选秀节目在全国范围内热播，"粉丝"一词使用频率不断提高，逐渐成为汉语词汇系统中的固化构式，并开始促成其他新构式的形成。当时，追星族根据自己喜爱的偶像不同把自己归入不同的明星阵营和粉丝团体，这种新现象在语言中也迅速被概念化、范畴化和语符化，出现了"凉粉（张靓颖的粉丝）、通心粉（孙艺心的粉丝）、职粉（职业粉丝）、散粉（指没有加入任何歌友会或影迷会的粉丝，也指喜欢很多明星的粉丝）、粉头（粉丝团的头目）"等词，逐渐形成"X粉""粉X"的构式。构式中的"X"多为单、双音节的名词性和形容词性词素，"X粉""粉X"都是名词。在这两种构式中"粉X"所构词较少，据笔者掌握的材料，只有"粉头"一词；"X粉"的构词能力较强，在之后的发展中，又出现诸如"铁粉、忠粉、脑残粉、理智粉"等词。例如：

最高层的"职粉"与选手、主办方都能保持紧密联系，他们指挥粉丝、组织拉票会、制作宣传品、定做粉丝服等等。

（《中国社会报》2006年12月1日）

PSY 一直有一批"铁粉"，只不过在韩国"年轻貌美化"的全球娱乐输出中，这批粉丝的声音实在太过于微弱，所以才会被大家忽视。

（《中华工商时报》2012年11月2日）

我们会在贴吧和 QQ 群里发文引导学生粉丝如何做素质粉、理智粉，也会在私底下对一些过度狂热的粉丝进行开导。

（《人民日报海外版》2013年11月8日）

（二）"粉"的词素化

"X粉"构式的形成，主要源于简缩造词，如"职粉、铁粉、忠粉"等都是通过词语"职业粉丝、铁杆粉丝、忠实粉丝"的简缩使用而形成的。受到汉字的表意性和离散性①的影响,"粉丝"这个表面看来固定、不可分析的单纯词被拆分,"粉"作为"粉丝"的简缩成分被提取出来和其他词素共同构成新词,形成新构式。苏新春把单音节化和复现率看作复音外来音节词素化的必要条件。②从"粉"的使用现状来看,它是单音节,可重复构词,同时又有明确的意义,可以说"粉"已经由原来无意义的音节升级为词素。在"粉"词素化的过程中,简缩造词只是"粉"词素化的诱因和导火索,决定"粉"词素化的关键因素在于定中构式压制。从句法语义关系看,"X"修饰限制"粉","X 粉"是定中构式。中古汉语以来,定中关系一直是汉语构词的优先选择构式,这种在人们心智中已经固化的构式常常会压制新表达式构成成分的语义特征。可以肯定的是,定中构式的中心成分一定会是有意义的语言符号。"如果中心位置上的成分是不能表意的音节,自然不符合定中构式的要求,因此就会被迫语素化,由无意义的音节变成有指称义的名语素。"③在"X 粉"中,"粉"作为纯粹无意义的音节充当定中构式的中心成分,出现类型错配,受到定中构式压制,无意义的音节必然会被赋予意义,从而词素化。从构式本身来看,"X 粉"是从重复出现的表达式中抽象出来的半开放的构式,具有相对固定的组织形式和语义类型。其中,"粉"是固定不变的,它决定了构式的所指和语义内容,具有自主性;"X"是自由可变的,它是修饰限制成分,具有依存性,决定构式的区别性特征。由于"X"的未知性和可变性,致使构式的开放性和包容度也较强,具有较高的能产性。构式的能产性也在一定程度上推动了"粉"的词素化。

可以说,受到简缩造词和构式压制的双重影响,"粉"获得"粉丝"义,表示"迷恋、崇拜某个名人的人",完成了词素化过程。

二、"粉"意义的泛化及动词化

如前所述,在早期的"粉"族构式中,"X 粉"可以分为两种情况。一是"N+粉",除"职粉"外,其中"N"大多是指称人的词素,如"姚粉(姚明的粉丝)、翔粉(刘翔的粉丝)"等;一种是"Adj+粉",其中"Adj"多表示对崇拜对象迷恋的状态和程度等,如"理智粉、狂热粉"等。这两种类型可看作"粉"族构式的"优先规则系统"

---

① 严辰松:《"字"的离散性剖析》,《外语研究》,2009 年第 2 期。
② 苏新春:《当代汉语外来单音语素的形成与提取》,《中国语文》,2003 年第 6 期。
③ 宋作艳:《定中复合名词中的构式强迫》,《世界汉语教学》,2014 年第 4 期。

（preference rules system）。随着"粉"族词语不断增多，"粉"族构式的形式和意义之间的联系逐渐固化。此构式的语义信息不仅携有幽默诙谐的外来色彩，还承载着肯定积极的情感态度，它逐渐被社会文化环境赋予特定的流行色彩。"粉"族构式所蕴含的这些流行元素，诱使人们无论场景是否适合，都会千方百计使用它。于是，在语用中，"X 粉"族词语的阵营不断壮大，名词性词素"X"逐渐由指人延伸至指物，如"果粉（苹果手机的粉丝）、星粉（三星手机的粉丝）、书粉（喜欢书的人）、茅粉（喜欢茅台的粉丝）、舌尖粉（电视节目《舌尖上的中国》的粉丝）"等。例如：

就在"果粉"们彻夜排队、群起争抢之时，北京的小雨却已把 iPad2 玩得熟门熟路了。

（《人民日报海外版》2011 年 5 月 13 日）

有第一季珠玉在前，《舌尖2》想不高调都不行，特别是播出时间一拖再拖，无意间拉高了"舌尖粉"对它的期待，《舌尖2》从美食片变身人文片，观众感受到的心理落差可想而知。

（《中国青年报》2014 年 6 月 19 日）

声称自己是"茅粉"的雪球用户"董文珍"，呼吁舆论应通过塑化剂事件，善待看空者"水晶皇"，尊重做空行为，这有利于推进价值投资理念的传播。

（《证券时报》2012 年 12 月 11 日）

劳拉·A. 米凯利斯（Laura A. Michaelis）提出，若词项在意义上与其句法语境不兼容，词项意义会服从于它所内嵌的形态句法结构。①这条控制原则（override principle）同样适用于构成合成词的词素的意义。尽管从理论上讲，"X 粉"所激活的认知概念框架中的任何概念都可能与"粉"形成概念整合构成新表达；但具体到定中结构，如果定语激活的属性是中心词素所不具备的，构式往往会强迫中心词素发生语义变化，以便实现语义上的和谐顺妥。在上例中，"果"是指物词素，与优先构式中要求搭配指人词素的构式不兼容，这时构式会迫使"粉"的语义发生变化，"粉"所关涉的对象已经不再局限于［+人］的语义特征，添加了［+物］的特征。随着其他类似词"书展粉、堂粉（大讲堂的粉丝）、锤粉（锤子手机的粉丝）、朝代粉（中国各

---

① Laura A. Michaelis: Entity and event coercion in a symbolic theory of syntax, in Jan Ola Östman & Mirjam Fried （eds.）, Construction Grammars: Cognitive Grounding and Theoretical Extensions, Amsterdam: John Benjamins Publishing Company, 2005. Leonard Talmy: Toward a Cognitive Semantics, Cambridge: MIT Press, 2005.

朝代粉丝的统称）"等词的出现，"粉"的这一语义特征进一步被证实并显性化。也就是说，"粉"的意义开始泛化，不再仅指"崇拜、迷恋某个名人的人"，已经泛化为"某些人或物的支持者和喜爱者"。

2010年左右，中国掀起一股微博热，"粉"族构式也被运用至与微博有关的领域内，其构词能力再次增强，出现了如"僵尸粉、死粉、活粉、被动粉"等词语。例如：

> 技术人员审计"粉丝"质量时，会核对用户账户信息，包括活跃度、最后登录时间、账户本身的"粉丝"数量及与其他用户的互动频率等，从而判断是"活粉"还是"僵尸粉"。

（《西江都市报》2013年08月7日）

> "这些都是'被动粉'，也就是俗称的'死粉'，他们的背后并非真实的活跃用户，只是为了让你能快速踏进认证公众账号的门槛而已。"该店客服告诉商报记者。

（《重庆商报》2013年1月17日）

微博中的粉丝是指对某一博主保持持续关注的人或群体。僵尸粉指微博上花钱就可以买到的虚假粉丝，是有名无实的微博粉丝，通常是由系统自动产生的恶意注册用户；"活粉"是"僵尸粉"的升级版，一般都是兼职网友用户，会定期更新博文、发评论，表面上和真粉丝没什么不同；"死粉"指微博上几乎没有任何活跃度的粉丝，往往是无人管理或很少更新微博的用户。"死粉""活粉"是"Adj+粉"构式，指微博粉丝的性质和状态；"僵尸粉"是"N+粉"构式，但定语成分与中心成分出现了语义上的错配，"僵尸"不是粉丝喜爱的对象，而是通过隐喻手段表示"像僵尸一样没有任何活跃度的、虚假"的意义，具有了形容词性。事实上，无论"死粉""活粉"还是"僵尸粉"在语义上都出现了错配。因为现实世界中指称人的"粉丝"不会直接出现类似"死、活"甚至"僵尸"的分类，该定中构式的分类与常规构式不同，构式必然会对其中心成分的语义进行重新分析。微博中"粉"的关涉对象不再局限于现实世界中的人或物，也可以指微博这一虚拟事物；而且"粉"所指对象不仅可以是现实世界中的真实人，也可以是虚拟世界的虚拟人。后来，伴随着微信的出现，这些词语也开始在微信上使用。至此，受"X粉"构式的压制，无论"粉"的关涉对象还是其所指，意义都有所扩大，"粉"的意义进一步泛化。在微博、微信语境中，特指对某一博主或微信公众号持续关注的个人或群体。

这些词语的出现和微博、微信用户有着密切的关系。微博、微信的注册用户大多是普通人群,且年轻人居多,由于他们在现实世界中一般缺乏认同感,便十分希望在虚拟世界中得到他人的关注和支持,于是很多博主十分看重这一点并想方设法增加自己的粉丝数量。正因为如此,"粉"族词语在微博、微信上频频出现。随着"粉"的组合能力不断增强,"X 粉"的"优先规则系统"的"脚手架"功能也逐渐被弱化。在语用中,除了"N+粉""Adj+粉"外,"X 粉"构式又出现新的组合,如"增粉(粉丝数量增加)、涨粉、掉粉(粉丝数量减少)、路转粉(路人转粉丝)、求粉、骗粉、刷粉、互粉"等。例如:

截至目前,有奖活动消息总阅读量为 11.7 万次,后台累计访问量近 26 万次,在原有粉丝量 9800 人的基础上增粉近 2000 人。
(天山网,http://legal.people.com.cn/n/2015/0416/c188502-26855573.html,2015 年 4 月 16 日)

当前手机已成为老百姓身边最近的东西,推出微信公众服务平台向群众"求粉"就可以做到靠群众最近,离问题最近。
(华声在线,http://society.people.com.cn/n/2014/0702/c1008-25228562.html,2014 年 7 月 2 日)

在上述组合中,除"路转粉"是主谓结构外,"X 粉"构式分为"V+粉""Adv+粉"两种类型,分别构成动宾结构和状中结构。在语用中,这类词语使用范围不断扩展,开始突破微博、微信的语境,进入一般日常生活领域。例如:

领导脱稿讲话,怎样"脱"才能涨粉?
(《济南时报》2015 年 5 月 10 日)

这一场看下来,更多人恐怕都在为马刺惋惜,火箭队"掉粉"情况严重。
(《钱江晚报》2015 年 5 月 6 日)

这样,随着"粉"使用语境的扩大和构式能产性的增强,"粉"彻底泛化为"某些人或物的支持者和关注者"。

更引人注目的是,在两种结构中像"求粉、骗粉、互粉"的"粉"受构式压制的影响,其语法性质已经开始向动词性转化。"求粉、骗粉"并不是"请求粉丝"和"欺骗粉丝",而是"请求别人做自己的粉丝"和"欺骗别人做自己的粉丝";构式中"请"和"骗"的宾语都是动词性的,处于宾语位置的"粉"受此压制也沾染了动词的性质。

"互粉"的意思是"互相做对方的粉丝","粉"直接受副词性词素"互"修饰,其动词性的特点更为明显。这样看来,"粉"已经开始由名词性向动词性转化,也拉开了"粉"动词化的序幕。

三、"粉"的动词化及意义的进一步泛化

在社会生活中,为了表达更多层次的范畴概念,"粉"族构式的更多新表达不断产生,其意义在新表达的基础上进一步概括,范畴类属功能进一步加强,随着组合能力的增强及复现率的提高,"粉"逐渐体现出独立成词的倾向。例如:

粉一回三,永不会撤。
(百度贴吧,https://tieba.baidu.com/p/5164796451?red_tag=2510148594,
2017年6月15日)

这样多好,温暖,亲切。回答问题再好,板着个脸,高高在上的,又有什么意思?就冲这个我粉她。
(《人民日报》2014年3月5日)

粉一粉,积分将来还能抵票款。
(《大河报》2014年12月31日)

他说在国外的时候,和小伙伴一起"粉"了一首歌,叫《不变的信仰》。
(《人民日报》2015年5月27日)

上面例子中,"粉"都已独立成词,并且在语境中呈现出动词的语法特点,如可以带数量补语,可以直接带宾语,可以使用"粉"的重叠形式,可以受副词"一起"修饰,后面可带动态助词"了"。上例中"粉"都出现在了动词应该出现的位置,实现了动词的功用。这是构式中的一种范畴错配(category mismatch)。所谓范畴错配是指一个句法范畴出现在了另一个句法范畴出现的位置,句法范畴和语义功能之间出现了错配。[①]上述构式中"粉"出现了范畴错配,构式就会压制"粉",使其类型移变,被重新分析。这一重新分析包括两个方面:一是语法性质由名词性转为动词性,二是被重新分析为动词。名词的动词性用法在汉语尤其是古代汉语中是一种比较常见的语法现象。汉语是缺少形态变化的孤立语,词类没有严格的形态变化来表明自身的语法性质。因此,一个词常常可以同时具有名动两种语法属性。例如,

---

① 转引自宋作艳:《定中复合名词中的构式强迫》,《世界汉语教学》,2014年第4期。

《汉书·武帝纪》："日月所烛。"颜师古注："烛，照也。"因烛用于照明，引申为照。据王冬梅统计，汉语中单音节名词比双音节名词更容易出现动词性用法；名词动化多是双音名词去掉其中的一个音节使其变成单音节的，没有单音节名词用作动词时加上一个音节使其变成双音节的。例如："纳米技术，谁都可以纳一把？"等。[①]"粉"的动用也符合这条规律，"粉"从某种意义上讲，是作为"粉丝"的简缩成分来完成其动词化进程的。

名词动化必然会引起其意义的转化。伴随着"粉"的动词化，其意义也由"某些人或物的支持者和关注者"引申出陈述义"关注、支持"。意义转化可以通过构式压制来得到解释。一般来说，名词处在动词经常出现的特定的构式当中，受该构式的压制，往往是名词词义的指称义内隐，陈述义得到凸现。施春宏指出："构式压制得以成功的前提是，被压制的词项自身一定包含有跟构式相契合的某些特征，词项进入构式后，这方面特征便突显了出来；如果词项不含有构式所要求的某方面的本质特征，压制现象便无从发生。"[②]名词动化是有语义基础的，具体而言，"粉"的动词化语义与其名词性的本质角色有着密切联系。生成词库理论提出词汇语义表达主要包括四个层面，即论元结构（argument structure）、事件结构（event structure）、物性结构（qualia structure）和词汇类型结构（lexical typing structure）。物性结构是其中的核心内容，决定了名词的语义，它由四种角色构成：形式角色（formal role）、构成角色（constitutive role）、施成角色（agentive role）、功用角色（telic role）。[③]除了上述四种角色，规约化属性也被纳入物性结构中。规约化属性指事物的典型特征，包括与事物相关的常规活动、属性等。例如，"狗"的规约化属性是"叫"，"食物"的规约化属性是"消化"。[④]就"粉"而言，"粉"所激活的概念框架中的本质角色是名词的规约化属性。在微博设置中，只要点击某微博主页的"关注"按钮，就会成为该博主的粉丝；日常生活中，"粉丝"这类人的常规活动是支持和关注自己喜欢的人或物。因此，"粉丝"的规约化属性就是"关注、支持"。当"粉"出现范畴错配，受到相应构式的压制，被重新分析为动词后，其规约化属性"关注、支持"得以突显。宋作艳指出："具有明确、单一的功用角色动施成角色的名词更容易用作

[①] 王冬梅：《现代汉语动名互转的认知研究》，中国社会科学院研究生院2001年博士论文。
[②] 施春宏：《从构式压制看语法和修辞的互动关系》，《当代修辞学》，2012年第1期。
[③] James Pustejovsky: The Generative Lexicon, Cambridge: MIT Press, 1995（61），p.85-86.
[④] James Pustejovsky & Elisabetta Jezek: Semantic coercion in language: Beyond distributional analysis, Italian Journal of Linguistics 20, 2008, p.181-214.

动词。"①这条规律同样适用于规约化属性,"关注、支持"也是"粉丝"比较明确而且单一的特点,相应的,其转指的动词义也就比较清晰,不会造成词义的模糊,从而在理解和解释中更易被重建。简言之,通过构式压制,构式义会压制词项义发生语义类型的改变,具有规约化属性的名素"粉"有能力进入相应构式,并实现语法和语义上的相应转变。

综上,当代汉语中,"粉"的意义发生了多方面的演变。最初,"粉"作为"粉丝"的简缩成分被用来构词,形成"X粉""粉X"构式;"粉"在构式中出现类型错配,其性质也由无意义的译音音节转化为名词性词素,表示"迷恋、崇拜某个名人的人"的意义。之后,随着"粉"族构式构词能力不断增强及其在微博、微信语境中的创新使用,"粉"所关涉的对象,添加了[+物]的特征,"粉"的意义逐渐开始泛化为"某些人或物的支持者和关注者"。为了表达更多层次的范畴概念,在语用中"X 粉"的"N+粉""Adj+粉"等"优先规则系统"的脚手架功能逐渐被弱化,又出现了"V+粉""Adv+粉"构式,并且"粉"开始体现出独立成词的倾向。上述构式中"粉"出现了范畴错配,受构式压制机制的影响,"粉"由原来的名词性词素被重新分析为动词;与此同时,"粉丝"的规约化属性"关注、支持"得以突显,"粉"也因此获得表事件的"关注、支持"的意义。综上,受构式压制的影响,"粉"在意义演变过程中形成了一个从具体到抽象、由专指到泛指的演变链。

四、"粉"构式词语的传播动因

在当代汉语中,"粉"构式词语的创造性运用及迅速传播,除了与语言的构式压制有着密切联系外,词汇系统内部的成员空缺、词语模造词的便利性及人们交际时的语用策略在其中也起着不容忽视的作用。

(一)词汇系统内部成员的空缺及语言自身的创新机制,促进了新词的产生

社会的发展必然会出现一些新事物和新现象。而在现有的词汇系统中往往缺少称说这些新现象的成员,这样就会促使人们创造新词来填补这些词汇空缺。受中国传统文化的影响,现代汉语中在表示"迷恋和崇拜的对象"和"迷恋、崇拜某个名人的人"的意义上都存在词语空缺。语言自身有着创新机制,语言对新事物和新现象进行命名,

---

① 宋作艳:《逻辑转喻、事件强迫与名词动用》,《语言科学》,2013年第2期。

或者在原有词语的基础上添加新义，就是语言创新机制起作用的结果。具体来说，首先"偶像"一词在原有义"用木头、泥土等雕塑的供迷信的人敬奉的人像"的基础上产生表示"崇拜的对象"的意义。"偶像"这一词汇空缺被填补后，随着社会的发展，社会上有着自己偶像的人群不断增多，"粉丝"一词也应运而生。而后粉丝内部的分类越来越细致，"粉"族词语的队伍也越来越壮大。

（二）词语模的较强构词能力和语言优先的流行心态共同推动了"粉"类词语的传播，进而促成"粉"义的泛化

在"粉"类词语中，大量词语都是由词语模"X粉"衍生出来的。李宇明曾指出，每个词语模具有较强的构词能力，每个词语模都可以造出一大批词语。词语模能产的原因在于：其一，它具有"现成性"；其二，它反映了人们的一种思维惯性，是一种思维模式；其三，大部分词语模都与社会关注的热点和发展较快的社会领域有关。①"粉X"具备这三个特点，是一个较为典型的词语模，因此它的能产性非常强，这也为"微"类词语的产生奠定了语言基础。

纵观"粉"类词语的发展，"粉"经历了一个语义逐步泛化的过程，其变化的动因除了词语模的能产性之外，大众的流行心态也起了决定性的作用。辛仪烨曾提出"语言优先原则"②。语言优先原则，是指人们使用流行语的一种心态，由于流行语所负载的流行语义对使用者有着强大的吸引力，人们总是千方百计地在各种场合使用它，原本适用的场景要用，不适用的场景也会使用，从而导致使用频率越来越高，适用范围越来越广。"粉"类词语的传播同样也经历了这个过程。当粉丝人群不断增加，和"粉丝"相关的"粉"类词语越来越多时，具有"时尚、新鲜"色彩意义的"粉"类词语越来越受到大众特别是年轻人的喜爱和关注，这类词语逐渐成为时尚的代名词。由于语言优先原则的存在和人们普遍具有的求新求异心态的驱使，人们会竞相在越来越多的场合使用这类词语，从而迫使"粉"丢掉一些意义以适应更多的搭配对象，开始和生活领域的各种词语搭配。进而，"粉"的内涵不断缩小，外延不断扩大，最终完成了意义的泛化，也促进了"粉"类词语的不断传播。

---

① 李宇明：《词语模》，收入邢福义主编：《汉语法特点面面观》，北京：北京语言文化大学出版社，1999年，第146-157页。

② 辛仪烨：《流行语的扩散：从泛化到框填——评本刊2009年的流行语研究，兼论一个流行语研究框架的建构》，《当代修辞学》，2010年第2期。

第二节　当代汉语词素"微"意义的发展演变

2009年以来，在网络、电视和报纸等媒体上，以"微博"为导引，开始大量涌现由词素"微"构成的词语，像"微简历、微电影、微访谈、微课"等，甚至有学者称中国进入了"微时代"。可以说，"微X"结构的构词能力及其所构词语使用频率得到了迅速提升，它很快地融入到汉语词汇系统中。笔者于2019年11月17日在知网中进行检索，出现"微X"结构词语达到200490篇，并自2010年开始，出现逐年递增的趋势，于2015年达到最高峰。随着"微X"结构词语的不断增多，词素"微"意义也发生变化，许多学者开始关注这一语言现象，如邱雪玫[1]、邹晓玲[2]、杨艳琴[3]、彭晓[4]等都已有专文论述，内容大多涉及这类词语的用法及语言特点等。事实上，"微"的构词现象自产生之初到现在也是不断发展变化着的：其新的构成成分不断增多，使用范围逐步扩大，越来越多的人开始接受并使用这一词语结构；其性质逐渐由临时性向固定性过渡，与此同时其新鲜度在传播中也慢慢磨损。这些方面少有人论及，因此本节主要运用构式压制理论来探讨词素"微"的意义演化进程，并在此基础上分析其词素义形成的社会文化因素。

一、"微"类词语的产生

2009年8月，中国门户网站新浪推出"新浪微博"内测版，成为门户网站中第一家提供微博服务的网站[5]，微博正式进入中文上网主流人群视野。随后，腾讯、搜狐等也开启了此类服务。微博这一平台也迅速在全国范围内流行开来。"微博"是"微型博客"的简称，是一个基于用户关系的信息分享、传播及获取的平台，以140字左右的文字更新信息，并实现即时分享。到2011年10月，中国微博用户总数达到2.498亿，中国成为世界微博人数第一大国。随着微博在网民中的日益火热，与之相关的词语也迅速成为网络和其他媒体的新宠。网络上简单搜索一下，由"微"构成的词语随处可见，有"微数据、微相册、微情书、微航班、微营销、微作文、微猎头"等。"微"

---

[1] 邱雪玫、李葆嘉：《"微"词族的形成轨迹及语义演变》，《语言文字应用》，2015年第1期。
[2] 邹晓玲：《异彩纷呈的网络"微"族词》，《语文建设》，2012年第1期。
[3] 杨艳琴、于善志：《"微"在"微时代"中的语义演变机制研究》，《现代语文》，2012年第12期。
[4] 彭晓：《基于原型词的重新分析与类推：以"微X"词族为样本的个案分析》，《成都大学学报（社会科学版）》，2012年第5期。
[5] 百度百科"微博"词条：http://baike.baidu.com/view/1567099.htm。

"微博"曾经连续两年在《中国语言生活状况报告》中被列为高频汉字和高频词,"微电影、微力量、微民、微时代、微喜剧、微小说"还曾进入 2010、2011 年的年度新词中。据有关学者统计,"微"族词从 2010 年的屈指可数的 12 个迅速增至 2013 年上半年的 174 个。①可以说,微博的出现和迅猛发展,直接导致了"微"族词语的大量出现和流行。

二、词素"微"的意义演变

从意义演变的角度来看,从"微博"的出现到"微"族词语的大量涌现,词素"微"经历了一个新义衍生到新义泛化和从普通词素发展为类词缀的过程。

(一)"微 X"构式的形成及"微博、微信"义的衍生

"微型博客"是外语词"microblog"的直译词,后来"微"和"博"从原词语中被提取出来构成"微博"一词。此时的"微"很明显是来源于英语词前缀"micro",此意义的"微"在汉语中早已有之,如"微波(microwave)、微生物(microbiology)、微机(microcomputer)、微秒(microsecond)、微血管(microvessel)"等。不过,以前的"微"主要应用于由西方传入的自然科学和电子科技等科学术语。"微"在《现代汉语词典》中的释义是:①细小;轻微。②(某些计量单位的)百万分之一。③衰落。④微贱。⑤精深奥妙。⑥稍微;略微。

很明显,在"微博"一词中,"微"实现的就是其原有意义"细小、轻微"。和"微博"之前的"微 X"结构词语一样,"微"表示的是"微小的、微型的"意义。除了"微博",之后还出现了一些类似于"微信(微型信息)""微话(微型通话,是一种可以脱离电信平台独立拨号的智能软件,微话好友间,在 Wi-Fi 或者 3G 网络下可以免费通话)""微门户(指一种以新闻资讯为主的小型门户网站)"等词语,其中的"微"也表示"微小的,微型的"意义。例如:

近日,一款名叫微话的应用,成为 APP 排行榜上的热门软件。

(《重庆商报》2010 年 1 月 21 日)

微门户或将成为下一个网络新宠

(《中国出版传媒商报》2014 年 7 月 22 日)

---

① 邱雪玫、李葆嘉:《"微"词族的形成轨迹及语义演变》,《语言文字应用》,2015 年第 1 期。

这时,"微"的词素义未发生明显的变化,对现代汉语语义系统也未造成较大的影响。

随着微博的风行,人们对该词的认知度与应用灵活度也越来越高,"微博"一词也开始不断衍生出新的组合,如"微博控、微博体、职微博、微博生活、微博爱情、微博网民、微博简历、官方微博"等。另外,在微博中,一般都设有"微话题""微相册""微吧""微群"等应用,后来"微博生活、微博爱情、微博简历、微博网民、官方微博"等词语又被简缩为"微生活、微爱情、微简历、微民、官微"等。至此,"微X"构式也初具模型。在"微X"构成的词语中,基本上都是采用"微X"格式,"X"多是单音节或双音节。也有以"X微"方式出现的,如"官微('官方微博'的简称)、浪微('新浪微博'的简称)"。这种构词方式较少,到目前为止,只发现了这两例。

与此同时,微信平台也不断被开发利用,甚至其使用率开始逐渐超越微博。

这样,一方面与微信相关的词语也逐渐出现,如"微银行"指的是"微信银行";另一方面,原来仅用于微博的词语也开始用于微信,或者新生词可以同时用于微信和微博两个信息平台。例如:

> 9月26日,厦门市国税局官方微博和官方微信——"厦门国税微宣传"在新浪微博、腾讯微博、搜狐微博和微信同步开通。从此以后,关注这些微平台的粉丝,可以通过手机等渠道第一时间收到来自该局的消息。
>
> (《中国税务报》2013年11月13日)

上句中的"微平台"就指"微博、微信"两种。随着这种用法的使用频率的提高,"微"逐渐被人们当作"微博、微信"的代言,这种语境中的"微"都可以还原为"微博、微信","微"逐渐衍生出"微博、微信"的意义。

此时的"微X"构式中,"X"基本上都是名词性词素,构式所构新词也是表名物的名词,前面举的词例基本都是如此。

"微"的"微博"义的生成主要源于简缩造词,并且经历了两次简缩而成。由"微型博客"简缩为"微博",当人们用"微博"构成新的组合后,受汉语词双音构式的制约,往往会构成四音节词语,如前面举例"微博生活、微博简历、微博网民"等。在语言使用中,四音节词语又被简缩为像"微生活、微简历、微民"等三音节和双音节词。事实上"微"的"微博、微信"义的形成过程中,简缩造词法只是其表面呈现形式,真正还是受到汉语中的双音构式的压制。这种具有原型性效应的词法构式决定了汉语造词时,双音节具有绝对优先权,如果实在无法用双音节表达,只能退而求其次,选取三音节。这样,"微"族词语才会形成,"微"也因此衍生出新义。

(二)"凭借或利用微博、微信开展活动或业务的方式"意义的生成

随着微博、微信使用人数的不断增多,微博、微信的功能也被人们越来越多地开发出来,表达这类功能的像"微情书、微电台、微航班"等词语也开始出现。"微情书"是指写在微博上的较为短小的情书;"微电台"是新浪微博推出的将传统电台与微博相结合的全新产品,使网友在浏览微博的同时,也能收听自己喜欢的电台;"微航班"是指航空公司通过微博征集旅客,并统一购票确定起飞时间的航班。再如:

> 今年10月,开封县检察院创新思路,结合未成年人身心特点,及时利用微信、微博、微电影等"微时代"信息传播平台,大力开展"微宣传",维护未成年人的合法权益,有效预防和减少未成年人犯罪,取得了良好的社会效果。

(《检察日报》2013年11月12日)

> 在记者的采访中,无论是酒店管理者还是IT企业负责人,都提出,以微博营销、微信营销为代表的微营销正日益成为酒店企业关注并陆续试水的新领域。

(《中国旅游报》2013年11月6日)

上面例子中的"微宣传、微营销"中的"微"指的是以微博或微信等平台进行的某种活动。也就是说,这类"微"词语中的"微"不再仅指"微博、微信",而指的是"与微博微信有关的、以微博微信为平台的"的意义。

至此,"微X"类结构的流行地位基本确立,"微X"的词语模也基本形成,并且呈现出较强的构词能力。这种较强的构词能力是由构式本身的开放性和包容性决定的。在"微X"这个半开放构式中,"微"属于修饰限制成分,自由可变的"X"属于这个词语的中心成分,决定了构式的所指和语义内容。只要能在微博或微信平台中实现的新功能和有关活动,都可以很容易地进入这个构式中,形成大量的新词语。当"X"的所指对象越来越广泛的时候,反过来会对处于同一构式中的"微"进行压制,进而促成其意义的变化。从理论层面讲,"微X"所激活的认知概念框架中的任何概念都可能与"微"形成概念整合并构成新表达。但如果中心词素所激活的范围或特点是修

饰词素所不具备的，构式也会强迫修饰词素发生语义变化。"微"本来指"微博、微信"，其语义特征为［+事物本身］，而在"微营销、微宣传、微直播、微理财"中，受中心词素义激活的修饰词素的意义不再是［+事物本身］的语义特征，而是演变为［+方式］或者［+工具］的语义特征。这是因为"营销、宣传、直播、理财"等词语与优先构式中要求搭配的［+事物本身］的语义特征不兼容，构式或中心词素就会强迫"微"发生语义变化。一般来说，强迫只会强迫那些表面上看起来冲突，关键之处相一致的对象，被强迫的成分在某种程度上是有准备的，需要开发利用其自身的语义。①微信、微博本身就是一种智能免费应用程序，人们很容易把它变成从事"营销、宣传、直播、理财"等活动或业务的平台。也就是说，微信、微博是一种工具性、功能性比较突显的平台，因此在"微X"构式中，"X"成为了强迫者，强迫"微"由"微博、微信"转化为"凭借或者利用微博、微信"的意义；换句话说，"X"的强迫使"微博、微信"的功能义和工具义突显了出来，并生成新的意义。

（三）"微"义的泛化及"微"的类词缀化

随着"微"文化在大众中流行开来，"微X"构式逐渐突破微博、微信的局限，走向更为广泛的领域。例如，"微小说"最早是以微博为发表平台的新型小说形态，后来逐渐走出微博，只要是140字以内的超短篇小说，都可以称作"微小说"。例如：

> 而一墙之隔的北京大学里，学生会的几个女部员牵头举办了"微小说"大赛，号召大家在社交网络上创作微型小说。
>
> （《人民日报海外版》2013年3月8日）

此例中的"微小说"已经不仅仅指在微博上发表的小说，还包括在所有的社交网络上发表的字数较少的小说。

> 墙上展陈微小说 也是观念艺术？
>
> （《解放日报》2016年2月15日）

此例中的"微小说"的发表平台更是超越了社交网络，其语义特征是［+篇幅段、字数少］。再如，"微电影、微视频、微公益、微情书"等最早都是以微博为平台的，后来都发展到无论何种平台，只要具有"微、小、少"的内涵特征就可以了。伴随着"微"的流行，大众也开始关注"微"力量在社会生活中的积极作用，于是"微"的

---

① 宋作艳：《从构式强迫看新"各种X"》，《语言教学与研究》，2016年第1期。

构词范围继续扩大，使用语境也更加灵活，几乎人们能够想到的行为都可以用"微"的方式进行，如"微企、微针、微旅行、微创业、微剧场、微喜剧、微课堂、微阅读、微游学、微整容、微新闻、微出版、微建筑、微别墅"等涉及大众各个生活领域的新词语不断涌现。例如：

> 不用提前计划行程，不需要大把的银子做旅行费用。想旅行了，拿起背包随时出发，来个简单随意、舒适惬意的"微旅行"！
>
> （《人民日报海外版》2011年11月29日）
>
> 人们期待，健康的天使投资生态能促进微创业的血液循环。
>
> （《人民日报海外版》2012年3月15日）
>
> 日前，腾讯视频对外公布了微剧场计划，目标打造国内首个原创剧网络独播平台，腾讯视频将借此吸收更多优质原创视频内容。继腾讯视频版权内容采买计划、火眼计划、慧眼计划、高清计划、大剧精细化运营、腾讯出品战略后，再次在原创精品内容领域进行发力和布局。
>
> （《国际金融报》2011年9月20日）

与此同时，汉语中在此之前早已存在的一些"微"类词语，也因为"微"的流行开始变得活跃起来。例如，"微支付"最早出现于20世纪90年代，某些公司尝试进行网上的小额支付交易，但是未见明显效果。后来，随着"微"时代的来临，互联网的发展给微支付应用提供了新的契机，"微支付"这一词语在人们交际中的使用率也不断提高，2019年11月17日，笔者利用百度进行搜索，"微支付"的搜索结果约为13700000个。类似的词语还有"微表情、微心理、微哲学"等。

凡此种种，可以发现，"微"的理性义逐渐脱离原来［+微信、微博］+［方式、凭借］的义素特征，而微博的［+字数少］的义素特征逐渐被突显并泛化为［+小、少］的义素特征。此意义的形成与"微 X"构式的压制也有着密不可分的关系。当构式"X"所包含的范围越来越广泛，有些成分所涉及的事物或活动并不仅仅局限于微信、微博平台时，构式必然会压迫"微"的意义发生变化，从而保证构式意义的平衡。因此，在这种构式压迫下，"微"义必然会舍弃掉［+方式、凭借］的义素特征，突显出［+小、少］的义素特征。此外，"微"的新义的形成与人们的认识及构式本身的变化也有联系。董秀芳曾指出，双音词产生的一个最主要的方式是从短语凝固而来，在双音词形成以后，其语源意义经常会变得模糊。这是因为在词汇化的过程中原来分立的两个单位变得黏着,被作为一个语义整体来理解。①这条理论不仅仅适用于双音节词,对于三音节词也同样适用。"微X"构式在刚刚形成时,其内部的凝固性并不是很强,"微情书"来源于"微博情书",随着"微情书"在日常生活中使用频率越来越高,人们逐渐把它看作是一个词,"微"和"情书"两个单位之间变得黏着,其语源意义也逐渐变得模糊不清,受到"微"原有词素义的影响,这样很容易对"微情书"进行重新解读,认为只要是字数比较少的情书都可以称为"微情书",导致"微情书"产生新的意义,从而使"微"的"微博"义脱落,只保留了"字数少、篇幅短"的意义。

在词素"微"意义泛化的同时,"微"类词缀的性质也逐渐显现出来。其中最直接的表现就是"微"构词位置的固定性,以及其较强的构词能力,这些前面已有大量论述。另外一个表现就是和"微"组合的"X"词性类别不断扩大:除了名词性词素外,还出现了动词性和形容词性词素,如"微直播、微访谈、微展示、微融资、微宣传"和"微焦虑、微幸福、微时尚、微安全"等。特别值得注意的是,无论"微"后出现的是何种词性的词素,"微"类词语基本上都是名词性的。例如:

> 记者从北京市委教育工委获悉,近期首都教育系统将开通"首都百万师生微党课"微博,通过"微直播"解读十八大报告、"微访谈"聆听专家学者观点、"微展示"宣传高校学习活动、"微课堂"普及党的知识和经典著作等形式,贯彻和学习党的十八大精神。

(《人民日报》2012年11月24日)

一条"微求助"引发的思考

(《人民日报》2012年12月9日)

"微理财"享收益更要防风险

(《人民日报》2014年2月10日)

不少年轻白领患上"微焦虑"

(《沈阳晚报》2013年3月13日)

全力打造"微幸福"

(《中国工商报》2013年3月8日)

---

① 董秀芳:《词汇化 汉语双音词的衍生和发展》(修订本),北京:商务印书馆,2011年,第88-92页。

一般来说，动词的典型特征是可以受副词"不"修饰，后面可以跟"着、了、过"，但"微+V"所构词语几乎都不能受"不"修饰，后面也不能带"着、了、过"。也就是说，"微+V"构式词语一般不具备动词的语法特征。例句中的"微直播""微访谈""微展示"都是"微+V"的格式，但在例句中都用在了介词"通过"后面，实现的是名词的语法性质。例句中的"微求助"前面受数量短语"一条"修饰，被数量短语修饰是名词所具有的典型的语法特征。例句中的"微理财"在句子中充当主语，也已指称化了，具有了名词化倾向。例句中的"微焦虑""微幸福"都是"微+Adj"格式，在句子中分别充当了动词"患""打造"的宾语，也具有了名物化和指称化倾向。因此，无论"X"的语法性质如何，"微X"整体上呈现出了体词化的倾向。

如上所述，"微X"构式的结构主要有三种类型，分别为"微+N""微+V""微+Adj"。笔者利用莱顿微博语料库（Leiden Weibo Corpus）进行搜索，经过整理，搜集到83个"微X"词。其中"微+N"类词有53个，占总数的63.9%；"微+V"类词有25个，所占比例为30.1%；"微+Adj"类词最少，只有5个。很明显"微+N"其所构词语占了"微X"词语的绝大多数，它也是"微X"最早出现的构式类型，应该是"微X"的典型构式。"微+N"所构词都是名词，如"微文学、微思想、微时代"等，其中词素"微"多起修饰限制作用。强迫机制会强迫非常规的搭配作出一个新解释，这种搭配会随着使用频率的增加而形成一个新的构式。[①] 但这种构式的功能和意义并没有改变，只能看作是典型构式下的次构式。[②] "微+V""微+Adj"就是如此。虽然内部成分发生了变化，但其名词性的语法特征没有改变。当动词性或形容词性的词素进入"微X"构式时，"微+N"这一典型构式会强制新词遵循其名词性的特征，也就是说，它会强迫"微+V""微+Adj"保持名词性的语法特征，强迫它们指称化。从另一个角度去观察，"微X"整体上是体词性的，"微"是功能性更强的选择者，被压制的是"X"，"微"要求"X"是体词性成分。如果"X"是指称事物或事件的名词性词素，像"博客、情书、时代"等，就会直接满足"微"的要求。如果"X"是动词或形容词性词素，能进入构式的往往是名动或名形词素，"微"往往就会迫使其名物化，如"微访谈、微旅行、微幸福、微伤心"等。

[①] Alexander Bergs & Gabeiele Diewald(eds.): Constructions and Language Change, Berlin: Mouton de Gruyter, 2008.

[②] 宋作艳:《从构式强迫看新"各种X"》,《语言教学与研究》, 2016年第1期。

综上可以看出,"微"的类词缀的性质已经比较明显。需要指出的是,在"微"语义的发展演变过程中,"微"义的泛化及类词缀化并不意味着最早产生的"微博、和微博有关的"的意义已经消失。就目前而言,这两个义项是可以并存的,至于以后的发展,还须拭目以待。

（四）色彩意义的变化

伴随着"微"的理性义的发展变化,其色彩意义也在悄然发生改变。在中国的传统文化中,"我们可以鄙薄其地位之微贱、贡献之微末、进步之微小、力量之微薄（社会意义之微）,可以强调其体积之微小、尺寸之微细、物质之微量、层次之微观（产品意义之微）,也可以突出其定位之微茫、含之微妙、功能之微弱、费用之微薄（运作意义之微）"①,"微"所构词如"微贱、微利、微弱、卑微"等也多为贬义词。可见,"微"固有色彩意义以贬义居多。然而,自"微博、微信"等新词出现后,"微"在理性意义发生变化的基础上,其色彩意义也已逐渐发生变化。据CNNIC多年的《中国互联网发展状况统计报告》数据显示,中国网民中以 18—24 岁的年轻人最多,因数量上远远高于其他年龄段的网民而占绝对优势。也就是说,在网络时代背景下,"微"类词语的使用主体大多为年轻群体,这些年轻人喜欢潮流,推崇时尚,因此,"微"在理性意义的基础上还被赋予了"时尚、前卫、以小见大、积微成著"的色彩意义。例如：

微创新带来创业机会　显示巨大革新力量

（《中国高新技术产业导报》2011 年 9 月 12 日）

微公益　点滴之善聚大爱

（《安徽日报》2015 年 6 月 9 日）

善于把握微幸福

（《解放军报》2011 年 9 月 22 日）

"微创新"指的是一种从小处着眼,不断试错的创新方式,在这个组合中,"微"的褒义色彩很明显；"微公益"是指从微不足道的公益事情着手、强调积少成多；"微幸福"指的生活中小小的幸福,这其中"微"的"以小见大、积微成著"的附加义也是显而易见的。换句话说,"微X"构式形成的词语大都是积极向上、充满正能量的。

---

① 黄鸣奋、谭雪芳：《论泛网络时代的微艺术》,《厦门大学学报（哲学社会科学版）》,2011 年第 4 期。

表意相对消极的词素几乎很难进入"微X"构式,就笔者搜集到的语料看,只有"微焦虑、微伤心、微心酸"三例。即使在"微"与表意消极的词素组合时,新词受到"微"的正向意义的调节,也会部分消减其消极的色彩。例如,"微焦虑"指的是微博焦虑症,受到"微"的正向色彩意义的熏染和浸润,"微焦虑"在使用语境中大都传达的是自我心理调节的积极态度。

可见,"微X"构式,激发出了"微"的褒义色彩。这种褒义色彩源于"微"的理性意义的变化,"微"褒义色彩的形成也进一步增强了其构词能力。二者相辅相成,促进了"微X"词语数量的不断增加。可以预测,随着时间的推移和"微X"类词使用频率的不断提高,"微"的"时尚、前卫"的色彩意义会越来越被稀释,直至人们很难再从"微"中体会到新鲜和流行时,这一色彩意义就会消失殆尽。

三、"微"类词语的流行原因

"微"本是现代汉语中一个普通的词素,在短时间内"微"的构词能力迅速增强,使用频率、使用范围很快获得大幅度的提升和扩展,它所负载的文化内涵也被广泛传播。究其原因,主要源于社会网络的发展和语言形式的内部构成及商家和多种媒体的推波助澜。

(一)快节奏的信息传播与获取需求及迅猛发展的网络技术构成"微"类词语传播的原动力

进入21世纪以来,人们的生活节奏加快,信息急速增长,人们在面对信息海洋时,很难拿出完整的一段时间进行分析和遴选。再加上快节奏的生活步伐及"山大"的生活压力造成的焦虑与浮躁的心态,人们也无意去进行深入阅读。而微博则可以直接浓缩生活热点,使人们便于根据自己的兴趣与需求,快速获取一些核心信息,微博很自然地成为人们闲暇时间里获取信息和表达自我的最便捷的方式。随着网络技术的快速发展,以智能手机为代表的移动终端逐渐成为人们获取信息和消费文化的主要载体,这更加方便了人们对微博的使用和传播。"微博"本身所具备的这种便利、开放和快捷的特点又促成了大量"微"类词语的产生,从而加快了"微"类词语的流行和传播。

(二)商家和多种媒体的积极推动加快了"微"类词语的传播

"微"类词语的传播基本上遵循着这样的路线:首先由网站推出,再到网民和商家的创新,之后经由多种媒体的互动传播,最后得到社会普遍认可。

微博及微博内"微群、微吧、微话题、微相册、微关系"等应用模块由新浪网推出后，网民在使用微博的过程中创造出了大量的"微"类词语。在这股潮流中，有的商家为了聚集人气以带来商业利益，也开始利用"微X"的词语模自创词语，如"微信"是腾讯公司推出的一款通过网络快速发送语音短信、视频、图片和文字，支持多人群聊的手机聊天软件。此外，传统媒体在"微"类词语的传播中也起了不可忽视的重要作用。传统媒体无论在文章标题还是正文中都有"微"类词语出现，很多传统媒体还直接设置专版，为"微"类词语提供传播的平台。例如，《人民日报》的"微经济"和"微需求"，《国际金融报》的"微看台"和"微观察"等。可见，"微"类词语已经渗透进传统媒体，传统媒体不仅主动传播"微"类词语，而且还积极创造新词语。这对于传统媒体来说主观上是为了提高自己的可读性，客观上也为"微"类词语的传播起了推动作用。

综上所述，"微"类词语是一种不断变化的动态语言形式，它的发展和传播也是"微"的语义不断泛化的过程，"微"类词语的快速传播是社会和语言因素共同作用的结果。

第三节 当代汉语合成词素意义的发展演变

"合成词素"这一概念是由孙常叙在他的著作《汉语词汇》中提出来的，他认为，"解放军"是由"解放"和"军"两个词素构成的，而不是由"解""放""军"三个词素构成的。[1]后来葛本仪先生对合成词素做了最为明确细致和全面的论述。葛先生认为，"合成词素是一种由单纯词素组合而成的词素。如'孩子头'中的'孩子'，'纸老虎'中的'老虎'，'教师节'中的'教师'，'酱豆腐'中的'豆腐'等"[2]。合成词素虽然内部结构可以分析，但在造词时意义是不可分割的，它是以整体的形式参与造词活动的，从而获得了词素的性质和功能。"合成词素"这一术语的提出使造词研究更加深入，也更加符合语言事实。合成词素是汉语词多音节化趋势所产生的必然结果。随着汉语多音节词的大量涌现，合成词素在造词时被越来越多地使用，在造词过程中，合成词素的意义也随之发生变化。

---

[1] 孙常叙：《汉语词汇》（重排本），北京：商务印书馆，2006年，第20页。
[2] 葛本仪：《论合成词素》，《山东大学学报（哲学社会科学版）》，1988年第3期。

一、合成词素意义的变化类型

当合成词素作为造词材料进行造词时,其实就是进入了一定的语境,受相应语境的制约,其意义往往会发生变化,形成临时的言语义,或称为词素变义。当然,在一些组合中,合成词素的意义同作为合成词的有关项是一致的。例如,"地板"有一义项是"房屋等建筑物内部以及周围的地上铺的一层东西,材料多为木头、砖石或混凝土",在其所造成的合成词"地板革、地板砖"中,"地板"的意义同合成词的意义是基本一致的。但也有不少情况是不一致的,合成词素在词中同其相对应的合成词的意义会出现某种程度的改变。具体分析,主要有以下几种情况。

(一)词素义顺应合成词的意义向四周衍生

这类词素义基本上围绕着合成词的意义进行变化,使词素变义和合成词意义之间存在某种关联。例如,"动作"有两个义项:①全身或身体的一部分的活动。②活动;行动起来。在"动作片、动作戏"中,合成词素"动作"实现的是第一个义项,但意义又有所变化,其词素变义是"打斗",在身体的活动这一方面与词义存有联系。再如,"商业"的意义是"以买卖方式使商品流通的经济活动,也指组织商品流通的国民经济部门",而在"商业片"中着重体现的是其营利的特点。"排行"本指"(兄弟姐妹)依长幼排列次序,也泛指排序次序",在"排行榜"突出的是"顺序的排列",已经突破其原有的家族内同辈排序的范围,其意义也有所泛化。像"数字化、空调病、国库券"等合成词素的意义都在词义的基础上有所衍生。

(二)词素义的某些义素脱落

这类合成词素受构词中其他词素的影响,意义中的某些义素甚至是特征义素脱落,从而使合成词素的整体意义发生蜕变。这种情况主要发生在一些超常搭配中。例如,"菜花"在《现代汉语词典》中的一个义项是"花椰菜的通称",而"花椰菜"在《现代汉语词典》中的解释为"一年生或二年生草本植物,叶子大。花呈半球状,黄白色,是常见蔬菜"。词义中有一个很明显的特征义素[+黄白色],而当它作为合成词素构成"绿菜花"时,[+黄白色]这一义素就脱落了。再如,"性贿赂"中的"贿赂"受前一词素的影响,其中的特征义素[+用财物]也脱落了,形成意义的蜕变。"阿姨"作为合成词具有[+女性]的义素,但在"男阿姨"中,[+女性]这一义素脱落。类似的例子还有"负增长、铝砂锅、单相思"等,其中"增长、砂锅、相思"等的意义都有不同程度的脱落。

(三)合成词素在合成词义的基础上通过某种修辞手法获得新的词素义

修辞造词是现代汉语中常见的造词方式,并且修辞造词最常见的方式是一个词素的修辞义与另一个词素的原义共同构成一个新义。例如,"霸王车、斑马线、植物人、母亲河"等。这样的构词方式也更容易形成新词素义。其中有的是运用比喻修辞手法而形成某种意义。例如,"霸王车"是"指不遵守交通规则、横冲直撞的车","斑马线"指"马路上标示人行横道的像斑马身上的条纹的白色横线,多用油漆涂成",此处的"霸王、斑马"是相应合成词的比喻用法。再如,"老虎机、黄昏恋、植物人、缩水房、面包车"等词中的合成词素实现的都是相应合成词的临时比喻义。有的是运用了拟人的修辞手法。例如,"母亲河"指"黄河、长江",因为黄河、长江与中华民族世代繁衍生息息息相关,因此,把它们拟作母亲。此外,修辞造词中还有的使用了借代的修辞手法,如"小饭桌""红唇族"分别指"为家中无人做饭的中小学生开办的小型食堂"和"喜欢嚼槟榔的一类人"。其中"饭桌"代指食堂,用吃饭的用具来代替场所;"红唇"代指因吃槟榔嘴唇变红的人。它们实现的是相应合成词的借代意义。

(四)新的造词语境促成了合成词素新义项的生成

前面提到的那些语义变异,从共时的角度来看,大多属于临时性的变化,还不是语言性的。如果这样的造词大量出现或者使用频率不断增高,随着时间的推移,也可能转化为合成词素的一个固定义项。这些义项或是为合成词素增添一个新义项,或者是改变了合成词素原有义项的内涵。

1. 合成词素增添了新义项

"钉子户、黄金档、垃圾股"在人们言语生活中的使用频率不断提高,相应合成词素构词能力不断增强,"钉子"的"比喻难以处置或解决的事物"的意义、"黄金"的"比喻宝贵"的意义已被《现代汉语词典》(2002年增补本)收录;《现代汉语词典》(第5版)增添了"垃圾"的"比喻失去价值的或有不良作用的事物"的义项。这些新生成的义项,又分为两种不同的情况。

(1)只是作为合成词素的义项,缺乏独立造句的能力。

有些合成词素生成的新义项在目前来看仍然是合成词素的义项而不是合成词的义项,也就是说此义项只能用来造词,还不能独立用来造句。例如,"比喻难以处置或解决的事物"意义的"钉子"就缺乏造句的独立性,只能用来构成"钉子户",但不能独立参与造句。类似的还有表示"有问题的；非正常的；不符合要求的"意义的"问题"，此义项也只是合成词素的义项，不能作为合成词的义项。它可以构成"问题车、问题房、问题少年、问题食品、问题工程"①等词，但是它不能脱离这一组合形式独立造句。

这些合成词素的义项，《现代汉语词典》都已收录，但把此类合成词素义都看作了合成词义，如把衍生了新词素义项的"钉子"标注为"名词"。从语法角度来看，名词最重要的功能就是充当句子的主语和宾语，此义项的"钉子"并不具备此功能。例如，人们只能说"他是个钉子户"，但不能说"这家是个钉子"。所以说，此义项的"钉子"还不能单独用来造句，它还没发展为合成词。《现代汉语词典》把新义的"黄金、问题"等标注为形容词的小类属性词也欠妥，因为属性词的语法特征主要有二，分别为：①能直接修饰名词和名词性短语，作定语，多数能带"的"形成"的"字短语；②不能单独作谓语、主语、宾语，组成"的"字短语或联合短语或成双成对对比后可以做主语、谓语、宾语。上述的"问题"等大都能直接修饰名词性成分，但不能构成"的"字短语，如人们不能说"这个少年是问题的"。因此，把它们看作属性词有点牵强，最起码它们还不是典型意义上的属性词。比较严谨的处理方法是看作合成词素。但也不否认，这些合成词素义随着其使用频率的增高，日后有可能会转化为合成词义。

（2）从合成词素的义项演变为合成词的义项。

有些合成词素通过和其他词素构词形成新的构式，并衍生出新的义项，经过一段时间的使用之后有了一定的使用频率，合成词素对原来构式的依附性越来越弱，逐渐脱离原来的构式，可以独立用来造句；这时候，合成词素义就转化为合成词义，原来的合成词也衍生出一个新义。下面以合成词素"绿色"为例，来说明这类合成词素义的衍生与发展。

在现代汉语中，"绿色"本表示"绿的颜色"，20世纪末，伴随着西方绿色运动的兴起，以及中国国内环保意识的加强，汉语从英语中引入了"绿色革命（green

---

① 像"斑马线"等三音节词的判定，学术界已有定论，一般认为类似三音节是词。但是对于三音节以上的词的判定，学术界的看法并不一致。《现代汉语词典》把三音节组合看作词，四音节组合看作短语，也就是说"问题"在三音节中是词素，在四音节短语中就是词，标准不太统一。刁晏斌把类似于"问题、黄金"等统称为"语素词"，认为其是语素向词过渡的中间单位，我们把它们都看作合成词素。理由如下：一是这些语言单位在组合中具有定位性，具有类似于词缀或类词缀的黏着性；二是它们所构成的语言单位具有较强的凝固性，中间一般不能插入别的成分，整个组合的意义并不等同于词素义的简单相加；三是它们构成的组合体是最小的音义结合体，不能继续分割。

revolution）、绿色建筑（green building）"等外来词。受此构词方式的影响，汉语中的"绿色"也开始作为合成词素大量参与构词，如"绿色食品、绿色冰箱、绿色科技、绿色能源、绿色电力、绿色渔业"等，从而在汉语中形成"绿色X"构式。早期，构式中的"X"多为名词性双音节合成词素。随着交际的深入和语言的发展，"X"为动词性或名动兼类的情况逐渐增多，如"绿色消费、绿色开发、绿色核算、绿色照明、绿色营销、绿色管理"等。英语中的"green"本有"与农业、林业有关的，有利于节省能源和环境保护"的义项，汉语在借用外来词的时候，将义项也一起借用过来。从笔者搜集到的语料来看，2005年之前的用例，"绿色X"构式形成的时间还不太长，其结构还未完全定型，在句子中出现时很多都带有引号。也就是说，"绿色"的新义还处于言语义阶段，还未真正成为语义系统的成员。后来随着汉语中大量同样构式的新词的出现，以及新词涉及的社会生活领域的不断扩大，包括了经济、文化、政治、教育、体育等各个方面，"绿色"在汉语中才逐渐生成了其修辞义"指符合环保要求，无公害、无污染的"的义项。

即使已经成为语言义的新义，在相当长的一段时间内，"绿色"的新义必须是在"绿色X"构式中才可以实现，离开此构式，新义项是不能独立造句的。也就是说，此义项是合成词素"绿色"，而不是合成词"绿色"的义项。后来随着"绿色"的不断流行，"绿色"逐渐突破原构式的限制，组合逐渐自由，并可以独立用来造句。同样，"绿色"作为合成词独立使用初期，出现在句子中时多加上了引号。例如：

让"绿色"贯穿项目全过程

（《中国建设报》2016年8月15日）

临潼以"绿色"统筹城乡一体化

（《光明日报》2014年1月14日）

之后"绿色"的引号逐渐消失，在句子中开始充当主语、宾语等句子成分，真正具备了合成词的属性。例如：

人们有必要追问一句：这种模式是可持续，是绿色的吗？

（《钱江晚报》2017年3月28日）

此句中，"绿色"和"的"组成"的"字短语，共同充当宾语，具备了属性词的特征。

创新引领发展 绿色赢得未来

（《闽北日报》2017年3月21日）

如何让绿色成为农业供给侧改革的源动力？

（《上海证券报》2017年1月4日）

这就把干净的水、清新的空气、多样性的生物、绿色的环境看作宝贵的生态财富，进一步明确了生产力研究的三个层面：解放生产力，发展生产力，保护生产力。

（《人民日报》2017年3月29日）

上面几个例句中，"绿色"分别充当了主语、动词宾语和定语。这样看来，目前"绿色"已不仅仅局限于属性词的语法特征，慢慢开始衍生出名词的语法特征。

与此同时，"绿色"表示"指符合环保要求，无公害、无污染的"的新义项也正式转化为合成词义。

再如，"效应、工程"等合成词的新义也都是由合成词素义发展演变而来的。《现代汉语词典》对"效应"的解释是：①物理的或化学的作用所产生的效果，如光电效应、热效应、化学效应等。②泛指某个人物的言行或某种事物的发生、发展在社会上所引起的反应和效果。第二个义项的生成来源于"名人效应、品牌效应、轰动效应、温室效应"等的组合。在这些组合中，"效应"是合成词素，新义也就是合成词素义。如果"效应"只能处于"X效应"中，那么"效应"的新义也只能是词素义。而现在"效应"已经能够脱离原组合独立造句了。例如：

追求规模和效应，忽略了机器人产业自身发展规律，导致部分产业园区只能吸引零星企业，很难形成规模集聚，浪费了有限的财政资源。

（《工人日报》2017年3月29日）

无论是中国银行、大连万达还是中车四方，这些中企在芝加哥附近投资经历所产生的效应，已远远超出项目本身，让伊曼纽尔等政界人士更多地看到了"中国元素"的潜力，这也正是伊曼纽尔要着力将芝加哥打造成"对华最友好城市"的主要驱动力之一。

（《人民日报》2017年4月2日）

管党治党失之于宽、失之于松、失之于软的问题得以初步解决，不敢腐、不能腐、不想腐的效应初步显现，反腐败斗争压倒性态势正在形成。

（中国共产党历史网，http://www.dswxyjy.org.cn/n1/2017/0331/c218998-29182673.html，2017年3月31日）

上述例句中的"效应"均已脱离组合构式，第一句中"效应"和"规模"构成联合词组一起充当动词宾语，后两句都充当定语中心语，都属于自由运用了。

近年来，"工程"也衍生了新义项"泛指某项需要投入巨大人力和物力的工作"，此义项的衍生同样源于"希望工程、放心工程、素质工程、系统工程"等"X工程"新词的出现，如今此义项也已可以自由运用，发展成为合成词义。例如：

所以把他们凑齐是一个非常浩大的工程，很多摄制组啊制作公司啊都觉得请这么多人来是不可想象的，是不可能的。

（《深圳晚报》2017年4月6日）

我们党加强自身建设的一条基本经验就是：坚持把推进党的建设伟大工程同推进党领导的伟大事业紧密结合起来。

（《人民日报》2017年4月7日）

类似的还有"套餐、底线、灰色"等，这里不再一一举例。可以看出，这些合成词的新义的衍生都不是直接生成的，而是经历了一个由词素义转化为词义的过程。整个转化过程如图5-1所示。

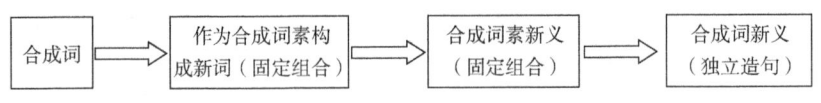

图5-1　合成词素义演变为合成词义的过程图示

由图5-1可见，有些合成词新义的生成可能不是一步到位的，而是经由合成词素义转化而来的，这应该也是合成词义生成的一种途径。

当然，合成词素义发展演变的这两种情况并不是截然分开的，有的词素义可能正处于向词义的转化过程中。例如，"垃圾"作为合成词素可以构成"垃圾股、垃圾人、垃圾食品、垃圾邮件、垃圾时间"等词，并生成了"比喻失去价值的或有不良作用的"新义。如今，网络中及纸媒上都开始出现"太垃圾、很垃圾"的说法。例如：

我们自古就有文人相轻的毛病，同行又不那么愿意互相点赞，再加上部分从业人员确实不争气，拍出一些很垃圾的东西，让观众和影迷伤心，结果，很多国产影视剧他们连看都不看就打了低分。

(《申江服务导报》2016年10月26日)

Road 马上怒喷这个队友玩得太垃圾："20 分钟死了 7 次，去死吧！"

(《重庆时报》2016年10月9日)

新义的"垃圾"已经开始独立造句，受程度副词修饰，具备了很明显的形容词性质；但这种用法并不多，笔者用"人民网"搜索引擎搜索（搜索日期为2019年11月17日）"很垃圾""太垃圾"，共出现148个用例，最早用例出现于2009年5月。可以说，"垃圾"作为词义的用法时间还较短，正处于由合成词素义向合成词义转化过程中。"黄金"也是如此，作为合成词素，它可以构成"黄金周、黄金档、黄金时间、黄金时段、黄金地段"等新词，产生了"像黄金一样宝贵的"的词素义，一般来说"黄金"的这一义项不能独立造句，它仍处于词素义阶段。不过，网络上出现了"太黄金、很黄金"的用法，像"这家店的位置真是太黄金了""这个地段应该是青岛很黄金的地段"等。这种用法在纸媒上也出现了，但用例较少，笔者利用"人民网"进行搜索（搜索日期为2019年11月17日），"太黄金"只出现了1例否定用法。例如：

不少黄金时间的场次中间的座位都已经预售一空，就连不太黄金的上午场，要看《速7》也只有比较靠边的座位可以选择。而一向颇受欢迎的IMAX和中国巨幕的场次，更是连第一排的座位都买不到。

(《新快报》2015年4月14日)

"很黄金"只有10例，如：

在线路安排上，5晚6天，4晚5天（少一天自由行安排）两种，航班时刻很黄金，中午出发下午回，一点不累人。

(《都市快报》2016年12月6日)

每一个运动员职业生涯的时间都很短、很黄金。

(《广州日报》2012年10月18日)

从上述例子可以看出，"黄金"可以受"太、很"修饰，逐渐呈现出形容词的特性，也开始踏上了向词义转化的道路。

那么，哪些词素义更容易转化为词义呢？这需要有两个条件：一是构词量较大；二是在合成词素所构的新词中，当四音节词的数量较多时，合成词素义更容易转化为词义。这是因为只有构词量大，其出现的语境才会多，只有语境多了，人们才不会形成思维定势，才更容易把合成词素提取出来进而独立运用。像前面举例中的"绿色、效应、工程、套餐、灰色"等，其构词量都很大，一般都会超过 10 个词以上。此外，四音节新词内部的结构相对于三音节词来说，稍显松散，这样合成词素更容易被提取出来独立造句。例如，在"绿色"所构词中，只发现一个三音节词"绿色浴"，并且这个词经常被四音节词"绿色洗浴"所代替；"效应""工程""套餐""灰色"等所构词中几乎没有三音节词。而那些没有发展出词义的合成词素，要么是构词量少，要么是所构四音节词数较少。例如，"钉子"只构成"钉子户"一个三音节词，三音节词内部结构比较紧密，就难以被提取出来。

2. 部分改变了合成词素原有义项的内涵

有的合成词素在造词过程中，虽然没有生成新的义项，但由于新的组合对象的不断加入，可能会部分改变词素原有义项的内涵，从而使意义变得与以前不同。例如"资源"，《现代汉语词典》（1979 年版）对它的释义是"生产资料或生活资料的天然来源"。从释义中可以看出，当时，"人力资源"仅是一种临时性的比喻用法，"资源"也多指自然资源。改革开放后，随着人们社会生活中可利用的资源越来越多，类似于"人力资源"这样的构词方式的能产性不断增强，产生了大量"X 资源"新词，如"人文资源、信息资源、人才资源、再生资源、教育资源、文化资源"等。新式"X 资源"组合中，"X"多为抽象的社会资源。因此，"资源"在这些组合中实现的意义是"生产资料或生活资料的来源，多指社会资源"。此意义的"资源"虽然与原义不同，但与原义同属一大种类，因此，很自然，人们就会把新义与旧义进行归纳，成为新义项"生成资料或生活资料的来源，包括自然资源和社会资源"[此义项已被《现代汉语词典》（第 7 版）收录]，完成了意义的扩大。因此，合成词素的新组合并未增加新义项，而是部分地改变了旧义的含义，从而完成义项的发展变化。

上面对词素义的讨论主要着眼于词汇意义，有时由于造词语境的制约和影响，词素的色彩意义尤其是感情色彩也会发生变化。像上面提到的"绿色"本是中性词，当"绿色"的新义项形成之后，在人们心目中，绿色就等同于无害、健康、快捷，"绿色"一词也就由中性转为褒义。再如，"关系"作为合成词时，有一义项是"人和人或人和事物之间的某种性质的联系"，感情色彩是中性的，但在"关系户、关系网、关系学、拉关系"等合成词中，却被赋予了贬义的感情色彩。同样，合成词素"灰色"的感情色彩也经历了这种变化。"灰色"作为合成词时本是中性的，但在作为合成词素构成的新词中，如"灰色收入、灰色市场、灰色地带"中，"灰色"生成了新的义项"不明朗的；不正规的"，也具有了贬义色彩。也有由褒义转化为贬义的，如"保护"本是具有褒义色彩的合成词，但在"保护伞、保护层"中却被熏染上了贬义的感情色彩。

二、合成词素意义发展变化的原因

随着社会的发展，语言中的词也在不断发展变化，汉语中合成词素的数量越来越多，其意义也随之发生了相应的改变。其意义变化的原因有如下几点。

（一）合成词素在造词时被使用的机会增多

合成词素只有在参与造词时才会发生意义的变化，由于合成词素来源于合成词，所以当某个合成词在社会中被广泛使用的时候，那么它被作为合成词素的几率就会增加，这也就为其意义的改变提供了相应的语境。在现代汉语中，虽然双音节词仍占绝对优势，但是多音节特别是三音节词也呈上升趋势，并且这些多音节词大都是由合成词素和其他单纯词素构成的。四音节甚至五音节词的数量比较少，而且词与非词的区分比较困难，往往会有分歧，其实，四音节、五音节词大部分也都是由合成词素构成的，有的或加入了个别的单纯词素，但仅以单纯词素组合而成的几乎没有。

为了便于讨论，这里仅以三音节合成词为例。通过对《现代汉语词典》第 7 版新增[①]、第 6 版新增[②]、2002 年增补本"新词新义"[③]、1996 年修订本[④]和 1983 年版[⑤]所收录的三音节合成词的对比分析，发现增添的三音节合成词其中一部分是为了补充旧有的说法，大都是 1978 年之前已开始流行但 1983 年版未收的词，后来大部分收入了 1996 年的修订；有的是因补充一些书面词语而增收的。这些都不是本节的讨论对象。这里仅对词典中增添的 1978 年以后产生，现在看来仍有新鲜感、能反映时代变化的三音节合成词作了统计，总共有 500 条。此外，笔者还对《现代汉语新词语词典》[⑥]中所收录的三音节合成词进行了统计，其中的三音节合

[①] 中国社会科学院语言研究所词典编辑室编：《现代汉语词典》（第7版），北京：商务印书馆，2017年。
[②] 中国社会科学院语言研究所词典编辑室编：《现代汉语词典》（第6版），北京：商务印书馆，2015年。
[③] 中国社会科学院语言研究所词典编辑室编：《现代汉语词典》（2002年增补本），北京：商务印书馆，2002年。
[④] 中国社会科学院语言研究所词典编辑室编：《现代汉语词典》（修订本），北京：商务印书馆，1996年。
[⑤] 中国社会科学院语言研究所词典编辑室编：《现代汉语词典》，北京：商务印书馆，1983年。
[⑥] 亢世勇、刘海润编：《现代汉语新词语词典》，上海：上海辞书出版社，2009年。

成词共有1298条。这两部分的统计显示，三音节合成词主要有两种结构方式：一是由双音节合成词素和单纯词素构成，像"臭氧洞"是由合成词素"臭氧"和单纯词素"洞"构成的；二是由单纯词素构成的，如"婚外恋"是由"婚、外、恋"三个单音单纯词素构成的，如"比萨饼"由双音单纯词素"比萨"和单音单纯词素"饼"构成。这两种结构的词的数量差异和比例如表5-1所示。

表5-1 《现代汉语词典》1996年修订本、2002年增补本"新词新义"、第6版新增、第7版新增及《现代汉语新词语词典》三音节合成词数量及比例统计表

版本 \ 构词类型	由合成词素构成		由单纯词素构成	
	数量（个）	比例（%）	数量（个）	比例（%）
1996年修订本	167	80.3	41	19.7
2002年增补本"新词新义"	98	68.1	46	31.9
第6版新增	194	82.2	42	17.8
第7版新增	41	93.2	3	6.8
现代汉语新词语词典	1298	74.3	450	25.7

统计结果可见，两次的三音节合成词的增补，由合成词素构成的都占绝对优势；直接由单纯词素构成的三音节合成词明显处于劣势，而且这部分词中还包含有一些像"艾滋病、因特网"等由双音单纯词素和单音词素构成的外来词，正是这种外来词数量的增加，导致了2002年增补本的"新词新义"中，由单纯词素构成的三音节词比例的提高。如果把这部分词去掉的话，那么由合成词素构成三音节词会占有更大的比例。由此也可以得出合成词素在造词时被使用的几率较高的结论，也就是说，当代三音节词的增多很大程度上依赖于合成词素较强的造词能力。

具体说来，合成词素的构词能力主要表现在两个方面。一方面是新的合成词素不断生成，同时也不断扩大自身的造词范围。有的是原有的合成词在广泛使用中具有了词素的性质，如"增长"原来几乎不被用来造词，如今，它可以构成"零增长、负增长、增长率"等词，从而形成了新的合成词素。又如，当"方便"作为一个语义整体和"面"构成新词"方便面"时，"方便"就在原有合成词的基础上又增添了合成词素的性质，随着"方便面"在人们交际生活中的频繁出现，"方便"又不断被用来构成"方便袋、方便菜、方便粥"等词，具备了较强的造词能力。还有一种情况即新合成词刚出现不久，就会成为合成词素，也就是说，新的合成词出现后，由于很快就被用来造词从而具备了词素的性质。例如，随着"快餐"一词的出现及其在当代语言生活中的高频使用，它很

快就具有了词素的性质，又被用来构成新词，像"快餐盒、快餐店、中快餐、洋快餐"等，"快餐"又成为造词利用率较高的合成词素。改革开放以来，语言词汇中这种变化随处可见，如现在被用作新合成词素的还有"地板（地板革、地板砖）、期望（期望值）、小时（小时工）、纯净（纯净物、纯净水）、消费（消费者、消费群、高消费、消费税）、媒体（多媒体）、餐巾（餐巾纸）、磁盘（软磁盘、硬磁盘）"等。

另一方面是原有的合成词素继续被用来造成新词。例如，"细胞"原来就可与其他词素造成"细胞壁、细胞膜、细胞核、细胞质"等词，现在，它的造词能力仍在继续提高，像"干细胞、B 细胞、T 细胞"等。再如，"科学"本来可以构成"科学家、科学性、科学院"等，如今在这个家族中又增加了"软科学、硬科学"等词。这样的合成词素还有"自然（自然村、自然人）、工作（工作餐、工作日、工作站）、污染（光污染、水污染）、电子（电子眼、电子化）、地方（地方税、地方病）、包装（软包装）、环境（大环境、小环境）、有机（有机菜、有机米）"等。合成词素的构词能力不断增强，为词素义的变化提供了更多的物质基础。

（二）合成词素多构成偏正结构的合成词

在《现代汉语词典》增收的 500 个由合成词素构成的三音节词中，偏正结构多达 479 个，约占总数的 95.8%；附加式 6 个，约占 1.2%；其他结构共有 15 个，约占 3%。在《现代汉语新词语词典》收录的 1298 个包含有合成词素的三音节词中，偏正结构为 1217 个，约占总数的 93.8%。这是符合汉语总的构词规律的。在两三千年的汉语词汇发展史上，偏正式构词始终占主导地位，而在使用合成词素造成的词中表现尤为突出。这是由自然界与人类社会中无比丰富的客观事物及它们之间相互关联的关系，以及人们的认知功能和社会的需要所决定的。世界上的事物十分纷繁，出于表达的需要对某事物命名时，这个名字不仅要一般地指称该事物，而且还要能表达出该事物与其他某种事物的联系，并能准确地反映出该事物的某一特点，从而达到突出该事物并区别于其他事物的目的，而偏正结构语义上表达的是修饰限制和被修饰限制的关系，形式上是"种差+属"的构词方式，可以说是最符合人们认知特点的一种结构方式。而这种词语构式也更容易强迫其中的词素意义发生变化。无论是构式中前面的修饰限制成分还是后面的中心成分，都容易受到其他成分或构式的强制影响而发生意义的变化。例如，"黄金"作为合成词素构成"黄金周、黄金档、黄金时间"等词语时，形成"黄金+N"构式。在传统的"黄金+N"构式中，"N"一般都是表物的，"黄金"一般是"N"的制作材料，如"黄金项链、黄金匣"等；但是在新的构式中，"N"多表抽象义，无所谓制作材料，所以"N"会强迫"黄金"不再表指称，以适应"N"的要求。强迫的结果就是"黄金"的规约化属性开始突显，规约化属性是其最典型的特征，"黄金"的典型特征就是"宝贵"，这样，"黄金"就由原来的表指称转而表性质，进而生成了"像黄金一样宝贵的"新义项。

当然，合成词素义的生成与人类的隐喻的认知机制也密不可分，前面多有论述，这里不再赘述。

第四节 当代汉语外来词素意义的生成演变与特点

所谓外来词素是指从词素来源的角度对汉语词素进行分类的结果，是来源于外族语言、经过汉语改造的相对独立的最小音义结合体。与之相对的是汉语本身固有的词素。外来词素的产生与当今外来词的大量涌入有着密不可分的关系。当外来词进入汉语，它就成为汉语词汇的成员。在人们的交际生活中，部分外来词由于使用范围广、出现频率高，逐渐具备常用性的特点，随着时间的推移及人们对它的熟悉度的不断提高，这些外来词或整体或部分逐渐被人们作为构词和造词的词素来使用。前面几节提到的外来词素基本上都是这种情况。

一、当代汉语外来词素义的生成与演变

事实上，外来词素义的生成过程也是外来词素的形成过程，一个外来词素的形成也就意味着词素义的生成。例如，汉语借用英语中的"pie"并音译为"派"，随着其在汉语中不断被用来构词（如"苹果派、巧克力派"）或造句（如"这是什么派"）等，其在汉语中作为词素的身份逐渐被确立，与此同时，词素义"一种带馅儿的西式点心"也就生成。

（一）简缩是外来词素义生成的重要步骤

在当代汉语中，简缩对外来词素尤其是单音节不成词词素的形成起着非常重要的作用。周洪波在其论文《外来词译音成分的语素化》中也已论述过简缩是外来词译音成分语素化的重要机制，[①]苏新春进一步将单音外来词素化的过程描写为：复音外来

[①] 周洪波：《外来词译音成分的语素化》，《语言文字应用》，1995年第4期。

词因缩略而单音成义——重复构词或重复单独充当句子成分。①当代汉语中的单音节不成词词素的形成几乎都包含了简缩的步骤。例如，"模"的"模特"义、"啤"的"啤酒"义的生成，都离不开简缩的过程。词素义的具体生成过程已在简缩造词法与词素义的生成一节进行了论述，这里不再赘述。因此简缩既是外来词素也是外来词素义形成的重要步骤。事实上，在伴随单纯词而出现的新词素及出现在音译加意译或半音译半意译的外来词中，和由字母和汉语原有词素构成的字母词中的新词素，其形成过程也大都包含简缩的过程，这是缘于当代外来字母词大都是简缩而成，而外来词素的相当一部分来自于外来字母词。例如，"OA（办公自动化）"是一个单纯词，也是一个成词词素，它本身就是英语词"office automation"的缩略；再如，"丁克夫妻"中"丁克"译自"DINK"，DINK是"double income no kids"的简缩；"PC机"中的"PC"简缩自"personal computer"等。这些新词素的形成也意味着新词素义的生成，只是这部分词素义有很大一部分尚未进入汉语词汇系统，仍需时间的验证。

（二）汉语适应性是外来词素义生成演变的重要特质

语义是指语言的形式所表达的内容，其中包括词汇意义、语法意义和色彩意义。一般认为，在吸取外来成分的时候，往往是吸收他人所有、自己所无的词汇成分。因此汉语中的外来词素所表示的一般也是汉语中所没有的新事物或新概念。而外来词素义要成为汉语意义系统的成员，它就必须要适应汉语的语义系统，其突出表现就是以语义内容的调整和变化来取得在汉语词汇意义系统中的地位和应用范围。例如，"酷"是美式英语口语词"cool"的音兼意译词，本意是"凉爽的，淡漠的，冷静的"，引入汉语后不断参与构词，如"扮酷、酷评、酷语、酷车、炫酷"等，其意义也发生了变化，指人的时候一般表示"形容人外表英俊潇洒，表情冷峻坚毅，有个性"，用于事物时，有"时尚、够刺激，独特"等意思。例如：

> 麦克尼利对过去的回顾和对现状的总结很含蓄，也很精辟："Sun以前很酷，现在很聪明。"
>
> 酷：特立独行　聪明：化敌为友
>
> （《中国计算机报》2007年4月23日）

"农村孩子没有计算机，要花很多钱买，计算机上的功能可能有90%用不上。"他说："如果能够花10%的钱就能满足他们的需求，这就是最酷

---

① 苏新春：《当代汉语外来单音语素的形成与提取》，《中国语文》，2003年第6期。

的技术。"

(《新华每日电讯》2007年9月8日)

IT巨头酷评金庸小说

(《四川青年报》2000年9月11日)

外来词素词义的演变还表现在其不断构词的过程中,如英语词"taxi"的本意是"出租汽车,特指小汽车",汉语音译为"的士",后来人们又对其进行缩略,提取"的"代表"的士"不断进行构词,如"面的、板的、摩的、驴的"等,在不断构词的过程中,"的"的内涵不断缩小,而外延却不断扩大,最后泛化为"运营用的车"。再如,"吧"意义由"西餐馆或西式旅馆中卖酒的地方"泛化为"供人从事某些休闲活动的场所,有的兼售酒水、食品"也经历了同样的过程。外来词素在不断适应汉语语言系统的过程中词汇意义也不断做出相应的调整和变化。

此外,在语法意义方面,外来词素义也会不断调整自己,从而适应汉语自身的规律。这主要体现在:外来词素在构词造词过程中会受到汉语构词法和造词法的影响与制约,外来单纯词素单独或与汉语固有词素共同创制新词时一定要符合汉语的语法规律。对于外来合成词素来说,汉语的构词规则和造词方法则制约了合成外来词素的内部结构形式。例如,"秀"最初是随着"脱口秀(talk-show)"进入汉语词汇系统的,之后人们又以此为原型仿拟造出一系列的词,如"双人秀、时装秀、模仿秀"等,很显然,"秀"在引进之初是一个典型的名词性成分,但随着不断与其他词素组合成词,其逐渐脱离了原来的构词环境,出现了动词性的用法,如"秀才艺、秀话剧"。再如:

用民族特色独秀市场

(《中国房地产报》2004年3月11日)

百支优秀团队"秀"技艺

(《北京社会报》2007年11月10日)

总之,外来词素都会具备一定的汉语适应性,在进入汉语系统时,或多或少改变原有的意义,或词汇意义,或语法意义、色彩意义,以便能够真正进入汉语语义系统。

二、当代汉语外来词素义的特点

(一)外来词素义成为当代汉语词素义系统的主要部分

当代汉语词素大部分都是外来词素,外来性成为改革开放以后词素的一个非常鲜明和重要的特点,也就是说在当代汉语词素义系统中,外来词素义占比较大。实际上,由外来词演变为外来词素的现象在中国语言的历史中是一直存在的。西汉张骞出使西域,东汉佛经的传入,以及近代五四时期西方文化的借入中,都产生了一些外来词素和外来词素义。例如,西汉时期传入的"葡萄(budawa)"如今作为词素构词的能力非常强,构成"葡萄干、葡萄酒、葡萄糖、葡萄胎"等。随着佛经的传入而带来的外来词"刹多罗、禅那",人们从中选取词素"刹"和"禅"进行构词,形成"宝刹、古刹、刹院" 和 "禅事、禅师、禅法、禅房、禅杖"等词。现代来自英语的外来词"企业、科学",如今也可以用来构词从而充当词素了,如"企业化、软科学、硬科学"等;并且随着时间的流逝,上述外来词素及其词素义如今已经几乎感觉不到它的外来色彩了。而在当代,中国由于与其他国家、民族频繁交往和接触,以及出于国际接轨的需要,引进外来词达到了高潮,随之而来的是大量外来词素参与构成了与人们生活息息相关的词语。据笔者对商务印书馆出版的《新华新词语词典》①的粗略统计,其中新增的外来词素有 41 个之多。统计数字中不包括此词典后附的"常用字母词"部分,如果再加上这一部分内容,那么外来词素的数量更会大大增加。需要指出的是,笔者对词素的判断是根据其概念而进行的,即词素是一种音义结合的定型结构,是最小的可以独立运用的词的结构单位,没有考虑复呈性。例如,"登革热"中"登革"有一定的语音形式,在用来音译外来词的同时也被赋予了一定的意义,尽管它只构成了这一个词,但在"登革热"这个词中,"登革"的词素性质是不能否认的,所以将这类语言单位看作一个词素。至于最终这类词素及其词素义能否经受住时间的考验沉淀为汉语词素系统内部固定的成员,还需拭目以待。

(二)当代外来词素义的物质承载形式以单音节为主,书写符号还出现了单音外来字母

现代汉语中的词素义的物质表现形式多以单音节为主,所以单音节词素可以说是汉语词汇系统的典型形式,它蕴含着深厚的民族文化内涵,具有强烈的排他性。"汉语语素绝大多数是单音节形式,吸收外来语言成分形成的语素一般是双音节或多音节形式。"②而在当代汉语中,外来词素义的承载形式却多以单音节为主,并且这些单音外来词素往往具有较高的能产性。这也是改革开放以后外来词素义表现较为突出的一点,也是和以前外来词素义的不同之处。事实上,这类外来词素的能产性也正是得益

---

① 周洪波主编,商务印书馆辞书研究中心编写:《新华新词语词典》,北京:商务印书馆,2003 年。
② 陈海洋主编:《中国语言学大辞典》,南昌:江西教育出版社,1991 年,第 328 页。

于其单音性。首先，外来词素的单音节化符合汉语词素的典型形式，更贴近汉语的实际，能够和汉语固有词素形成水乳交融的关系，也更符合人们心中对词素的认识。同时，这些单音节的词素化，一般都使无意义的音节具备了稳定的意义，这也契合了汉民族的一种语言心理定势，由于汉字是表意体系文字，人们一般倾向于要求每一个音节都有意义；而这也从某种程度上加快了其汉化的进程，甚至成为外来词素完全汉化的标志。其次，一般认为，语音和语义是相互制约的，它们之间存在着反比例关系，也就是说语音形式越简明，音节越短，其语义也就越丰富，语法功能也就越复杂，由此可知单音节外来词素在理论上应该具有更加强大的语法功能。这些单音词素在汉语词素系统中表现灵活自如，具有巨大的组合潜力，在汉语词素系统中的地位日益提高。反之，一些外来词或外来词素正是由于音节过长、形式不简洁而导致使用不便、复呈率低，最终被淘汰。

在汉语发展史上，外来词素义的物质形式的书写符号基本上都是汉字，几乎没有出现过字母，更不用说单音字母。但是当代汉语中的外来词素中包含了大量的字母词素，其中也包括一部分单字母词素，像"N、e、K、Q、T"等。一般认为，"在审美心理上则以汉字为亲、为美、为不怪，而以非汉字为疏、为怪、为不美"[①]，所以大家对待字母词尤其是字母词素的态度颇有争议。"字母词作为一个完整的词来使用是可以的，这时它实际上就是一个复音语素。但要成为单音语素，以单个字母作载体是难以做到的……单个字母的表音作用太强，表音过程中的拼合性太明显，单个字母不可能与某个具体意义建立起稳定的对应关系。"[②]其实，从目前的实际情况来看，当代汉语中还是存在着一些单音外来词素的。理由陈述如下：首先，单音字母词素可以表达一定的意义。一般情况下，单音字母都是以一个无意义的字母代表了原词的词汇意义，而所代表的词汇意义也是实在的和具体的。例如，"N"表示的是"不定多量"；"e"指"电子网络"，是"electronic"的简称；"K"指"卡拉OK"；"Q"是"ICQ"的简称，"ICQ"是用字母谐音表示"I seek you（我找你）"；"T"表示像字母"T"的样子，如"T型台、T恤"等。其次，语境提高了单音字母的表意的明确性和稳定性。单音字母的出现环境往往比较特定，人们一般可以根据语境对其意义进行确定。也就是说，语境能为其提供足够的解码明晰度，从而使其与单

---

① 史有为：《汉语如是观》，北京：北京语言文化大学出版社，1997年，第309页。转引自王吉辉：《现代汉语缩略词语研究》，天津：天津人民出版社，2001年，第87页。
② 苏新春：《当代汉语外来单音语素的形成与提取》，《中国语文》，2003年第6期。

一意义产生对应关系。再次,单音字母构词常与汉语固有词素结合使用,"字母同汉字组合于一起时,书面上存在的汉字部分,定然会让社会把它们首先与汉语词语联系起来,认为它们应该是汉语词语,或者至少,社会不会将它们排除在汉语词语之外。就是说,社会会依凭其中的汉字部分而就断定了它们的语言性质归属。与之共同组成在一起的字母部分可能会一定程度上影响社会对其性质判断的坚定性,但不会根本上动摇对其性质的认定"①。此外,这些单音字母在语音形式上也不同程度地被汉化,人们在使用时已经不再把它们作为外来字母,而是将其认可为本族语言的成分。

三、改革开放以来外来词素义生成演化的原因

语言的发展变化需要动因,既有语言的内部因素,也有语言外部的因素,当代汉语中外来词素义的生成演化是各种内外因素共同作用的结果。

(一) 开放的社会环境和民众对外来文化的认同感是外来词素义形成的前提

外来词的大量涌现是外来词素和词素义形成的必不可少的条件。而一个民族吸收外来词的深度和广度,与该民族的整个社会文化环境和置于这个环境之下的人民大众的社会心态有着密切的联系。外来词素及其意义的形成与此有着更为直接的关系。可以说,只有社会的开放达到一定的深度和广度,该社会的民众对外来词汇具有一定的包容心,并且对外来词持有认同的态度,能够熟知习用,外来词素才有形成的可能。

改革开放前,汉语吸收外来词的数量并不大,由此演变而来的外来词素更少。外来词真正大规模的涌入汉语还是在改革开放之后。这个时期,整个社会形成了一种开放、宽松的氛围,人们的心态也变得更加平和、更加宽容,对新事物和新现象不再完全采取排斥的态度。在这种情况下,汉语比以往任何时期都更广博地吸纳外来文化的精华,汉语外来词急剧增加,人们也都开始学习和借鉴外来文化,熟悉并使用外来词。而外来词素就是在这个过程中就逐渐形成并不断发展壮大的。可以说,正是中国社会环境的开放和包容、中国民众文化视野的广阔及文化心态的开放,为外来词素的形成创造了良好的条件,这是外来词演变为外来词素

---

① 王吉辉:《现代汉语缩略词语研究》,天津:天津人民出版社,2001年,第90页。

的前提。

(二)中国综合国力的增强和人们生活文化水平的提高是外来词素义形成的物质基础

改革开放后，中国的政治、经济和文化等各方面都得到了长足的发展，相应的人民的生活水平和文化水平也有很大的提高。语言是人类社会最重要的交际工具，它存在于人们的社会生活中，其发展变化同样出现在实际运用中。例如，外来词素"吧"意义的生成和演变都和人们的社会生活有密切的关系。"酒吧"这个词的出现是中国文化事业娱乐业发展的一个体现。只有人们真正解决了温饱问题，拥有了一定的经济实力，才会有闲情逸致出入酒吧；才会在"酒吧"的基础上，创造出更多类似的像"陶吧、布吧、水吧、网吧、话吧"等的概括各类娱乐场所的新词。只有出现了新事物，才会出现相应的新词；只有具备造词能力，才会生成词素义并随着造词能力的提高和构词语境的扩大而不断演化。试想，如果没有中国经济水平的提高，人们依然挣扎在温饱线上，这个新词素是绝不会产生的。再如"克隆"，作为一个单纯外来词引入汉语的同时，其身份也可以看作一个外来词素。而这个外来词素的形成，背后也蕴含着国民文化素质的提高这一社会现实。如果中国的整体教育水平不提高，即使科学家们引入这一外来词，也不会像现在这样在人民群众中迅速普及，并可以作为词素不断构成新词，甚至在本义的基础上产生新的比喻义"复制"。所以说，外来词素义的生成演化与社会的发展有着密切的联系，后者是前者的物质基础。

(三)汉语词素义系统自身发展的需要是外来词素形成的重要内因

词素系统在语言系统这个分层装置中处于最底层，相对来说，这个系统在一定时期内是相对稳定的、自足的，一旦语言在社会生活的影响下发生变化，需要增加新成员来充实自己时，就会对语言内部的子要素系统提出要求，使之作出相应的调整。一般词素系统如果采用直接创造新词素来增加新成员的办法会困难重重。而外来文化和外来词的大量涌入，为从其他民族间接借用外来词素提供了良好的条件，所以外来词素成为汉语新词素的重要来源，外来词素义也随之生成并演化。

(四)汉语词的双音节化和语言的类推机制也是外来词素形成过程中的一个重要动力

外来词素及其词素义进入汉语成为词汇系统的一员，它的存在与发展必然会受到汉语词汇系统内部结构规律的影响和制约。由于受各自语言的不同语音系统的影响，借入汉语的外来词一般都是多音节的。而词的双音节化倾向、词素的单音节化倾向是现代汉语词汇的一个非常重要的特点。在此特点的影响下，许多多音节词在人们的使用过程中，逐渐被双音节化，有的甚至还简化为一个音节，相应的，这些外来词也减少了音节，使某个音节代表外来词全部或部分的意义，赋予了该音节一定意义，从而导致了外来音节的词素化。此外，语言具有类推机制，美国著名的语言学家莱纳德·布龙菲尔德（Leonard Bloomfield）认为类推机制是世界的许多语言所共有的，语言的类推机制也对某些外来词素的形成起了巩固作用。像受语言的类推机制的影响，人们根据"X吧、X的、X秀、X模"等创造出许多新词，这些新词的出现更好地巩固了"吧、的、秀、模"等在当代汉语中所处的词素地位，同时也促进了这些词素意义的发展演变。

（五）人们的求新、求简的心理也促进了外来词素的形成

语言心理和其他文化心理一样，都有求新求异的倾向。中国部分城市人群，特别是部分知识青年对西方文化抱有好感，多持认同和崇尚的态度。而外来词素在丰富汉语系统的同时，也给汉语带来了一股新奇之风，其本身所富有的浓郁的外来色彩和鲜活的时代气息及新颖的搭配，都极具感染力和表现力：这恰好契合了人们的求新求异的语用心理。例如，"巴"来自英语词"bus"，本是"公共汽车"之义，它一出现就表现出了较强的构词能力，构成像"大巴、中巴、小巴"等词，这些词涉及各种类型的公共汽车，可见其使用频率之高和使用范围之广。实际上，在"巴"被引入之前，"公共汽车"的用法与其类似，现在人们舍弃"公共汽车"而选用"巴"，原因之一就在于"巴"正好迎合了人们追求新奇、追求时尚和所谓高品位生活的心理需求。而求简心理则是人们追求省时、省力、最大限度实现经济性原则的一种心理。在竞争日趋激烈的社会，人们追求高效率，讲究用最少的词语来表达最丰富的内容和信息，从而达到最节省但最有表现力的目的。而许多外来词素恰好能够满足人们的这种心理需求。例如，前面提到的"酷"的意义几乎包含了"时尚、前卫、另类、地道、有个性、有特色、面无表情、搞怪"等意义，但又都不能完全替代它。一个音节能够表达如此多的内容，可谓经济，所以人们愿意使用也乐于使用它们构成新词。像前面提到的"巴"替代"公共汽车"，形体简单也是一个重要的原因。此外大部分字母词素也具有形简意丰的特点，所以也比较受人们的欢迎和喜爱，在人们的交际中复呈率也较高。因此，一部分外来词在满足一定的社会文化语用条件之后向外来词素转化，人们这种求新、

求简的心理也起了一定的促进作用。

四、外来词素义对当代汉语词汇系统的影响

外来词素义作为汉语的异质要素成为汉语词素系统的新成员，呈现出鲜明的特点。外来词素义为进入汉语系统，自身发生着变化，同时也对汉语词汇系统产生了影响。

（一）外来词素义为汉语提供了新鲜的造词构词材料，使汉语的词汇系统更加完善，从而引起了汉语词汇系统的相应调整

改革开放以来，大量外来词素义的出现为汉语词素系统输送了新质要素，同时也丰富了汉语的构词造词材料，从而满足了汉语不断表达新事物、新现象的新概念的需求。在新的外来词素义中，有的表达了新事物、新现象，它们自身或由它们参与构成的新词则填补了汉语词汇的语义空白，像"K、丁克、蹦极、桑拿"及由他们组成的词语"K歌、K房，丁克夫妻、丁克家庭，蹦极跳，桑拿浴、桑拿房"等，都表达了汉语以前所未表现的语义，充实了汉语的语义系统。有的则与汉语的固有词素形成同形同音词素聚合，如前面提到新词素"企（企业）"与汉语固有词素"企（企望）"，新词素"奥（奥林匹克）"与汉语固有词素"奥（深奥）"；再如汉语的固有词素"巴"有三个同形同音词素：

巴^1：①盼望。②紧贴。③粘住。④粘在别的东西上的东西。⑤挨着。⑥张开。

巴^2：①周朝国名，在今四川东部和重庆一带。②指四川东部和重庆一带。③姓。

巴^3：压强的非法定计量单位符号bar。

而如今表示"巴士"的"巴"词素化以后，成为这个聚合群中的第四个成员，《现代汉语词典》（第6版）已收录了此词素义。类似的还有："吧（酒吧）-吧（拟声词）、的（打的）-的（的确）、酷（扮酷）-酷（酷爱）、派（苹果派）-派（派别）、秀（表演）-秀^1（秀穗）-秀^2（清秀、内秀、优秀、新秀）、模（模特）-模（模范）"，都已经被《现代汉语词典》（第6版）收录。有的则与汉语固有词素义形成交叉关系。其中有的丰富了汉语的同义义场，使义场内部成员的分工出现变化。例如，表示"供人从事某些休闲活动的场所，有的兼售酒水、食品"的"吧"，与汉语固有词素"X馆、X店、X铺、X坊"等形成了同义义场，它们之间的共同义素是[+提供某种服务的小型公共场所]，但"吧"以其独有的外来色彩而区别于其他词素，它多参与构成代表具有时尚现代感的事物的词，如"氧吧、玩吧、

迪吧"等；"坊"的色彩意义与"吧"不同，它是一个历史悠久的汉语固有词素，带有雅致和古典的附加色彩，参与构成的词表示的事物也多具有传统意味，如"茶坊、染坊、工坊、豆腐坊"，这样，二者在用法上趋于分化；而"馆、店、铺"等固有词素，则由于"吧"的出现，在当代汉语中构词量大大减少。再如，作为成词词素的"秀"与"表演"也形成了同义义场，二者又有所不同，"秀"具有较强的构词能力，兼有名词和动词两种属性；而"表演"作为合成词素只能构成"表演唱、表演赛"等词，其构词能力较弱，并且只有动词这一属性。此外二者的附加色彩也不同，"秀"充满了浓郁的外来时尚色彩，"表演"则没有特别的色彩意义，是中性词；这就决定了二者的出现语境会有所不同，"秀"及其所构词多出现在青年群体的口语中，或者与生活、娱乐有关的语境，或者比较轻松的场合中，"表演"多出现在比较正式的场合或语体中。

（二）外来词素在一定程度上加快了汉语同化外来语言成分的速度

意译一直是汉语吸收外来词的最主要的方式，即使是为了使用的方便与及时，最初采用音译的方式，但最终大多都会被意译的词所代替。不过从最初的纯音译到逐渐理解概念，最后用本民族的构词材料和规则构造出新词表达概念，必然要经历很长的过程，"从某种意义上说它拖延了现代汉语更加快速地发展"①。而外来词素的形成和运用从某种程度上说则缩短了汉语完全同化外来语言成分的时间，使本民族缺乏的新概念能够及时借入为本民族提供服务，从而很好地满足了人们交际的需求，也适应了时代的要求。不过，需要指出的是，由外来词素构成的词并非都是外来词，其实，外来词素是外语词经过汉化后，以固定形式进入汉语的造词单位，它一旦被汉语接纳便成为汉语的成分，而由外来词素构成的词有的也应看作地道的汉语词。例如，由外来词素"的"构成的"打的、的哥、的姐、摩的、驴的、板的"，由"啤"构成的"青啤"，由"吧"构成的"话吧、布吧"等，这些词所概括对象的中国特色都是非常明显的。

（三）外来词素义为汉语词汇增添了一种异域外来色彩

外来词素及其意义自身蕴含了浓郁的外来色彩，外来词素在当今的能产性正是由于这种色彩吸引着人们，特别是年轻一代。由外来词素构成的外来词的异域风格自不必说；即使像前面提到的那些概括具有中国特色事物的词，其构词形式由于外来词素

---

① 高名凯、刘正埮：《现代汉语外来词研究》，北京：文字改革出版社，1958年，第178页。

的加入也被赋予了一定的外来色彩。形式上的"洋化"与内容上的"土化"集于一身，这也形成了当代汉语中比较独特的一类词。当然这种色彩会随着时间的流逝而逐渐淡化，只是有的淡化得快些，有的淡化得慢些而已。

第五节 当代汉语词缀的发展演变

汉语是缺乏形态变化的语言，词素构词一直以复合构词为主，形态构词较少，两者相差的比例很悬殊。当代汉语中词缀的发展是指汉语词语体系中以派生法构成的词语越来越多，主要表现为一些纯词缀的构词能力不断增强和"性、化"等词缀化倾向趋于明朗化。

一、纯词缀的发展变化

关于汉语中纯词缀的特点，学术界分歧较大，但汇总起来，大致能在以下几点上达成共识：①词素本身的词汇意义已经完全虚化，所构词的意义主要黏附在其他词素上；②构词时词素的位置固定；③构成的词显示某类词性。由于汉语缺乏形态变化，汉语中纯词缀的数量极少。前缀主要有"老、阿、初、第"，后缀主要有"子、儿、头、巴、家（姑娘家、孩子家）"，以及一些叠音后缀"乎乎、溜溜"等。

改革开放以来，这些词缀都产生了一些新的用法。其中，以"老"的表现最为活跃。下面以"老"为例进行讨论。

新词缀"老"，不仅构成了大量新词语，而且在构词意义、构词方式、构词色彩及构词性质上发生了新的变化。

（一）构词意义内容更为广泛

一般来说，"老"作为前缀，多用于指人、排行次序或指称某些动植物名。在当代汉语中虽然作为名词性词缀的性质未变，但在意义内容方面与以往有所不同。

1. 指人的名词大大增多，多指称某种人或某类人，主要分为以下五类

第一类指从事某种职业或担任某种职位的人。例如，"老记（记者）、老编（编辑）、老干（已退休或离休的老干部）"等。

按照惯例，中国篮协都会将国字号球队的全年赛程安排发送到记者邮箱，但6月初，当篮球"老记"们收到2017国字号球队的各项安排时，不免有些"头大"，仅男篮国家队就多达11项。

(《中国体育报》2017年6月20日)

老编老记玩创意蛮拼的

(《深圳都市报》2015年4月2日)

有的还指称从事某种非法或不正当职业的人，如"老倒（精于倒买倒卖的人）、老票（票贩子）"等。如今这种用法已经大大减少。笔者分别使用百度和人民网搜索引擎进行搜索，均未搜索到近几年的用例。这与当代社会的发展有着密切关系。"倒爷"是20世纪80年代出现的一种特殊群体，他们利用计划内商品和计划外商品的价格差别，在市场上倒买倒卖有关商品进行牟利，随着中国经济体制改革的不断完善，这种人逐渐消失，和"倒爷"有关的"老倒"也逐渐消失。

第二类指来自某个地方的人。最常见的也是较早出现的有"老外"，原指外行，后指外国人（现也用来指外资企业）。此外还有"老美（美国人）、老欧（欧洲人）、老广（广州人）"等。

《侨报》评价："一流展出、一流演讲、侨胞骄傲、老美赞叹。"

(《北京日报》2018年8月28日)

第三类指患有某种疾病的人，如"老癌（长期患癌症的人）、老肝（长期患肝病的人）"等。

两位重量级"老癌"写抗癌书

(《北京青年报》2014年2月14日)

第四类指有过某种特殊经历的人，如"老'左'（指受'左'的思想影响较深的人）、老插（指插过队的知识青年）"等。

老居民、"老插"等困难补助费上调

(《扬子晚报》2010年2月12日)

第五类指具有某种特征的人，如"老土"，指没见过世面的人，也经常指穿着打扮或做事土气、不时尚的人。

但无论是出于对权力的畏惧还是对长辈的敬重，年轻群体对"中老年表情包"的运用背后，内心依旧是将"中老年表情包"视为"落后"、"老土"的象征。

(《北京青年报》2017年7月4日)

2."老"词缀所构成的词还可以表示各类性质不同的企业

例如"老乡"，原指同乡，或对农民的称呼，现指乡镇企业；"老民"是对民营企业的称谓；"老三"指第三产业，即对服务性行业的称谓；"老私"，指私营企业。这是与传统"老"词缀构词区别最大的部分。不过，这类词对语境的依赖性很强，需要在具体语境中才能辨别其含义。正因为如此，再加上当代人们对企业性质认识的变化，这类词语曾在20世纪末和21世纪初出现过，现在已经很少见到了。

（二）构词方式发生了变化

传统词缀"老"的构词方式主要有：一是加在单音节表动物或人的名词前面，以完成名词的双音节化，如"老鼠、老虎、老师、老乡"等；二是用在人的姓氏和排行之前，多表示某种亲切的感情色彩，如"老李、老二"等。如今的词缀"老"也有这种构词方式，如年轻人经常称呼自己的"爸爸、妈妈"为"老爸、老妈"，但构词目的已不再是实现造词的双音节化，而是追求某种特殊的感情色彩。当代汉语中"老"的构词方式大多是："老"+从词语中提取的某一主要词素。譬如，"老班（指班主任）"的构词方式是"老"+从"班主任"中提取的"班"，"老插"中的"插"是从"插过队的知识青年"提取出来的。例如：

老班是个女汉子，她在学习上严格要求我们，但无论是学习好的，还是差的，听话的，还是调皮的，她都是不抛弃不放弃，而且很有办法。

(《齐鲁晚报》2015年11月11日)

此外，传统词缀构词方式多为"老+N"；"老+Adj"的构词方式也存在，但比较少见，如"老粗"。而新构词也不再仅仅局限于这两种构词方式，还出现了"老+V"的组合，"老插"和"老倒"中的"插"和"倒"都是动词性词素。但无论"老"后词素的语法性质如何，"老"的名词后缀的性质并未改变。这一语言现象，同样也可用构式强迫进行解释，事件强迫又源于类型错配。"老X"的构词模式中,"X"多为名词性词素。如果 X 是谓词性成分,就会出现类型错配,就会强迫这个谓词性成分在理解和释义时重建一个与谓词性词素有关的 NP,谓词性成分通过自己的动态特征或属性特点提供一个与之有关的人或事物,从而使整个结构体指称人或事物。"老插"的语义模式是"曾经插过队的知青","老土"指的是打扮或做事比较土气的人。

(三)色彩意义发生了变化

传统的"老"词缀所构成的词,按照语义色彩的差别大致可分为四类:①老总、老师、老爷;②老兄、老弟、老表、老婆、老乡、老农、老百姓;③老夫子、老好人、老妈子、老土、老抠、老蔫儿;④老鸨、老鼠、老财、老鸦。这四组中,"老"都是学界公认的词缀,通过比较可以发现,这些词所具有的语义色彩并不一样。第一组的"老"可以看作是由"年岁大(跟'少、幼'相对)"这一义项虚化来的。在中国传统文化中,老人的社会地位和家族地位一般比较高,并且各方面的经验也比较丰富,因此这类词往往具有"可尊敬"的感情色彩。在第一组中,"老师"的尊敬色彩不言而喻;"老爷"古时是对清代五品以下的官吏的尊称,也用于官僚和地主家的仆人称呼男主人;"老总",在旧社会是对一般军人的称呼,后用来尊称中国人民解放军的某些高级领导人,现在也用于指拥有总工程师、总经理、总编辑等头衔的人。它们都具有了可尊敬的感情色彩。第二组的"老"是由"很久以前就存在的;时间久的(跟'新'相对)"虚化而来的,存在时间长的往往人们与之感情更为深厚,进而衍生出"可亲近"的感情色彩。"老兄、老弟、老表"的亲切感来源于兄弟间的手足之情;如今"老婆、老公"受其他"老"词缀的影响也开始由粗俗向亲近、亲昵的感情色彩转移;"老乡、老农、老百姓"比"农民、乡下人"更具有可亲可近的语义色彩。第三组的"老"多具有"可笑可怜"的语义特点,这大多是从"老"的衰退、封闭、保守、落伍、无能等联想意义虚化而来的。第四组的"老"多有"可恶可怕"的语义色彩,如开妓院的女人叫"老鸨",不吉利的鸟叫"老鸦",丑陋、可怕的动物叫"老鼠"等。

当代汉语中"老"词缀新构成的词,总体上具备明显的谐趣、调侃的意味和口语化特点。也就是说,"老"词缀词多具有可亲可近的语义色彩。譬如,子女对父母应该是尊敬的,但用"老爸、老妈"来称呼后,就变得更加亲热了。这与现代家庭中父母子女之间逐渐形成的一种宽容、平等、自由的家庭氛围有着密切的关系。"老哥、老姐、老弟、老妹"既可以用于兄弟姐妹之间,又可用于称呼同辈的他人,具有感情深厚、关系亲密的语义色彩。再如，从不太友好地称呼外国人为"某国佬"到令人感到亲切、有点调侃的"老外"，就很典型地反映出时代的变迁和人们心理的变化。另外，改革开放以后的"老"词缀词中也有含有贬义的，如"老土"，含有嘲讽之义。这种词在改革开放之前就已存在，如"老粗、老奸"，主要构式是"老+Adj"，其中的Adj多为具有贬义色彩的形容词素，受贬义形容词素的熏染，整个词也具有了相应的贬义色彩。这类词在整个现代汉语中都不多见。

可见，"老"词缀的感情色彩更为丰富，其中"调侃、随意、戏谑"的色彩意义更为突出，这可看作是"亲近、亲昵"色彩意义的进一步发展演变。换句话说，随着"老"词缀虚化程度的不断提高，其色彩意义也会更为突显和丰富。无论具有何种语义色彩，新增"老"词多不能用于特别庄重、正式的场合，但它们在日常运用时有很强的语言表现力，为受众所喜爱，所以，它们常常出现于一些与生活娱乐有关的新闻报道或较为轻松活泼的文艺作品中，同时在口语中也常常出现。当然，当代汉语中的"老"词缀的语义色彩变化也反映了时代、社会及人与人之间的关系、人们的心态变化。

（四）所构词的语言性质发生了变化

传统的"老"词缀所构词都是语言系统内的，并且是封闭性的，不具有临时性和偶发性的特征。新构成的词大多是随机的、偶发的，并不是一种词汇学意义上的定型的词汇词（lexical word），而是一种语法学意义上的临时性的语法词（grammatical word），其搭配相对灵活自由，甚至开始具备了开放性的特点。正因为如此，许多当代汉语中"老"词缀所构词在书面语中被应用时，往往要加上引号，以表示其临时性，这一点从上文中的例句中就可以很清楚地看出来；这种从词汇词到语法词，正在形成一个由定型到自由、由单一到多样、由词汇到语法、由语言单位到言语形式的连续统（word/phrase continuum），两者有时很难区分开。一般来说，因为这些新词既不是出于给对应事物命名，也不是出于经济目的，而是为了使表达生动活泼，且多用于口语中。它们大都有正统的词语对应着，在这些正统词语的排斥、挤压下，它们作为正规的词被固定到现代汉语词汇系统内也许还需经过一段很长的历程，甚至也极有可能被挤出现代汉语词汇系统之外。

另外，"老"词缀在这些新构词中，其虚化程度也各有不同。一般来说，像"老肝、老癌"多指得病时间较长的病人，还残留着"时间久"的词汇意义，其虚化程度相对来说是最低的。像"老编"等词有时也包含"资历老"的意义。有意思的是，最近在网络中出现了"小编"一词，最初是网络编辑的自称，现在也用于他称。自称小编的人，多为较年轻的新人，大概认为"老编"有老气横秋之嫌，所以改成"小编"。可见"老编"中的"老"虚化程度也不是太高。而很年轻的"爸爸、妈妈、班主任"都可以称之为"老爸、老妈、老班"，因此，相比较而言，这类词的虚化程度较高。"老公"中的"老"附着在平辈称呼前，与附着在长辈前的"老爸、老妈"的"老"相比，"老公"的"老"基本没有词汇意义，亲近、轻松的意味也更强，因此其虚化程度也更高。

综上所述，改革开放后，以"老"为代表的纯词缀的用法大大扩展了。这既与社会发展有关，也与人们的心态转变不无关系。相对而言，当今人们改革精神和现代化意识都较强，对新鲜事物的接受能力也更强。同样，在语言运用上也更善于追求新鲜性和创造性。另外，港台词语的影响也促进了"老"的用法的演变。"老编、老记、老爸、老妈"等词在港台词汇中早就存在，大陆首先把它们吸收过来，后受其启发和语言类推机制的影响，又生成许多类似的新词。当然，"老"的新用法，还与词缀"老"自身较强的构词能力密不可分。

二、关于当代汉语中的类词缀问题

当代汉语中，由于语言的类推作用而导致新词的批量化产生，可以说是新词创造中的一个重要现象。例如，"文盲、法盲、科盲、舞盲、乐盲、电脑盲"等，再如，由"族"构成的一系列新词"工薪族、上班族、追星族、打工族"等。这里可以把像"盲、族"等在词的聚合群中起联系作用的词素称为核心词素。这种现象已引起了语言研究者的普遍重视，也有多篇文章和著作专门讨论或涉及这方面的内容。但是，学术界对这一现象的看法却存有分歧，并且大多数把其看作是汉语词素的词缀化倾向，把词群中的核心词素称作"类词缀"或"准词缀"。笔者认为这有把汉语类词缀扩大化的趋势。

（一）部分相关作品中举出的类词缀所用名称及实例

如表5-2所示，所统计的著作或文章中列举的类词缀中没有任何两种列举是完全一致的：少的只举出四五个，多的则列出了80多个。这些类词缀虽然并不仅仅局限于改革开放以后，但多数都是改革开放以后的词素，改革开放以后汉语中确实存在这么多的类词缀吗？下面将详细分析。需要说明的是：本书中的词缀是指附加在词根上共同组成词干的构词词素，不包括附加在词干后面只表示语法意义的用来构形的词尾。

表 5-2 部分相关作品中举出的类词缀的所用名称及实例

作者与书名或文章名	所用名称	所举实例	
		在词首的核心词素	在词末的核心词素
吕叔湘《汉语语法分析问题》①	类前缀 类后缀	可、好、难、准、类、亚、次、超、半、单、多、不、天、非、反、自、前、代	员、家、人、民、界、物、品、具、件、子、种、类、别、度、率、法、学、体、质、力、气、性、化
陆志韦等《汉语的构词法》②	类乎后置成分的东西		者、家、化、个、拉、腾、巴、来、然、乎
任学良《汉语造词法》③	准词头 准词尾	准、二、以	论、度、式、却、豪
赵元任《汉语口语语法》④	类词缀	不、单、多、泛、准、伪、无、非、亲、反	化、的、性、论、观、率、法、界、炎、学、家、负
马庆株《现代汉语词缀的性质、范围和分类》⑤	类词缀	分、准、总、伪、亚、可、不	家、腾、头、里、当、么、尔、们、儿、辆、匹、口、张、间、本、支、点、件、篇、上、下、个、地、而、价、为、棍、冢、界、迷、师、户、化、论、派、手、性、学¹、员、犯、夫、手儿、坛、体、线、学、子、自、哧、嗒、咕、以、悠、棒、当、道、溜、气、实、巴巴、沉沉、冲冲、嘟嘟、墩墩、光光、乎乎、乎儿、晃晃、撅撅、辣辣、溜溜、蒙蒙、曩曩、扑扑、茸茸、森森、生生、丝丝、腾腾、盈盈、油油、悠悠、滋滋、不唧
刘月华、潘文娱、故铧《实用现代汉语语法》⑥	类后缀		员、长、士、家、师、生、工、匠、手、学、论、机、器、仪、型、形、式、度、性、则、厂、场、站、法

---

① 吕叔湘：《汉语语法分析问题》，收入吕叔湘：《汉语语法论文集》，北京：商务印书馆，1984 年，第 515-517 页。
② 陆志韦等：《汉语的构词法》（修订本），北京：科学出版社，1964 年，第 126-133 页。
③ 任学良：《汉语造词法》，北京：中国社会科学出版社，1981 年，第 31-97 页。
④ 赵元任：《汉语口语语法》，吕叔湘译，北京：商务印书馆，1979 年，第 111-112 页。
⑤ 马庆株：《现代汉语词缀的性质、范围和分类》，《中国语言学报》，1995 年第 6 期。
⑥ 刘月华、潘文娱、故铧：《实用现代汉语语法》，北京：外语教学与研究出版社，1983 年，第 20-22 页。

续表

作者与书名或文章名	所用名称	所举实例	
		在词首的核心词素	在词末的核心词素
汤志祥《当代汉语词语的共时状况及其嬗变—90年代中国大陆、香港、台湾汉语词语现状研究》①	准词缀	可、反、非、准	者、员、家、士、师、生、手、夫、星、派、鬼、棍、品、性、化、然、感、坛、族、盲、户、学、论、观、界、星、机、赛、节、式、型、群、物、剂、金、法、款、库、服、价、罪、犯、案、级、牌、片、所、率、史、业、度
	类词缀	超、多、高、性、软、核、半、全、	风、热、难、人、车、卡、站、票、券、水、税、鞋、肉、舞、歌、班
陈光磊《汉语词法论》②	类词缀	半、超、次、打、大、单、反、泛、非、好、可、类、前、全、伪、小、亚、有、准、总	夫、家、匠、师、生、士、员、长、手、汉、翁、佾、工、星、迷、族、佬、鬼、棍、蛋、虫、观、论、学、派、界、度、率、气、类、品、种、件、具、子（分子、原子、粒子）、化、性、法、是（就是、要是、正是、但是）、来、角、型、式、牌、号、热、业、科、处、局、厅、店、部、组
郭良夫《现代汉语的前缀和后缀》③	新兴的前缀、后缀	多、半、制、单、超、非、无、不、反、亲、自、次	品
沈孟璎《汉语新的词缀化倾向》《再谈汉语新的词缀化倾向》④	词缀化倾向和进程、类词缀、准词缀	可、非、反、无、多、软、大、高	家、员、性、化、然、手、贫、者、学、度、型、热、户、感、族、盲、爷、坛
其他文章涉及的	类词缀、准词缀、处于词缀化的过程中	零、裸、云、微、硬、大、薇	的（面的）、嫂、姐、哥、爷、吧（酒吧）、巴（大巴）、秀（show）、世界、中心、零、男、女、姐、控、妹、霸、帝、迷、粉、奴、秀、荒、客、门、式、型、圈

---

① 汤志祥:《当代汉语词语的共时状况及其嬗变——90年代中国大陆、香港、台湾汉语词语现状研究》,上海:复旦大学出版社,2001年,第154-163页。
② 陈光磊:《汉语词法论》,上海:学林出版社,1994年,第20-26页。
③ 郭良夫:《现代汉语的前缀和后缀》,《中国语文》,1983年第4期。
④ 沈孟璎:《汉语新的词缀化倾向》,《南京师大学报（社会科学版）》,1986年第4期;《再谈汉语新的词缀化倾向》,收入《词汇学新研究》编辑组编:《词汇学新研究——首届全国现代汉语词汇学术讨论会选集》,北京:语文出版社,1995年,第195-205页。

（二）类词缀的确定

吕叔湘先生在《汉语语法分析问题》中提出了"类前缀、类后缀"的说法，并指出，类词缀包括差不多可以算是词缀，但还差点的词素[①]。这样避免了词缀与非词缀的截然对立，符合语言发展的渐变性规律。

但是，在非形态语言——汉语中，任何语义的虚化，都是一个由此及彼、由实而虚的连续统。类词缀作为发展演变中的一类动态现象，本身就存在一定的模糊性和不确定性，不容易归纳和界定，词汇意义多一点则为实词素，少一点则为虚词素，难以把握。类词缀的判定在学术界之所以会出现这么大的分歧，虚化的连续性不能不说是一个非常重要的原因。此外，类词缀的发展趋向应是纯词缀化，而综观汉语几千年的发展史，纯词缀的形成和增长速度都比较缓慢，数量也屈指可数。史存直指出，前缀"阿"出现于汉代；词缀"老"则出现于唐代；而"子"词缀化开始于汉代，完成于南北朝[②]。徐世璇认为，"儿"在南北朝、唐代时期虚化为后缀；"头"作为后缀产生于六朝，普遍运用于宋元以后[③]。可见汉语词缀的形成和发展都经历了相当长的时间。那么，在改革开放之后的四十年时间里，汉语会突然出现这么多的词缀和类词缀吗？在界定类词缀时，应尽量严格一些，在模棱两可的情况下，宁可采取慎重保守的态度，还是看作"复合词中有广泛结合力的成分"[④]为好。否则，如果操之过急，把不属于这个范围的词素大量划入类词缀，必然会导致类词缀数量的大量增加及词缀词素与词根词素界限的缩小甚至消失，就更加不利于对汉语词缀乃至构词法的深入研究。根据这一原则，本书中所说的词缀都是严格意义上的纯词缀，如前缀"阿、第、初、老"等，后缀"子、儿、头、巴"，以及一些叠音后缀等。

因此，在判定类词缀时，应以词根词素和附加词素的根本不同作为区分准则。一般认为，词根词素具有实在的词汇意义，是组成新词词干的主要部分，同时也是形成新词词汇意义的主要承担者，词根词素是词素中的主要成分，它在词素中的地位和作用都是非常重要的；包含词缀在内的附加词素是附加在词根词素上表示语法意义和某些附加词汇意义的词素。可见，词根和词缀之间最主要的区别在词汇意义的虚化上。根据"从严不从宽"的原则及词缀和词根的区别，类词缀至少应具备以下特性。

[①] 吕叔湘：《汉语语法分析问题》，收入吕叔湘：《汉语语法论文集》，北京：商务印书馆，1984年，第517页。
[②] 史存直：《汉语词汇史纲要》，上海：华东师范大学出版社，1989年，第97-100页。
[③] 徐世璇：《汉藏语言的派生构词方式分析》，《民族语文》，1999年第4期。
[④] 赵元任：《汉语口语语法》，吕叔湘译，北京：商务印书馆，1979年，第112页。

1. 构词的定位性

类词缀应像一般词缀一样,构词时位置必须是固定的。定位性是词缀也是类词缀的一个突出特点及重要形式标志之一。像"品",在构词时,经常出现在其他词素之后,如"精品、极品、营养品、保健品、护肤品"等,但也可位于词首,如"品级、品类、品名、品种"等,而且这几个"品"的意义无任何不同,此意义的"品"不应是类词缀。再如,"风"虽常位于词末,如"出国风、吃喝风、说情风、送礼风"等,但在相同意义下也会出现在"风气、风尚、风俗"中,这样"风"不是类词缀。同样,"士、生、厂、处、部、机、学、论、观"等都不具备构词的定位性,也都不应看作类词缀。

2. 非独立成词性

类词缀与词根不是简单的相加关系,而是融合关系,只有在这个整体中,类词缀才能发挥结构的作用;离开了这个整体,既无单独的意义,又不能独立成词;凡是以其在合成词里的意义能够独立成词的,绝对不是类词缀。例如,"双人秀、服装秀、内衣秀、歌舞秀"中的"秀"失去了独立性,但在同一意义下可以独立成词,如经常在报刊上可以看到类似的语句"秀出你的风采来"等,可见,它不是类词缀。其他如"站、车、酒、楼"等也是这种情况。如果把这类词素也看为类词缀或词缀,不仅模糊了词缀和词根的界限,而且也模糊了词缀和词之间的界限。

3. 构词的类化性

类化性是指一个类词缀在构成新词时,大多有呈现某种词性的作用。类化性是汉语词缀的一个特点,也应是类词缀的一个必不可少的特征。

4. 词汇意义的大部分虚化性

这是类词缀不同于词缀的最主要的特征。首先看一下各家对词缀和类词缀下的定义。朱德熙认为:"真正的词缀只能黏附在词根成分上头,它跟词根成分只有位置上的关系,没有意义上的关系。"[1]郭良夫认为,实语素有实在的词汇意义,词缀是虚语素,没有具体的词汇意义,却有抽象的语法意义,或者叫作有结构的意义。[2]吕叔湘指出,类词缀"还得加个'类'字,是因为它们在意义上还没有完全虚化"[3]。任学

---

[1] 朱德熙:《语法讲义》,北京:商务印书馆,1982年,第29页。
[2] 郭良夫:《现代汉语的前缀和后缀》,《中国语文》,1983年第4期。
[3] 吕叔湘:《汉语语法分析问题》,收入吕叔湘:《汉语语法论文集》,北京:商务印书馆,1984年,第517页。

良指出:"一些还处于发展中的词头,词汇意义已经虚化,但还没有完全消失。"[①]尽管各家对词缀、类词缀的概念有各种表述,但有一点是有共识的,即词缀的意义必须完全虚化,类词缀的词汇意义不完全虚化。把这一点看作词缀和类词缀的主要区别特征,是因为汉语孤立语的语言本质要求在判定和识别词缀、类词缀时不能靠单一的语言形式标准,还应考察意义方面的特点。从反面讲,词汇意义完全没有虚化,即词素本身的词汇意义全部存在的绝不会是类词缀,像"X班、X卡、X水、X鞋、X肉、X票"等都有明确的实义,仅仅因为构词能力强,就把它们看作类词缀似乎不大合适。另外,意义的不完全虚化不等同于意义的转化。例如,有人认为,构词时经常处于后位的"X盲",意义偏离了本义,有虚化的趋势,是类词缀。实际上,它只是由本义转化为"比喻对某种事物不能辨别或分辨不清"义,意义仍很实在。还有,必须明确的是,意义的虚化或不完全虚化不等同于意义的泛化,尽管词汇意义在虚化过程中,往往会呈现一定程度的泛化,但泛化的终点并不都是虚化。所谓意义泛化是指词语的某一义项在演变过程中发生的概念内涵缩小、外延扩大的现象。例如,"酒吧"出现后,"网吧、陶吧、氧吧、水吧、布吧"等也铺天盖地如潮水般涌来,这时"吧"由最初的"酒吧"转变为"供人从事某些休闲活动的场所,有的兼售酒水、食品",虽然意义泛化了,但仍很实在,并没有任何的虚化。再如,"高"在"高风险、高效益、高速度、高收入、高学历、高蛋白"中,分别指"大、好、快、多、级别在上、含量多"等,外延不断扩大,语义开始泛化,但仍具备实在的词汇意义,即"在一般标准或平均程度之上的",最起码,现在还不能认定其意义已有大部分虚化。像"多X、X户、软X、硬X"等意义的变化都属于这种情况。而虚化是指体现在语义中的概念义逐渐消失的一种现象,意义上逐渐空灵。像那些典型词缀"阿、子、儿、头"等,它们的词汇意义已无从概括,概念义已经全部消失。因此,不能看到一个词素的义项稍有扩大、引申或转化,就马上断言是虚化倾向,就认定此词素是类词缀。

  本书认为,所谓类词缀是某个成分的意义由实到虚转化过程中的一种现象,具体说来是指在一定程度上还保留着原来的意义,但是已有大部分的虚化。这是由词根词素向附加词素转化过程中的必然现象。这有时也是很难把握的,但并不是虚无缥缈、不可捉摸的。词汇意义的变化一定会在其形式、功能方面留下一定的印记,其实上面提到的类词缀的特征都是导致意义虚化的必要条件,也可以看作意义虚化在形式上的表现。词汇意义的大部分虚化还可以从以下三个方面来考察。

---

① 任学良:《汉语造词法》,北京:中国社会科学出版社,1981年,第31页。

（1）在一些组合中，类词缀的词汇意义的作用不是很明显。这可以通过省略法来验证。事实上，汉语中任何词缀的意义虚化都是有层次和等级的，像"剪子、聋子"中的"子"的虚化程度显然不及"裤子、嗓子"中"子"高，因为"裤子、嗓子"中"子"的有无对词义影响不大，具备完全羡余性，这也是"子"虚化的最高程度。同样，"想头、甜头"中的"头"也不如"石头、骨头"中"头"的虚化程度高。这是词素意义历时的虚化演变在共时上的反映。其实，通常说的某一词缀词汇意义完全虚化仅仅指的是其虚化程度最高的那个等级，这种完全虚化主要表现为意义的羡余性，即去掉词缀，词义基本不变。据笔者统计，《倒序现代汉语词典》①所收录的由"子、头"作后缀构成的词分别为989条和287条，其中去掉后缀，意义无大的变化的分别为281条、83条，约占总数的28.4%、28.9%。其他纯词缀也具备这一特点。类词缀当然不会达到这么高的虚化程度，但如果在保留一定词汇意义的前提下，在一些更大的动态组合（一般为短语或句子）中，去掉这一词素后意义变化不大，那么此词素的意义一定有了大部分的虚化。例如，"X化"，在其构成的词群中仍包含有"表示转变成某种性质或状态"的意义，这从具体名词很难进入"X化"中可以得到印证，除非是临时的修辞现象，一般"桌子化、书化、黑板化"等是不成立的，因为具体名词与"化"所残存的这一含义是不吻合的。尽管如此，在一些结构体中，"化"的语义作用不大，像"学校越来越正规化了""这件衣服一般化""这个文件已经公开化了"等中，"化"都可以省略且意义不变。再如，"性"在"X性"中仍保留了"表示事物的某种性质或性能"的词汇意义，不过在"全身性麻醉""技术性问题""在生产中起决定性作用的人""偶然性事件"等中，也可以略去。可见，"化、性"的虚化程度已经很高，这也是"化、性"到目前为止虚化的最高层次。而"X嫂、X爷、X族、X户"等都不具备这一特点。

（2）所构成的词内部无明显句法结构关系。当词素意义大部分虚化时，它所构成词的内部结构关系也会相对变得模糊而不易判断。像由"化、性"构成的一系列词，如单凭语感，已很难分析其内部结构关系。相反，"X热、X风、X户、X感"等构成的词，内部的修饰限制和被修饰限制的关系还是比较明显的，这从大多数中国学生的判断中可以看出。在教学中，按照教材的理论体系，虽然已多次强调上述词素意义的变化及其特殊结构，但在作业和考试中，仍有很多学生凭借语感将其判断为偏正结构。可见，它们的意义虚化程度远未达到类词缀的要求。

---

① 中国社会科学院语言研究所词典编辑室编：《倒序现代汉语词典》，北京：商务印书馆，1987年。

（3）类词缀语音稍有弱化，不读重音。一般情况下，汉语中的前缀一律读重音，除少数叠音后缀外，中缀和后缀都读轻声。其实，在汉语里与虚化关系比较密切的就是由原调到轻声的变化。因此，作为词汇意义大部分虚化的类词缀虽不读轻声，但一定会有所弱化，绝不会读重音。像"X性、X化"等与原调值相比，很容易使人体会出它们在组合中的语音弱化倾向。而"X员、X坛、X族"等在词中一般是重读的。

汉语类词缀的这些特性是相互联系、相互制约的，确定类词缀时，要综合分析，缺一不可。例如，虽然汉语类词缀有构词定位性的特征，但并不是所有的定位词素都是词缀或类词缀。像"衬衫、毛衫、汗衫、棒针衫、棉毛衫""胡琴、胡桃、胡椒、胡蜂、胡笳、胡萝卜"等中的"衫"和"胡"在现代汉语中都是定位的，但由于它们都有实在的意义，仍是普通的实词素。据粗略统计，《现代汉语词典》（1996年修订本）中具有定位性和能产性的实词素有140个左右，如果把这些词素也看作类词缀的话，显然不符合汉语实际情况。

综上所述，类词缀以在一定程度上保留了原来的词汇意义、不读轻声，与词缀区别开来；以词汇意义大部分虚化，具有定位性、非独立成词性和类化性，与词、词根相区别。根据以上论述，通过对比，笔者认为，改革开放以后并没有产生新的类词缀，仍然只有改革开放以前就存在的"性、化"可以作为严格意义上的类词缀的代表。"性、化"作为类词缀的代表，除了上面提到的意义方面的因素外，很明显还具备定位性、类化性，这里不再赘述。至于其他的还是暂且看作构词能力较强的实词素或同族词中的核心词素较为妥当。

三、当代汉语"X性、X化"的发展演变

改革开放以后虽然没有出现新的类词缀，但以"性、化"为代表的汉语固有类词缀无论在结构方式方面还是所构词的性质方面都发生了一定的变化。

（一）能产性不断增强、构词形式发生变化

改革开放以前，"性、化"就具有一定的构词能力，呈现一定的半开放性。到了20世纪八九十年代，它们继续派生出一些新的词语，并且能产性也越来越强，具有了开放性，如"刚性、柔性、政策性、结构性、一次性"和"强化、沙化、优化、净化、荒漠化、商品化、系列化、年轻化"等。"性、化"以前构成的多为双音节词，而构成的新词中三音节甚至多音节词占了相当大的比例。据笔者对《倒序现代汉语词典》的统计，其中的由类词缀"性"构成的词共有79个，其中有41个双音节词，

占总数的51.9%，37个多音节词，占总数的46.8%；而在笔者搜集到的82个由"性"构成的新词中，双音节词只有两个，其他的都是三音节词。这一时期，"化"所构成的多音节词的数量也迅速增加。《倒序现代汉语词典》中由类词缀"化"构成的词共有84个，其中双音节词有64个，约占比例为76.2%，三音节词有20个，约占23.8%；而在笔者搜集到的98个由"化"构成的新词中，双音节词有16个，占总数的16.3%，三音节词有72个，占比73.5%。可见，其构词方式已经有了改变："单音节+性/化"的双音节格式已成为弱化的格局，代之而起的是"双音节+性/化"的势头，呈现三音节化的趋势。改革开放以后，"性、化"的能产性增强、构词形式的变化，究其原因，恐怕至少有三点：一是改革开放以来，外来语和外来观念对汉语和汉族人的巨大影响，使人们乐于接受外来概念词；二是外语，特别是英语中的后缀"ize、tion"与汉语中的"化、性"的固有义极其吻合，并且符合汉语自身的构词方式；三是因为汉语中双音节词占优势，"双音节+性/化"的格式表意更加明确，并且不受什么限制，能够自由地构成新词。当然，这些新词和"老"等词缀构成的新词一样，有一些具有一定的临时性和偶然性，是否能成为汉语词汇系统中的正式成员，还需时间的验证。

（二）类化词性特征逐渐弱化

为了论述的方便，这里用"X"表示"化、性"所构词中前面的构词成分。一般来说，"化"构成的多是动词，"性"构成的多是名词。但如果把二者所构成的词进行细致的分析，可以发现这些词的动词性和名词性的特征是有层级差别的。首先以"化"为例进行说明。

据观察，"化"所构成的动词可分为四类，分别表示为"X化1、X化2、X化3、X化4"。属于"X化1"的有"美化、丑化、激化、简化、净化"。它们的语法特点是能带宾语，不受程度副词修饰。属于"X化2"的有"异化、同化、淡化、弱化、简单化、合理化、明朗化、特殊化、公开化"等。它们的语法功能类似于不及物动词，不能带宾语，绝大多数可以在简单主谓结构中作谓语中心，一般不受程度副词修饰。属于"X化3"的有"女性化、男性化、自动化、专业化、标准化、形象化、理想化、民主化、机械化、概念化、国际化、贫困化、舞台化"等。这些词一般能受程度副词修饰，大多不能单独作谓语，但受副词修饰后可以在简单主谓结构中作谓语。属于"X化4"的有"全球化、知识化、语法层次化、标准化、股份化、标准化、智能化、系统化、法律化、试题化"等。它们的语法特点是不能受程度副词修饰，只有在受"已经、刚刚"等副词修饰后才能在简单主谓结构中充当谓语。

通过比较，可以发现"X化1"具有及物动词的特征，动词性最强，可以看作比较典型的动词。而"X化4"基本不具备典型动词的特征，动词性最弱，是典型性最低的成员，反而具备了名词的某些特征，受"已经、刚刚"等副词修饰后可以充当谓语，有些名词也具有这种语法特征，如"他才七岁""刚刚十点"等。而"X化2、X化3"则处于中间状态。"X化2"虽然加上其他的连带成分可作谓语，但一般不受程度副词修饰，不能带宾语，因此，比"X化1"的动词性要弱一些。"X化3"不能单独作谓语，并且能受程度副词修饰，具有了形容词性的某些特征，所以比"X化2"的动词性又要弱一些。这样，就可以归纳出"X化"的动词性的层次序列①：X化1>X化2>X化3>X化4。

在这个层次序列中，"X化1"中的"X"为单音节形容词，其中的词多是改革开放前出现的。而"X化4"中的"X"是双音节或多音节的名词，其中改革开放以后的词占了很大的比例。"X化3"中的"X"也都是双音节词，"X化3"也大多为改革开放以后的词。"X化2"中的"X"单音节多、双音节少，"X化2"多为以前构成的词。这样看来，当今的"化"尾动词与传统构词比较，其动词性特征越来越不明显、逐渐弱化。

类词缀"性"以前所构成的词中，大多数为名词，其句法功能主要是充当主语和宾语，区别词所占比例较少，只有"慢性、急性、恶性、大陆性、海洋性"等少数几例。如今，"性"在继续构成名词性词语的同时，构成的新词大多具有这样的句法功能：首先，新构词最主要、最基本的句法功能是充当定语，带不带"的"基本上是任意的，如"过敏性皮肤、一次性纸杯、实质性问题、纲领性文件、应急性措施、标志性建筑、灾害性天气、财产性收入、创新性成果、规范性文件、转折性变化、功利性阅读"等，当然这些短语中加上"的"也未尝不可。其次，"X性"后加"的"，可以充当宾语，如"麻醉是全身性的""这篇文章是纪实性的"等。再次，大多数"X性"可以用"非"否定，而不宜用"不"否定，一般也不受"很"来修饰，这样又和形容词区别开来。这样看来，新构词的基本句法功能比较接近于区别词，它们的名词特征也开始弱化。

（三）虚化程度不断提高

虽然"性、化"早已具备了类词缀的特性，但改革开放以后，其类词缀的性质也

---

① 张云秋：《"化"尾动词功能弱化的等级序列》，《中国语文》，2002年第1期。

越来越明显，主要表现在意义的虚化程度不断提高、作为类词缀在构词语义上的羡余性和游离性不断增强上。像前面提到的改革开放之前出现数量较多的"X化1、X化2"中的"化"基本上不能省略，如"美化生活、简化过程、关系恶化、岩石风化、思想僵化"中的"化"一般不可缺少；而在"X化3、X化4"中的"化"基本上可以省略，"X"和"X化"的组合能力差不多。像"规范化程度越来越高、生活贫困化、机器很现代化、产品多样化"等中的"化"都是可有可无的，具有一定的羡余性和游离性，也说明"X化3、X化4"中的"化"比"X化1、X化2"中的"化"的虚化程度要高。"性"的表现也是如此。其实前面提到的两条都是虚化程度不断提高的具体表现。"化"的虚化程度的高低与"化"所构词的动词性的强弱有密切的关系。类词缀"化"是从实义动词"化"不断虚化而来的，其所构词的动词性的不断减弱，也就意味着其表示"变化"的意义不断的减弱甚至消失。如前所述，"性"的名词性特征弱化，区别性特征的增强，也意味着其虚化程度越来越高。

第六章 现代汉语多义不成词词素研究

关于现代汉语多义词素的研究，近年来，除了孙银新的《现代汉语词素系统研究》一书对多义词素从词汇和语法层面做了较为系统的研究外，其他研究成果并不多见。这种状况的出现一方面是由于目前词素义的研究尚未引起词汇学界的重视，另一方面是由于词素义和词义有时很难区分，二者有时可以相互转化，所以研究词义时也会涉及词素义。尽管如此，词素作为汉语的一级语言单位，对多义词素的系统研究仍是必不可少的。由于成词词素义和词义基本一致，而不成词词素义与词义的区别较大，且少有学者涉及，因此本章主要研究多义不成词词素义。主要论述现代汉语多义不成词词素的判定、现代汉语多义不成词词素概况、多义不成词词素的特征，以及多义不成词词素义项的生成手段和方式等。

第一节 现代汉语多义不成词词素的判定

根据学界对多义词的界定，多义词素可以概括为：有两个或两个以上具有一定语义联系的义项的词素。那么，多义不成词词素，就是这个词素至少有两个义项，并且其中至少有一义项不能独立成词。例如，"腻"共有六个义项，分别为：①食品中油脂过多。②因食品中油脂过多而使人不想吃。③腻烦；厌烦。④润泽细致。⑤黏。⑥污垢。在这六个义项中，①②③⑤都可以独立成词，也可以和别的词素构成词，所以它们既是词义，也是词素义，④⑥是不成词词素义，它们彼此之间有着语义联系。因此，"腻"是现代汉语多义不成词词素，共有六个义项。

本章对多义不成词词素的判定，主要依据《现代汉语词典》对词素的释义，但又不完全一致。在翻检《现代汉语词典》的过程中发现，现代汉语多义词素的具体判定并不像理论上界定的那样简单，需要进一步明确多义词素与相关语言单位的划界问题。下面进行具体分析。

一、以现代汉语为共时平面

判定多义词素尤其是不成词多义词素，共时和历时的区分显得尤为重要。因为语言是发展的，语言中的词素义也在不断变化。有的词素在古代汉语中是单义的，在现代汉语中可能发展为多义的。有的词素在古代汉语中是可以独立成词的,在现代汉语中可能只是不成词词素,不能独立成词。因此,单义与多义,成词词素义与不成词词素义等就形成了比较复杂的情况。例如,"歧"在古代汉语中是一个成词词素,《列子·说符》中有:"歧路之中又有歧焉,吾不知所之,所以反也。"《现代汉语词典》共收录两个义项:①岔(道);大路分出的(路)。②不相同;不一致。在现代汉语中,"歧"的两个义项都不能独立成词,而且这两个义项之间有着语义联系,因此"歧"可以看作是多义不成词词素。

《现代汉语词典》在凡例中指出:分析意义以现代汉语为标准,不详列古义。这很有利于对现代汉语多义词素的判定。不过需要指出的是,《现代汉语词典》在释义时,有时也会指出其古义。例如,"钞²":①旧同"抄¹"①。②选取;选编(多用于集子名)。"钞²"的①义项只是在古代汉语或近代汉语里使用,在现代汉语阶段已经不再使用,现代汉语阶段使用的只有1个义项,也就是②义项。从这个角度来看,"钞²"只是个单义词素,不是多义词素。

因此,现代汉语多义不成词词素的判定,必须限定在现代汉语共时层面上,否则,很容易出现判断不准确的情况。

二、有两个或两个以上义项,并且至少有一个义项为不成词词素义项

多义不成词词素必须有两个或两个以上的义项,否则只是单义词素。单义词素和多义词素,从理论上来看,好像非常容易区分,但是在实际语言中,涉及具体词素的判定,有时也不太容易。有一种情况有时会影响到多义词素的判定,如"螭":①古代传说中没有角的龙。古代建筑或工艺品上常用它的形状做装饰。②同"魑"。而"魑"只能作为一个音节存在于"魑魅"中,不是一个词素,因此②不是词素义。这样看来,"螭"不能看作多义词素。类似的还有"砝":①用于地名。②见"碜砝"。而"碜砝"又是一个联绵词,"砝"在其中不是词素,只是一个音节。所以,"砝"也不是多义词素。

还有一种情况会影响到词素义项数量的判断,就是多义词素与同形同音词素的区分。同样,多义词素和同形同音词素在理论上很容易区分,主要在于彼此意义之间是否有联系,但由于词素意义密切而难以切分,实际面对的语料十分复杂,有时很难区分清楚。

如在《现代汉语词典》中,凡是一个词素既有其他义项,同时又可以表示姓氏时,

一般表姓氏的意义都列为该词素的最后一个义项，而不管它们意义之间是否有引申关系。比如"凡¹"：①平凡。②宗教和神话中称人世间。③姓。再如"敦"：①诚恳。②督促。③姓。当然，这种编写体例可以在一定程度上减少词典同一字头下的条目数量，但是对多义词素的判定却起了一定的迷惑作用。由于在现代汉语中，表姓氏的义项大多与其他义项在意义上没有关联，再加上受时间和精力所限，笔者没有一一对它们进行考证，在判定多义词素时，一般不把姓氏义看作多义词素的其中一个义项，而看作是同形同义词的义项。例如"慎"：①谨慎；小心。②姓。再如"贺"：①庆祝，庆贺。②姓。这两个词素的姓氏义项与另外一个义项关系不大，彼此没有语义联系，应该看为同音词素的义项更为合适，因此"慎""贺"在现代汉语中只是单义词素，而非多义词素。此外，在《现代汉语词典》中，许多词素的意义都有表示地名、人名的义项。例如"朏"的释义是：①新月开始发光。②用于地名。"芾"的释义：①草木茂盛。②同"黻"。宋代书画家米芾，也作米黻。一般说，地名中词素义如果追溯其源头，一般会找到与其原义的关系；但这种关联往往会在时间的长河中不断被消磨，甚至完全消失，在现代汉语的语境下，有时很难再找到其发展线索。而人名词素虽然与原义联系密切，但是不具有普遍性。因此在判定的时候，一般不把地名、人名的意义作为现代汉语多义词素的一个义项，像"朏""芾"这样的词素也就不被看作多义词素。

　　除了有两个以上的义项外，在这些义项中，还须至少有一项为不成词词素义，才能看作不成词多义词素。例如，在《现代汉语词典》中，"阖"有两个义项：①全，总共。②关闭。这两个义项在现代汉语中都是不成词词素，所以，"阖"是多义不成词词素。再如，"扼"也有两个义项：①用力掐住。②把守；控制。其中义项①可以独立成词，义项②不能独立成词，只能和其他词素共同构成词，是不成词词素。也就是说在这个多义词素中，只有一个义项是不成词词素义项，这种情况也看作是多义不成词词素。理由如下：其一，本章主要研究多义词素之间的语义关系，为了突出词素意义之间的关系，以显示出与多义词的不同，所以选取了不成词词素作为研究对象；而有的多义词素虽然只包含一个不成词义项，但也能反映出它与多义词词义的不同。其二，作为成词词素的义项除了独立成词外，也可以和其他词素构成新词，这也是不成词义项的重要功能。例如，"扼"的①义项，既可以独立成词，也可以和词素"杀"构成词"扼杀"。其三，词素义是不断发展变化的，成词词素和不成词词素的身份可以互相转化，转化的过程也是词素义生成演化的过程，因此，把包含至少一项不成词词素义的词素看作不成词词素，更加有利于对多义词素进行研究和观察，使研究更为科学和全面。

《现代汉语词典》中"昇"的释义如下：①见"升¹"。②用于人名，毕昇，宋朝人，首创活字版印刷术。③姓。笔者认为用于人名这一义项没必要单列出来，因为人名的意义应该不会脱离其原有义而生成新的义项，②可以合并到①中。由于表示姓氏的③义项可以单列出来，《现代汉语词典》中的"升¹"的释义是①由低往高移动（跟"降"相对，下同）。②（等级）提高。可见，"升¹"是一个成词词素，没有义项是不成词词素的意义。根据前面的判定标准可以断定，"昇"不是多义不成词词素。

三、词素的同素异形问题

所谓同素异形是指同一个词素采用不同的书写符号来记录的情况，也就是说，某些词素，虽然语音形式的语义内容完全一致，但却有不同的书写形式。同素异形的问题在古代汉语中较为常见。由于古文字发展不成熟，文字异形的情况较为常见，随着汉字系统的不断成熟，在现代汉字中这种现象逐渐减少，但仍然存在。例如，"厂（ān）"在《现代汉语词典》中的释义为"同'庵'（多用于人名）"，也就是说"厂（ān）"和"庵"是同一个词素的不同书写形式，并且《现代汉语词典》把"庵"作为词素的规范形体。像这种情况，在统计词素数量的时候，把它们作为一个词素，只统计相应词素的规范形体。

综上，只有按照上面三个条件进行判断，才能准确识别现代汉语中的多义不成词词素，才能对其进行较为系统和全面的认识，进而给予较为科学的描写和研究。

第二节 现代汉语多义不成词词素的概观

根据判断现代汉语多义不成词词素的条件，笔者对《现代汉语词典》中的多义不成词词素进行了封闭性的识别统计，共得到2860个多义不成词词素。按音序排列如下。

A

阿（ā）2①、哀3、傲2、隘2、蔼2、安18、庵2、岸3②、按15、按2、案7③、

---

① 词素后面的数字表示该词素的义项数。
② 《现代汉语词典》中"岸"共有四个义项，其中第四个义项为表示姓氏的义项，按照我们的判断标准，姓氏义项不算多义义项，因此"岸"只有三个义项。
③ 《现代汉语词典》中"案"共有六个义项，其中第六个义项为"⑥同'按²'"，而"按²"又有两个义项，因此，"案"共有七个义项。

暗（àn）4、卬3、昂2、燠2、鼻2、奥2、骜2、墺2、澳12

B

巴16、吧（bā）22、耙2、拔7、把（bǎ）13、坝4、罢（bà）3、霸4、掰3、白110、白34、百2、败9、拜（bài）6、稗2、班7、板110、版5、半4、帮7、梆3、榜（bǎng）3、膀（bǎng）2、傍3、谤2、包13、胞3、褒2、饱5、宝4、保7、鸨2、报11、刨（bào）2、暴（bào）13、暴（bào）22、陂（bēi）3、杯2、卑4、悲2、北12、贝12、备6、背（bèi）11、倍2、悖3、被6、辈3、奔（bēn）3、犇4、锛3、本11、本25、全23、坌32、伻2、祊2、崩5、绷（bēng）17、迸2、逼4、锅（bī）2、鼻2、匕2、比24、疕2、秕3、笔6、鄙4、毕3、闭3、闷2、毙4、庳2、敝3、辟（bì）12、辟（bì）23、碧2、弊2、壁5、璧3、奰2、襞2、甓2、边9、砭3、编8、鞭6、碥2、卞2、变8、昇2、便7、标9、彪2、猋2、摽（biāo）2、表11、裱2、摽（biào）22、别（bié）13、别（bié）23、滨2、濒2、膑2、髌2、冰4、兵4、丙2、秉3、柄6、饼2、屏（bǐng）2、禀3、病6、波3、播5、伯（bó）12、驳3、泊（bó）13、博13、博22、搏3、箔12、箔22、镈2、薄（bó）17、襮2、簸（bǒ）2、逋2、卜（bǔ）3、补4、哺2、布12、布23、步17、部8、埠2、蔀2

C

猜2、才12、材4、裁7、彩7、菜5、参12、参22、餐3、残4、惨3、慅3、璨2、仓2、苍3、操7、曹12、草8、册3、测2、策15、策23、岑2、涔2、层3、茶7、差（chāi）3、禅（chán）2、躔2、镵2、产5、焯3、忏2、昌2、倡（chāng）2、长（cháng）5、肠3、常4、偿2、场（chǎng）8、昶2、铑2、畅2、倡（chàng）3、弨2、超4、巢2、朝（cháo）6、潮14、车（chē）6、掣3、綝（chēn）2、臣2、尘2、辰23、陈12、宸2、谌（chén）2、堔2、衬4、趁4、称（chēng）14、偁4、成19、呈3、承5、城4、乘13、程5、惩2、澄（chéng）2、橙2、逞3、骋2、吃18、痴4、池4、弛3、驰3、迟2、持6、尺4、齿6、侈2、耻4、褫2、斥14、赤7、饬3、炽2、翅4、冲15、充4、浣2、虫2、崇2、紬（chōu）2、笪2、瘳2、雠2、仇（chóu）2、俦2、帱（chóu）2、畴2、酬5、稠2、愁2、筹4、裯2、丑25、出113、初7、刍2、除14、厨2、锄3、雏2、处（chǔ）5、杵3、楮2、储4、楚12、绌2、俶（chù）2、触4、川3、传（chuán）7、舛3、僢3、踳3、串8、创（chuāng）2、疮2、床4、幢（chuáng）2、垂4、棰5、锤4、春4、椿2、辐2、醇3、踔3、踔3、妮2、啜（chuò）2、惙3、绰（chuò）2、歠2、茨2、瓷2、辞13、辞24、慈3、泚3、次7、刺（cì）7、赐3、葱2、聪3、熜2、

第六章 现代汉语多义不成词词素研究

从9、丛4、惊2、辏2、徂4、促3、酢（cù）2、醋2、踧2、簇3、蹙2、蹴（cù）2、镞2、窜3、攒2、催2、摧2、倅2、萃2、粹2、翠3、存8、寸3、磋2、撮（cuō）7、蹉2、瑳2、挫2、垩2、厝3、措2、错32

D

达5、怛2、砝2、笪2、答（dá）2、大（dà）17、代6、迨2、带12、殆2、贷4、待（dài）23、怠2、戴2、黛2、丹2、单（dān）9、旦12、诞12、啖12、淡6、弹（dàn）2、蛋3、瘅（dàn）2、啴2、赕2、憺2、当（dāng）19、珰2、党14、当（dàng）16、当（dàng）22、宕2、荡15、荡32、档7、筜2、刀4、导4、祷2、蹈3、倒（dǎo）5、焘（dào）2、盗2、道111、道34、得（dé）10、德3、登7、镫（dēng）4、簦2、等16、磴2、氐（dī）2、滴4、敌4、笛2、嫡3、翟（dí）2、抵17、底（dǐ）17、地（dì）14、帝3、递2、娣2、第12、谛2、墬14、颠12、巅23、典15、点120、电5、甸2、玷2、靛2、雕13、吊16、钓2、调（diào）13、掉23、迭3、谍2、牒2、叠2、丁13、鼎14、订4、定7、锭3、东3、董2、动8、栋2、洞（dòng）4、恫（dòng）2、胴2、斗（dǒu）9、蚪2、陡2、斗（dòu）9、逗22、窦2、都（dū）3、独6、读（dú）4、渎2、黩2、笃3、堵4、度（dù）14、蠹2、端14、端23、堆5、对15、憝2、敦（dūn）2、墩5、钝2、盾12、顿（dùn）16、遁2、多8、咄2、剟3、掇2、夺6、埵2、柁（duò）2

E

阿（ē）13、讹2、吪2、哦2、额3、厄3、扼2、呃2、垩3、恶（è）3、阏（è）2、遏2、儿14、儿22、栭2、尔5、耳13、饵3、二3、贰2

F

发（fā）17、乏3、伐12、法16、帆2、藩3、凡12、凡23、烦5、蕃（fán）2、燔（fán）2、繁（fán）2、反9、犯4、饭4、泛（fàn）5、范14、贩2、畈2、梵2、方10、坊（fāng）3、芳4、枋3、钫2、防3、房16、仿13、访2、纺2、昉2、放17、飞6、非18、蜚（fēi）6、霏2、肥8、菲（fěi）2、废5、分（fēn）9、纷2、粉8、分（fèn）13、份（fèn）3、奋2、粪3、丰13、风（fēng）11、封12、封23、峰3、锋3、蜂3、奉6、赗2、缶2、否（fǒu）4、夫（fū）4、肤2、柎2、跗2、敷3、伏16、扶3、拂3、茀2、服（fú）8、绂4、祓2、洑（fú）2、袯2、浮8、桴12、符4、幅3、幞2、黻2、襆3、父（fǔ）2、抚4、斧2、府5、俯（fǔ）2、辅2、脯（fǔ）2、腐2、父（fù）2、讣2、付12、负11、妇3、附3、阜2、赴4、复12、复25、袝2、副14、赋2、

赋32、傅12、傅22、富4、腹3、覆5

G

该42、陔3、赅2、丐3、勾3、盖110、概13、概22、干（gān）23、干（gān）510、甘2、敢5、感6、干（gàn）12、干（gàn）24、肝2、扛（gāng）2、㭎2、杠（gāng）2、纲3、缸3、港5、杠（gàng）7、高7、膏（gāo）3、櫜2、告5、诰3、割2、歌2、革（gé）3、阁（gé）4、格15、槅2、个（gè）12、个（gè）22、根10、更（gēng）3、庚2、耕2、埂3、耿2、梗5、鲠3、工19、弓5、公16、公24、功4、供（gōng）4、宫15、躬2、拱4、共（gòng）5、贡3、供（gòng）12、勾17、句（gōu）28、钩8、苟12、构13、诟2、垢3、姤2、冓2、媾3、沽12、孤4、姑14、辜2、酤3、觚2、古5、谷（gǔ）23、骨（gǔ）3、贾（gǔ）5、罟2、鼓7、榖5、瞽2、盬3、固16、故14、故23、顾7、牿2、锢2、栝（guā）2、寡3、诖2、乖22、拐15、怪5、关12、观（guān）3、官13、冠（guān）2、矜（guān）2、倌2、馆5、痯2、管13、毌5、贯5、冠（guàn）4、盥2、爟2、光11、广（guǎng）13、桄（guàng）3、归8、圭12、规4、闺2、瑰2、轨4、皈2、佹3、诡2、鬼8、晷2、贵5、桂14、绲3、磙2、棍2、郭2、锅3、国4、果5、过（guò）12

H

哈3、骸2、海7、醢2、害（hài）7、酣2、憨2、涵2、寒3、汉4、闲2、旱4、悍2、颔2、瞫2、行（háng）5、迒2、航2、号（háo）2、毫7、豪4、壕2、嚎2、好（hǎo）15、号（hào）12、号（hào）24、昊2、浩2、皓（hào）2、灏4、禾2、合18、和（hé）14、和（hé）25、河3、核13、核22、阖2、吓（hè）2、荷（hè）4、隺2、獦（hè）2、褐2、黑7、恨2、恒3、横（héng）10、衡5、横（hèng）2、哄（hōng）2、烘2、弘2、红（hóng）5、闳2、泓2、洪2、鸿3、蕻（hòng）2、侯（hóu）2、后16、后22、厚8、候12、候23、乎22、怃22、弧2、胡13、搰2、虎13、户5、护2、㚄2、戽2、嫭2、花117、华（huá）18、华（huá）32、化（huà）18、划（huà）13、画13、画24、怀5、欢3、还（huán）3、环4、貆（huán）2、缳2、缓4、幻2、奂2、宦2、浣2、患3、皖2、荒9、皇2、黄7、恍2、谎2、灰5、挥4、晖3、辉4、麾2、徽12、回18、毁4、汇13、汇22、会110、会26、讳3、贿2、晦4、秽2、惠4、豗2、譓2、昏2、荤（hūn）3、阍2、婚2、浑4、魂4、溷2、恩2、活8、火8、伙5、货4、获3、祸2、惑2、嚄（huò）2、豁（huò）2、镬2

J

击3、玑2、机8、奇(jī)2、阡2、积4、屐2、姬3、基3、赍2、畸3、箕3、稽12、赍2、激6、羁3、及5、级4、极5、即7、急7、疾13、臸2、棘3、集6、辑2、嫉2、瘠2、籍4、给(jǐ)2、脊2、掎2、戟2、计6、记6、伎2、齐(jì)2、纪(jì)23、忌4、际6、季5、剂5、迹4、济(jì)3、既4、继2、寄4、寂2、绩2、暨2、塈3、霁2、暨2、稷2、骥2、夹(jiā)5、柙2、家(jiā)11、家(jia)2、嘉2、铗3、甲12、甲23、岬2、假(jiǎ)5、价(jià)3、驾6、架7、嫁2、稼2、奸14、坚3、间(jiān)4、肩2、监(jiān)2、兼2、笺3、渐(jiān)2、缄2、熸2、检2、剪4、简12、简22、戬2、蹇3、謇2、鬋2、见(jiàn)16、件3、间(jiàn)5、建13、荐12、荐22、贱4、牮2、健3、楗2、践2、鉴5、键4、槛(jiàn)2、箭3、江2、将(jiāng)12、疆2、匠2、将(jiàng)2、酱3、交19、娇3、骄2、胶4、焦13、礁2、角(jiǎo)19、挢2、矫(jiǎo)12、脚(jiǎo)4、皦2、叫9、校(jiào)2、较14、教(jiào)12、斠2、徼(jiào)2、醮2、阶2、接6、揭4、嗟2、节19、劫12、劼2、杰2、洁3、结(jié)6、截4、竭2、解(jiě)8、介13、介22、戒5、芥2、届2、界5、借23、藉(jiè)5、今3、金16、斸2、津13、衿5、矜(jīn)3、筋4、禁(jīn)2、襟3、锦3、谨2、厪(jǐn)2、尽(jìn)7、进6、晋12、搢2、禁(jìn)4、墐2、殣2、噤2、茎3、京12、经(jīng)11、荆2、旌2、晶3、精10、井5、颈(jǐng)2、景14、警5、径4、净15、竞2、竟4、靖2、婧2、靓(jìng)2、敬3、靖2、境3、镜2、驹2、扃3、冏2、炅(jiǒng)2、迥2、泂2、纠12、纠22、究2、九3、旧4、臼2、咎3、就8、舅3、拘4、狙2、居8、驹2、椐2、裾2、鞠12、局18、局24、局32、沮(jǔ)2、矩2、举8、句(jù)2、拒2、具13、具23、矩2、据(jù)4、踞2、遽3、镢2、捐3、蠲2、卷(juǎn)5、卷(juàn)4、倦2、狷2、眷2、决14、诀12、觉(jué)4、绝8、谲2、君2、钧2、俊2、峻2、畯2、胭2

K

卡(kǎ)5、开117、慨3、楷(kǎi)2、刊3、勘2、堪2、坎13、侃12、欿2、看(kàn)9、衎2、瞰2、康12、亢(kàng)4、伉2、抗3、考14、考22、铐2、靠15、苛2、珂2、柯2、科17、可(kě)17、渴2、克14、刻7、客9、课22、恳2、指3、坑4、空(kōng)3、恐3、口12、叩3、寇2、枯5、堀3、窟2、苦6、酷12、跨4、快8、脍2、款12、欸2、匡4、狂4、圹2、旷4、况12、盔3、窥2、揆2、魁3、睽2、馈2、溃(kuì)4、坤2、昆12、阃3、困6、括3、阔3、廓4

L

腊(là)2、来13、莱2、睐2、赖16、癞2、籁2、兰3、栏6、阑12、阚2、谰2、篮3、缆3、烂5、滥3、郎4、琅2、朗2、浪4、劳6、牢4、醪2、老16、潦(lǎo)2、涝2、酪2、乐(lè)3、勒14、雷3、礌2、羸2、耒2、诔2、垒3、累13、蘽3、类3、冷8、厘(lí)4、黎12、蠡(lí)2、礼4、里23、理6、醴2、力4、历14、历²2、厉2、立9、吏2、励2、利5、沥2、枥2、例5、疠2、渗2、戾2、隶4、轹2、俪2、砺2、怜2、帘2、莲2、涟2、联2、廉2、敛3、练4、炼3、恋2、良3、凉(liáng)4、梁15、量(liáng)2、粮2、梁2、谅2、量(liàng)4、聊13、僚2、寥3、缭2、料12、列6、埒2、烈5、猎2、躐2、邻3、林3、临4、鳞2、凛3、廪2、懔2、灵5、铃3、凌13、陵3、舲2、翎2、羚2、怜(líng)2、零8、龄3、岭3、领10、令(lìng)16、令(lìng)³2、溜(liū)16、留7、流18、旒2、柳2、溜(liù)2、龙4、栊2、笼(lóng)4、隆(lóng)4、癃2、垄3、笼(lǒng)2、娄3、楼4、陋5、瘘2、漏5、纴2、庑4、鲁12、录4、辂2、赂2、碌(lù)2、路8、僇2、簏2、露(lù)12、露(lù)²2、闾3、旅13、旅²3、缕3、履4、律4、虑4、氯2、銮2、乱6、掠3、略14、伦3、沦2、纶(lún)3、轮5、论(lùn)6、罗17、裸2、络(luò)4、落(luò)11

M

妈3、麻16、马2、码13、埋(mái)2、卖5、脉(mài)4、蛮4、满17、曼2、漫6、慢4、庬(máng)2、盲4、茫2、铓2、莽12、蟒2、毛19、卯2、茂2、冒(mào)4、楙3、貌2、瞀3、懋2、眉2、媒2、美15、浼2、妹3、昧4、媚2、魅2、门13、杳(mèn)2、闷(mèn)2、懑2、萌2、蒙14、盟4、猛3、孟2、弥3、迷4、糜3、米13、靡(mǐ)12、秘4、密5、幂3、蜜3、眠2、绵3、棉2、免3、勉2、冕3、偭2、愐2、面10、苗16、杪2、眇2、渺3、貌2、庙4、灭5、蔑12、民4、旻2、缗2、闵2、悯2、敏2、名8、明19、鸣3、冥4、铭2、瞑2、瞑2、命23、模(mó)4、摩13、磨(mó)6、魔2、末(mò)14、没(mò)16、沫2、莫4、昧2、秣2、漠2、墨19、默2、谋3、模(mú)2、母5、木6、目8、沐2、幕5、慕2、暮2

N

纳15、衲2、奶5、奈2、男12、南(nán)2、难(nán)3、难(nàn)2、婻2、囊(náng)3、挠3、铙2、恼3、脑5、臑2、馁3、内4、能(néng)4、泥(ní)2、拟5、泥(nì)2、逆6、腻4、溺(nì)2、年10、碾3、念12、娘3、酿5、捏5、臬3、涅2、闑2、镊2、蹑3、孽3、宁(níng)3、凝2、佞2、牛14、扭6、纽4、钮3、农2、

奴4、孥2、弩2、怒2、女3、衄2、胸2、虐2、诺2、搦2

O

讴2、瓯12、偶2、耦3

P

帕2、帕12、俳2、排19、排23、牌6、派（pài）18、扳（pān）4、攀4、爿2、盘10、槃3、磐2、判4、泮2、盼2、畔2、雱3、滂2、庞12、抛4、泡（pāo）12、庖2、炮（páo）2、奋2、陪2、培2、佩3、配10、盆2、烹2、朋3、批12、批3、披3、砒2、铍（pī）2、劈（pī）6、皮10、毗2、疲2、匹12、庀2、否（pǐ）2、痞2、擗2、辟（pì）13、僻3、偏6、篇3、片（piàn）6、剽2、缥（piǎo）2、票5、嫖2、骠（piào）2、贫13、频2、品7、聘4、乒2、平10、坪2、凭5、屏（píng）4、嵊4、颇2、婆3、皤2、迫（pò）3、魄2、剖2、抔2、掊（póu）2、哀2、掊（pǒu）2、仆（pú）2、蒲12、樸2、溥2、谱6

Q

凄3、期（qī）5、欺2、颠2、齐（qí）17、奇（qí）3、歧2、祈2、脐2、跂（qí）2、骑4、琦2、棋3、锜2、憔2、旗5、启5、起15、绮2、气14、讫2、迄2、泣2、契4、砌（qì）2、碛2、器5、卡（qiǎ）5、洽3、恰2、千12、阡2、扦4、迁3、牵3、悭2、愆2、搴3、搴2、钤3、前8、钱15、钳3、乾（qián）2、潜4、浅（qiǎn）8、遣2、谴2、欠12、倪2、茜（qiàn）2、椠2、歉2、抢（qiāng）2、羌2、枪13、腔6、强（qiáng）6、墙2、侨2、翘（qiáo）2、樵2、巧4、悄（qiǎo）2、诮2、峭2、窍2、切（qiè）5、妾2、怯23、窃4、挈2、锲2、钦2、侵2、亲（qīn）11、衾2、禽2、勤14、梫2、寝4、青5、轻9、倾6、卿3、清10、情6、檠2、黥2、顷3、庆2、磬2、邛6、茕2、丘4、邱4、秋15、囚2、求4、虯2、酋2、球5、糗12、糗22、区（qū）3、曲（qū）14、诎6、驱5、屈4、胠2、祛2、趋2、渠12、取3、去（qù）12、趣3、权6、全4、诠2、泉3、轻2、铨2、鬈2、劝2、阙（quē）5、却5、确13、阕2、阙（què）2、窘2、裙2、群4

R

然4、壤3、攘4、饶4、扰3、热10、仁12、忍2、稔3、刃3、任（rèn）15、纫3、衽2、仍3、日8、戎12、茸2、荣3、绒3、容23、镕2、融3、冗3、柔4、揉3、鞣2、肉5、如17、儒2、濡2、乳6、辱1、入5、锐3、睿2、润5、若（ruò）12、弱6、箬2

S

三2、伞2、散(sǎn)3、嗓2、丧(sàng)2、骚2、骚3、扫(sǎo)4、嫂3、色(sè)7、涩4、森3、杀6、沙(shā)12、纱4、铩2、厦(shà)2、筛13、山4、芟2、衫2、扇(shān)3、煽2、陕2、讪2、扇(shàn)3、掸(shàn)2、善9、缮2、擅3、嬗2、赡、伤5、殇2、商15、商22、晌2、赏22、上(shàng)118、尚12、艄2、捎2、少(shào)2、劭2、哨13、奢2、舌3、设4、社3、舍(shè)14、射4、涉3、摄12、申12、身8、绅2、审5、谂2、生19、生34、声6、牲2、绳3、圣5、胜15、晟(shèng)2、盛(shèng)7、尸2、失7、师16、师22、施4、酾2、十2、什(shí)2、石(shí)3、时11、识(shí)3、实5、拾(shí)12、食(shí)6、蚀2、寔2、史3、叟3、使5、始3、屎2、士7、氏(shì)4、世6、市5、式5、势6、事6、饰4、试2、视3、贳3、是13、适(shì)13、适(shì)22、室6、逝2、莳(shì)2、释14、谥2、手7、首15、寿5、授2、售2、兽2、书5、抒2、纾3、枢2、叔4、姝2、殊4、梳2、舒3、疏9、输12、赎2、属(shǔ)7、署14、数(shǔ)3、术(shù)3、束4、树3、竖23、恕3、庶13、刷(shuā)13、率(shuài)12、率(shuài)23、栓3、双4、霜3、爽13、水16、顺8、说(shuō)6、铄12、朔12、司2、丝5、私4、思(sī)5、斯12、嘶12、寺3、祀2、姒2、饲2、驷2、耜2、嗣2、松26、凇2、嵩2、怂2、怂2、耸3、竦5、讼2、诵3、颂4、搜2、蒐4、瞍2、嗾3、薮2、酥4、俗4、夙2、诉3、肃3、素6、速12、宿(sù)3、僳2、塑2、溯2、算9、绥2、随5、髓3、岁4、祟2、遂(suì)3、晬2、燧2、邃2、孙4、损5、所14、索22、索32、琐2、锁5、镞5

T

塔2、沓(tà)2、踏(tà)2、踢2、胎14、台17、太4、态3、泰4、滩2、坛15、谈2、弹(tán)7、谭2、坦3、袒2、叹3、炭3、探7、汤(tāng)5、唐12、堂7、塘4、樘(táng)2、膛2、韬3、陶(táo)13、淘22、绹2、讨5、套19、特16、腾4、滕2、梯3、荑(tí)2、提(tí)9、啼2、体(tǐ)6、屉3、涕2、悌2、替3、殢2、薙2、天12、田12、佃(tián)2、恬2、钿(tián)3、填3、拣(tiǎn)2、觍2、腆、觍(tiǎn)3、桃2、条6、调(tiáo)6、帖(tiē)2、贴(tiē)15、贴22、帖(tiě)5、铁6、桯2、亭12、庭2、停14、町(tǐng)2、挺7、梃(tǐng)3、艇2、通(tōng)11、同(tóng)9、童4、统13、痛3、偷2、头13、头(tou)2、投18、突5、图5、荼2、徒9、涂15、屠2、土17、湍2、团10、抟2、推10、隤3、颓3、蜼2、腿3、蜕3、屯(tún)3、托13、托23、侻(tuō)2、挩2、脱7、驼2、砣2、唾3

W

洼2、娃3、瓦12、崴(wǎi)3、外18、弯4、湾3、丸3、刜2、完5、玩23、顽13、挽15、晚7、婉3、碗2、万(wàn)3、尪2、汪14、亡5、王(wáng)6、枉4、往4、妄2、望12、危6、威2、微6、为(wéi)14、为(wéi)32、违2、围4、帏2、闱2、维12、伟2、伪2、尾(wěi)5、纬3、玮2、委(wěi)14、委(wěi)32、萎2、猥2、鲔2、卫12、为(wèi)4、位6、味6、畏2、胃2、谓2、尉(wèi)2、煟2、蔚(wèi)2、慰2、温6、文15、闻5、吻3、揾2、翁4、瀚(wěng)2、窝10、沃2、卧6、渥2、乌12、圬2、污4、洿2、无(wú)4、芜3、午2、伍3、迕2、忤2、武13、舞6、兀(wù)2、务4、扤2、坞3、物3、误5、鹜2、雾2、痦2、鋈2

X

夕2、西3、析2、息7、晞2、悉2、惜3、晰2、稀5、禽2、栖2、溪2、熙3、噏4、熹2、燨2、习3、席5、袭23、隙2、橄2、洗(xǐ)9、徙2、喜5、戏(xì)3、饩3、系(xì)18、邰4、舄2、隙4、隙4、侠2、遐2、暇2、辖2、下21、先6、鲜(xiān)6、闲4、贤3、弦5、娴2、衔15、咸2、嫌3、显3、险5、现5、限3、线9、宪2、陷6、羡2、芗2、香8、厢4、箱2、骧2、详3、享2、响5、饷2、向15、向22、项23、相(xiāng)17、相(xiàng)24、象22、枭4、消4、绡2、销15、销22、霄2、小9、晓3、孝3、哮2、协3、邪(xié)4、胁2、挟4、谐3、絜(xié)2、携2、撷2、写(xiě)4、绁2、屑3、械3、龄2、亵2、渫2、谢4、心4、芯(xīn)2、辛13、新7、薪2、镡(xín)2、信10、焮2、兴(xīng)6、星6、惺2、腥2、煋2、刑2、行(xíng)12、饧(xíng)3、形4、型2、钘2、硎2、省(xǐng)3、醒5、幸6、性6、凶6、兄3、匈2、胸4、雄4、复2、休14、修18、羞14、朽2、秀16、岫3、臭(xiù)2、绣2、锈3、讨2、旴2、吁(xū)2、须32、虚9、谞2、墟2、需2、嘘(xū)5、缡2、许15、许22、湑(xǔ)2、醋2、序14、序22、叙6、恤2、砮2、绪4、续2、絮14、絮22、婿2、蓄3、轩23、宣5、谖2、揎2、萱2、愃2、儇2、玄3、玹(xuán)2、悬8、旋(xuán)5、曦2、选4、晅2、炫2、眩2、绚3、旋(xuàn)13、楦2、学5、斅(xué)5、雪2、血(xuè)4、勋2、熏(xūn)3、薰23、曛2、旬2、巡2、恂2、峋2、训5、讯3、驯2、徇2、逊3、殉2

Y

丫2、押6、牙13、疋(yǎ)7、哑(yǎ)4、崖2、雅(yǎ)14、雅(yǎ)23、轧12、亚13、烟(yān)7、焉4、阉2、淹4、湮(yān)2、延3、严4、言3、岩3、

炎4、沿4、研（yán）2、颜3、奄（yǎn）2、俨2、衍12、衍²2、剡（yǎn）2、掩4、眼7、偃2、罨2、演4、鰋3、厌3、砚2、艳3、晏2、宴3、验2、谚2、餍2、燕（yàn）²3、谳3、殃2、秧5、扬15、阳8、旸2、炀2、疡2、洋5、仰4、养10、幺（yāo）3、么3、妖4、要（yāo）5、腰5、邀3、窑4、谣2、媱2、瑶12、繇（yáo）3、窈2、药4、要（yào）12、曜3、耀4、爷5、野6、业16、叶12、页2、晔2、烨2、腋2、一10、弋110、衣（yī）3、医3、依4、繄2、仪14、夷13、夷²2、宜3、贻2、姨3、移2、遗（yí）6、疑2、彝12、已4、佁（yǐ）2、倚3、弋2、义6、艺3、艾（yì）2、议3、异5、邑2、役5、易13、易²2、浂3、诣2、轶2、弈2、挹2、益4、埸2、勩2、逸5、裔2、意14、溢2、鲔2、殪2、黳2、臆2、翼6、因5、阴12、音4、姻2、殷（yīn）12、堙2、喑2、阇2、裀2、吟3、银3、淫3、夤2、罶2、引9、饮（yǐn）5、隐3、印4、荫（yìn）3、憖2、英13、瑛2、撄2、缨3、樱2、膺²2、荧2、盈2、莹2、营12、营²2、楹2、赢2、籯2、颖3、影9、应（yìng）4、映2、媵3、膺4、哟（yo）2、佣（yōng）2、拥5、庸12、庸²2、壅2、颙2、咏2、勇2、用7、优13、忧4、幽15、悠12、耰2、尤2、尤12、尤²2、由8、邮3、犹2、斿6、莸2、游5、輶2、友3、有（yǒu）9、莠2、右6、幼2、囿2、诱2、迂2、纡2、淤3、于12、余23、馀3、娱2、渔2、隅2、嵎3、逾2、腴2、瑜2、虞13、愚3、歔3、舆14、与（yǔ）6、宇4、羽13、语（yǔ）4、玉3、驭2、郁²2、育（yù）3、昱2、狱2、域2、念2、欲4、遇3、喻3、御13、寓2、裕2、粥（yù）2、愈12、誉2、豫12、智2、冤4、渊2、鸢2、元15、元²2、员（yuán）3、垣2、原13、原²32、圆7、援3、缘6、源2、辕2、圜7、远4、苑2、怨2、愿24、曰2、约（yuē）9、蒦2、月4、刖2、岳2、说（yuè）2、阅3、悦2、越14、瀹2、云12、筼（yún）2、孕2、运4、酝2、缊（yùn）2、韵3、蕴2

Z

匝3、杂3、仔（zǎi）3、宰12、再2、在8、载13、儎2、嘈2、暂2、錾2、赞3、葬2、藏（zàng）12、藏（zàng）²2、凿13、藻3、皂3、灶3、造25、噪3、则14、则²23、责4、泽4、喷2、仄5、贼6、甑3、札（zhá）3、铡2、鲊2、鲝2、诈3、榨2、斋13、宅2、砦4、寨4、盏2、展4、崭2、栈3、战12、湛2、张7、章16、章²2、彰2、长（zhǎng）8、丈²2、仗4、杖2、障2、昭2、朝（zhāo）2、兆12、诏2、照12、罩5、肇2、折（zhé）19、哲2、谪3、贞12、针5、珍3、真6、箴2、臻2、枕2、轸12、畛2、诊2、阵12、鸩3、振2、震4、镇17、镇²2、征12、征²32、正（zhèng）18、证2、政3、支²2、只（zhī）2、芝2、知5、脂2、榰2、

执 7、直 10、值 6、职 5、絷 3、植 3、跖 3、止 4、旨 2、指 7、趾 2、志 12、志 3、识（zhì）2、帜 2、帙 2、制 4、质 14、质 32、炙 2、治 7、栉 2、致 15、秩 12、铚 2、榍 2、智 2、置 3、锧 2、稚 2、寘 2、踬 2、中（zhōng）10、终 4、钟 2、衷 11、种（zhǒng）6、踵 3、仲 3、众 2、重（zhòng）6、州 2、周 17、诪 2、宙 2、骤 3、籀 2、朱 2、诛 2、珠 2、株 3、潴 2、逐 3、烛 3、主 12、属（zhǔ）2、褚（zhǔ）3、杼 2、注 14、注 23、驻 2、柱 2、炷 3、著（zhù）4、蛀 2、筑 12、挝（zhuā）7、专 4、砖 2、颛 5、传（zhuàn）3、篆 3、妆 3、庄 14、装 15、装 23、壮 14、状 6、追 5、锥 3、缀 3、赘 3、准 25、拙 2、捉 2、灼 2、卓 2、浊 3、酌 3、著（zhuó）14、著（zhuó）22、着（zhuó）14、着（zhuó）22、擢 2、咨 2、姿 2、兹（zī）3、资 7、菑 2、滋 12、子（zǐ）12、子（zi）2、滓 2、自 12、字 9、牸 2、恣 2、渍 4、宗 17、棕 3、纵 24、鳟 2、走 10、奏 3、租 4、菹（zū）2、足 13、足 23、卒（zú）12、卒（zú）23、族 5、诅 2、组 4、珇 2、俎 2、祖 3、纂（zuǎn）2、最 2、罪 4、尊 14、傅 2、昨 2、左 8、佐 2、作（zuò）11、坐 11、祚 2、座 5

第三节 现代汉语多义不成词词素的特征

关于现代汉语中的多义不成词词素，上一节用定量研究的方法确定了其总的数量，大致划定了其范围。那么这些多义词词素的义项数量分布如何，它们呈现出什么特征呢？下面进行简要分析。

一、多义不成词词素义项数量分布特征

根据搜集到的多义词素来看，现代汉语多义不成词词素的义项数量各不相同，最少的有两个义项，最多的有 21 个义项；其义项数量分布情况具体参见表 6-1。

表 6-1 多义不成词词素义项数量分布情况表

义项数	2	3	4	5	6	7	8	9	10	11—15	16—21
词素（个）	1354	582	337	194	129	80	58	42	29	45	10
占总量(2860个)比例（%）	47.3	20.3	11.8	6.8	4.5	2.8	2.0	1.5	1.0	1.6	0.4

如表 6-1 所示，多义不成词词素的义项数量差别较为悬殊，其中，具有两个义项的词素数量最多，有 1354 个，所占比例为 47.3%；其次是具有 3 个义项的词素，

有 582 个，占总量的 20.3%；最多的义项是 21 个。可见，不成词素的义项大多集中于 2—3 个义项，并且随着义项数的增多，其词素的个数也逐渐减少，所占比例也逐步降低。此外，具有 10 个以上义项的词素，在语言交际中的使用频率也较高，具有较强的常用性，使用范围也更为广泛，构词能力也较强，如"下（21①）""点¹（20）""套（19）""正（zhèng）（18）""发（fā）（17）""老（16）"等。反之，具有两个义项的词素中，有相当一部分使用频率也低，如"肇""擢""洚"等，甚至还有一些生僻词素，如"揸""踬""蠖"等，这些词素的构词能力往往也较弱。

二、义项均为不成词词素义的词素义项数量分布特征

所谓不成词词素包括两种情况：一是词素的所有义项都不能独立成词，二是词素的义项一部分可以独立成词，一部分不能独立成词。例如，"圣"有五个义项：①最崇高的。②称学识或技能有极高成就的人。③指圣人。④封建社会尊称帝王。⑤宗教徒对所崇拜的事物的尊称。"圣"的这几个义项都不能独立成词，只能和别的词素构成词。再如，"敛"有三个义项：①收起，收住。②约束。③收集，征收。这三个义项中①②不能独立成词，只能和别的词素构成新词；③既能独立成词，也可以和别的词素构成词。在笔者所统计的不成词词素中，义项全部不能独立成词的词素有 1343 个，占词素总数 2860 的 47%，几乎占到了不成词词素的一半。《现代汉语词典》中全部义项均为不成词词素义的词素按音序排列如下。

A

阿2、哀3、僾2、隘2、薆2、奥2、墺2

B

吧（bā）²2、粑2、膀（bǎng）2、谤2、胞2、褒2、陂（bēi）3、卑4、悲2、悖3、奔（bēn）3、犇4、坌²3、坌³2、伻2、祊2、锛（bī）2、匕2、比²4、疕2、鄙4、毕3、闷2、庳2、敝3、辟（bì）¹2、碧2、弊2、壁5、嬖3、襞2、襞2、躄2、砭3、碥2、弁2、昪2、彪2、猋2、摽（biāo）2、滮2、摽（biào）²2、别（bié）²3、滨2、濒2、脘2、髌2、伯（bó）¹2、博¹3、博²2、搏3、箔¹2、箔²2、镈2、薄（bó）¹7、襮2、逋2、卜（bǔ）3、哺2、埠2、蔀2

---

① 括号内的数字为词素的义项数。

C

参12、璨2、苍3、曹12、策23、岑2、涔2、禅（chán）2、躔2、焯3、伥2、昌2、倡（chāng）2、偿2、昶2、怅2、畅2、弨2、巢2、綝（chēn）2、臣、尘2、辰23、陈12、宸2、埕2、程5、惩2、澄（chéng）2、骋2、弛3、驰3、侈2、耻2、褫2、斥14、饬3、炽2、崇、绸（chōu）2、笤2、瘳2、俦2、帱（chóu）2、畴2、酬5、裯2、刍2、厨2、储2、楚12、绌2、俶（chù）2、舛3、僢3、踳3、创（chuāng）、幢（chuáng）2、辀2、遄3、踔2、娖2、啜（chuò）2、惙3、绰（chuò）2、歠2、茨2、辞13、慈3、泚3、聪3、熜2、悰2、辏2、徂4、促3、誳2、蹙、蹴（cù）2、爨2、漼2、倅2、萃2、粹2、磋2、蹉2、嵯2、垩、措2、错32

D

达5、怛2、砣2、迨2、怠2、黛2、丹2、旦12、诞12、啖12、弹（dàn）2、瘅（dàn）2、啁2、赕2、憺2、珰2、宕2、逿2、导4、祷2、蹈3、焘（dào）2、簦2、氐（dī）2、敌4、嫡3、翟（dí）2、帝3、娣2、第12、谛2、颠12、典15、甸2、玷2、靛2、谍2、丁13、董2、恫（dòng）2、胴2、逗2、窦2、胺2、黩2、端14、憝2、敦（dūn）2、盾12、遁2、埵2

E

阿（ē）13、呲2、睋2、厄3、阏（è）2、堨2、儿12、栭2、饵3

F

藩3、凡12、蕃（fán）2、燔（fán）2、范14、梵2、坊（fāng）3、芳4、枋3、钫2、访2、昉2、霏2、菲（fěi）2、纷2、奋2、丰13、锋2、赗2、缶2、夫（fū）4、肤2、柎2、趺2、萧2、绂4、鞁2、洑（fú）2、祓2、襆2、黻3、襆3、父（fǔ）2、抚4、斧2、府5、辅2、脯（fǔ）2、腐2、父（fù）2、讣2、妇2、阜2、复12、复25、袝2、赋2、傅12、傅2、覆5

G

该42、陔3、赅2、丐3、勾3、概2、干（gān）23、干（gàn）12、肝2、杠（gāng）2、膏（gāo）3、橐2、诰3、阁（gé）4、槅2、个（gè）22、耿2、公16、宫15、躬2、贡3、苟12、构13、诟2、垢3、姤2、冓2、媾2、沽12、孤4、辜2、酤3、觚3、贾（gǔ）5、罟2、瞽2、鹽2、固16、牿2、锢2、栝（guā）2、寡3、佳2、乖22、观（guān）3、冠（guān）2、矜（guān）2、倌2、馆5、痯2、鹽2、爟2、圭12、规4、闺2、瑰2、轨4、庋2、佹3、诡2、晷2、桂14、郭2

H

骸2、醢2、酣2、涵2、寒3、闬2、悍2、颌2、暵2、迒2、航2、号(háo)2、豪4、壕2、昊2、浩2、皓(hào)2、灏4、禾2、核²2、阖2、猲(hè)2、褐2、恒3、衡5、弘2、闳2、洪2、侯(hóu)2、后²2、候²3、乎²2、怙²2、捂2、垀2、嫭2、貆(huán)2、缳2、缓4、幻2、奂2、宦3、浣2、睆2、皇2、恍2、晖3、辉2、麾2、徽¹2、讳3、贿2、晦4、秽2、惠4、喙2、谲2、阍2、婚2、溷2、恩2、获3、惑2、豁(huò)2

J

击3、玑2、机8、奇(jī)2、陟2、屐2、姬3、赍2、畸3、箕3、稽¹2、齑2、羁3、疾¹3、塈2、嫉2、瘠2、籍4、给(jǐ)2、脊2、掎2、伎2、齐(jì)2、际6、迹4、济(jì)3、寂2、惎2、塈3、霁2、稷2、骥2、梜2、家(jiā)2、嘉2、铗3、甲²3、岬2、稼2、坚3、监(jiān)2、笺3、渐(jiān)2、熸2、检2、简¹2、简²2、戬2、蹇3、謇2、鬋2、荐¹2、荐²2、健3、楗2、践2、鉴5、槛(jiàn)2、疆2、匠2、将(jiàng)2、礁2、挢2、矫(jiǎo)¹2、皦2、斠2、徼(jiào)2、醮2、阶2、嗟2、劼2、杰2、竭2、介¹3、介²2、芥2、津¹3、衿5、矜(jīn)3、襟3、锦3、晋¹2、搢2、堇2、殣2、噤2、旌2、晶2、警5、竞2、净2、婧2、靓(jìng)2、靖2、境3、骁2、扃3、冏2、炅(jiǒng)2、迥2、泂2、纠¹2、纠²2、咎3、狙2、居8、桐2、裾2、鞠¹2、局³2、沮(jǔ)2、矩2、拒2、具²3、矩2、踞2、镢2、蠲2、狷2、眷2、诀¹2、谲2、君2、峻2、晙2、胭2

K

慨3、楷(kǎi)2、刊3、勘2、堪2、侃¹2、欿2、衎2、瞰2、康¹2、亢(kàng)4、伉2、考²2、珂2、柯2、克¹4、恳2、寇2、堀3、窟2、酷¹2、脍2、款¹2、窾¹2、况¹2、窥2、揆4、暌2、馈2、溃(kuì)4、昆¹2、阃3、廓4

L

腊(là)2、莱2、睐2、籁2、阑²2、谰2、郎4、琅2、朗2、醪2、潦(lǎo)2、酪2、礌2、羸2、耒2、诔2、蘦3、黎¹2、蠡(lí)2、里²3、醴2、历²2、厉2、吏2、励2、沥2、疠2、渗2、戾2、隶4、轹2、俪2、砺2、怜2、涟2、联2、廉2、恋2、粮2、梁2、僚2、寥3、埒2、猎2、躐2、邻2、林3、凛2、廪2、懔2、凌¹3、陵3、舲2、伶(líng)2、龄3、令(lìng)³2、旒2、栊2、隆(lóng)4、癃2、陋5、瘘2、垆2、辂2、赂2、碌(lù)2、僇2、闾3、旅¹3、履4、律4、虑2、慺2、銮2、

伦3、沦2、纶（lún）3

M

曼2、龙（máng）2、盲4、茫2、莽12、兀2、茂2、楸3、貌2、瞀3、懋2、媒2、浼2、昧4、媚2、魅2、杳（mèn）2、懑2、萌2、孟2、糜3、靡（mǐ）12、秘4、绵3、勉3、冕3、俪2、恓2、眇2、渺2、藐2、民4、旻2、闵2、悯2、敏2、冥4、铭2、瞑2、瞑2、模（mó）4、摩13、魔2、眛2、秣2、漠2、模（mú）2、沐2、慕2、暮2

N

衲2、奈2、难（nàn）2、婻、囊（náng）3、馁3、臬3、涅2、阋2、孽3、宁（níng）3、佞2、农2、奴4、驽、弩、衄2、胬、虐2、诺2、搦2

O

讴2、偶12、耦3

P

帕2、帕12、俳2、磬2、泮2、畔2、雱3、滂2、庞12、庖2、奅2、朋3、批12、钕（pī）2、毗2、匹12、庀2、否（pǐ）2、僻3、瓢2、缥（piǎo）2、僄2、骠（piào）2、贫13、频2、婆3、皤2、迫（pò）3、魄2、掊（póu）2、裒2、掊（pǒu）2、仆（pú）2、浦12、樸2、溥2

Q

凄3、欺2、奇（qí）3、歧、祈2、脐2、跂（qí）2、琦2、锜2、憏2、启5、绮2、讫2、泣2、契4、碛2、器5、洽3、阡2、悭2、慾2、骞3、搴3、铃3、遣2、谴2、伣2、椠2、歉2、羌2、侨2、悄（qiǎo）2、诮2、峭2、窍2、挈2、锲2、钦2、侵2、衾2、禽2、檎2、寝4、卿3、情6、檠2、黥2、茕2、虬2、酋2、曲（qū）14、驱5、朐、趋2、趣3、诠2、辁2、铨2、髢2、阙（què）2、寰2、裙2

R

壤3、攘4、仁12、稔3、衽2、戎12、茸2、荣3、容23、镕2、冗3、揉2、儒2、濡2、乳6、辱4、锐3、睒2、箬2

S

丧（sàng）2、骚22、色（sè）7、森3、铩2、厦（shà）2、芟2、衫2、睒2、汕2、掸（shàn）2、缮2、嬗2、赡2、殇2、商22、尚12、艄2、稍2、少（shào）2、劭2、奢2、舍（shè）14、涉3、申12、谂2、娷2、圣5、晟（shèng）2、尸2、师16、什（shí）2、史3、叟3、士7、氏（shì）4、势6、视3、贳3、适（shì）13、

适（shì）[2]、逝[2]、释[14]、谥[2]、首[15]、寿[5]、授[2]、兽[2]、抒[2]、纾[3]、枢[2]、姝[2]、疏[9]、术（shù）[3]、竖[3]、庶[13]、铄[12]、私[4]、思（sī）[5]、斯[12]、嘶[12]、祀[2]、姒[2]、饲[2]、驷[2]、耜[2]、嗣[2]、崧[2]、嵩[2]、讼[2]、诵[3]、颂[4]、瞍[2]、籔[2]、夙[2]、肃[3]、速[12]、宿（sù）[3]、傃[2]、溯[2]、绥[2]、谇[2]、晬[2]、燧[2]、邃[2]、孙[4]、索[2][2]、索[3][2]、琐[2]

T

沓（tà）[2]、蹋[2]、滩[2]、坛[15]、坦[3]、袒[2]、叹[3]、唐[12]、韬[3]、滕[2]、梯[3]、荑（tí）[2]、啼[2]、洟[2]、涕[2]、殢[2]、佃（tián）[2]、恬[2]、抟（tiǎn）[2]、桃[2]、帖（tiē）[2]、贴[2]、亭[12]、庭[3]、町（tǐng）[2]、脡[2]、童[4]、头（tou）[2]、荼[2]、屠[2]、湍[2]、陨[3]、颓[3]、魋[2]、屯（tún）[3]、侻（tuō）[2]、挩[2]

W

刓[2]、玩[23]、顽[13]、婉[3]、尪[2]、亡[5]、王（wáng）[6]、枉[4]、危[6]、威[2]、为（wéi）[32]、违[2]、帏[2]、闱[2]、维[12]、伟[2]、伪[2]、纬[3]、玮[2]、委（wěi）[14]、委（wěi）[32]、猥[2]、卫[12]、畏[2]、尉（wèi）[2]、煟[2]、蔚（wèi）[2]、慰[2]、揾[2]、翁[4]、瀚（wěng）[2]、沃[2]、渥[2]、圬[2]、污[4]、洿[2]、芜[3]、迕[2]、忤[2]、武[13]、兀（wù）[2]、扤[2]、坞[3]、物[3]、骛[2]、鋈[2]

X

夕[2]、析[2]、息[7]、晞[2]、悉[2]、惜[3]、睎[2]、禽[2]、溪[2]、熙[3]、熹[2]、爔[2]、习[3]、隰[2]、檄[2]、徙[2]、饩[3]、郤[4]、舄[2]、隙[4]、陝[4]、侠[2]、遐[2]、暇[2]、贤[3]、娴[2]、诚[2]、宪[2]、羡[2]、芗[2]、厢[2]、箱[2]、骧[2]、详[3]、相（xiàng）[24]、象[2][2]、枭[4]、绡[2]、霄[2]、晓[3]、孝[3]、哮[2]、协[3]、胁[2]、谐[3]、絜（xié）[2]、携[2]、撷[2]、继[2]、屑[2]、械[3]、龄[2]、亵[2]、渫[2]、芯（xīn）[2]、辛[3]、镡（xín）[2]、欣[2]、惺[2]、煋[2]、刑[2]、形[4]、型[2]、铏[2]、硎[2]、省（xǐng）[3]、幸[6]、兄[3]、夏[2]、讦[2]、须[32]、谓[2]、繻[2]、湑（xǔ）[2]、序[22]、恤[2]、聟[2]、绪[4]、婿[2]、轩[23]、宣[5]、谖[2]、萱[2]、愃[2]、儇[2]、玹（xuàn）[2]、暶[2]、昡[2]、炫[2]、眩[2]、衔[3]、勋[2]、曛[2]、恂[2]、浔[2]、徇[2]、逊[3]、殉[2]

Y

丫[2]、雅（yǎ）[14]、亚[13]、湮（yān）[2]、岩[3]、炎[4]、颜[3]、俨[2]、衍[12]、衍[2][2]、剡（yǎn）[2]、偃[2]、㦾[2]、砚[2]、晏[2]、宴[3]、嗙[2]、餍[2]、燕（yàn）[23]、谚[3]、殃[2]、阳[8]、旸[2]、炀[2]、疡[2]、谣[2]、媱[2]、瑶[12]、繇（yáo）[3]、窈[2]、要（yào）[12]、曜[3]、耀[4]、业[16]、晔[2]、烨[2]、衣（yī）[3]、仪[14]、夷[13]、夷[2][2]、宜[3]、贻[2]、遗（yí）[6]、疑[2]、彝[12]、怡（yí）[2]、弋[2]、义[6]、艺[3]、艾（yì）[2]、异[5]、邑[2]、役[5]、易[13]、易[2][2]、

诣2、轶2、弈2、挹2、益4、埸2、逸5、奋2、意14、殪2、臆2、姻2、殷（yīn）12、垔2、喑2、闉2、禋2、淫3、夤2、嚚2、饮（yǐn）5、隐3、憖2、英13、瑛2、撄2、樱2、膺2、荧2、盈2、莹2、营12、籯2、颖3、媵3、佣（yōng）2、庸12、颙2、咏2、忧4、幽15、悠12、耰2、尤2、輶2、友3、幼2、囿2、诱2、纡2、娱2、渔2、隅2、嵎3、腴2、瑜2、虞13、愚3、歔3、舆14、语（yǔ）4、驭2、郁2、育（yù）3、昱2、域2、悆2、喻3、御13、寓3、裕2、粥（yù）2、愈12、誉2、豫12、鋈2、渊2、肓2、元15、垣2、援3、源2、苑2、曰2、薆2、岳2、说（yuè）2、悦2、越14、瀹2、筠（yún）2、孕2、酝2、缊（yùn）2、蕴2

Z

宰12、嚼2、赞3、藏（zàng）12、皂3、噪3、责4、泽4、仄12、甑3、札（zhá）3、鲊2、鲝2、斋13、展4、栈3、战12、湛2、彰2、丈12、杖2、障2、昭2、朝（zhāo）2、诏2、肇2、哲2、谪3、贞12、珍3、箴2、臻2、轸12、畛2、衿2、阵12、鸠3、征12、政3、芝2、脂2、楮2、縶3、旨12、志12、识33、识（zhì）2、帜2、质32、炙2、栉2、秩12、铚2、梽2、智2、锧2、疐2、踬2、踵3、仲2、众2、诪2、籀2、朱2、诛2、珠2、潴2、属（zhǔ）2、褚（zhǔ）3、杜2、著（zhù）4、篆3、妆3、状6、卓2、浊3、酌3、著（zhuó）14、着（zhuó）14、擢2、咨2、姿2、资7、菑2、滋12、溨2、柠2、鲰2、菹（zū）2、足13、卒（zú）12、族5、诅2、珇2、俎2、祖3、傅2、昨2、佐2、祚2

在上面这些义项均为不成词词素义的词素中，其义项数量分布参见表6-2。

表6-2 义项均为不成词词素义的词素义项分布情况表

义项数	2	3	4	5	6	7	8	9
词素（个）	959	246	82	33	14	5	3	1
占总量（1343个）比例（%）	71.4	18.3	6.1	2.5	1.0	0.4	0.2	0.1

如表6-2所示，在所有义项均为不成词词素义的词素中，有两个义项的词素数量占了绝大部分，占总数的比例为71.4%，比前面统计的所有不成词词素的两个义项所占比例高了很多；其次是3个义项的词素的数量，所占比例为18.3%；并且随着词素义项数量的增多，词素的个数也逐渐减少。另外，在均为不成词词素义项的词素中，义项数量最多为9个，且拥有9个义项的词素只有1个，而前面统计的所有不成词词素的义项最多达到了21个。可见，与前面统计的不成词词素比较，这类词素的使用

频率略低，常用性较弱，这当然与其只能构词，不能作为词出现在语用句子中的特点有着密切联系。

三、不成词词素大多由古代语词发展演化而来，多具有典雅的书面语体色彩

从不成词词素义项的生成时间来看，基本分为三种情况：一是所有义项均在古代汉语中生成，如"寝"有四个义项：①睡。②卧室。③帝王的坟墓。④停止；平息。这四个义项在古代汉语中均已出现，只是当时是作为词的义项出现，随着现代汉语词双音节化趋势形成，现在只能用来构词。二是所有义项均在现代汉语中生成，如"吧 2"有两个义项：①酒吧。②供人从事某些休闲活动的场所，有的兼售酒水、食品。"吧 2"是在当代引入的音译外来词，其两个义项也都是在当代汉语中生成的。三是不成词词素的义项有的是从古代汉语中沿用下来的，有的是在现代汉语中新生成的。例如，"族"有五个义项：①家族。②古代的一种残酷刑法，即灭族。③种族，民族。④事物有某种共同属性的一大类。⑤称具有某种共同属性的一类人。其中，义项①②③④都是早在古代汉语中就已存在的义项，义项⑤是在义项④的基础上引申而来的，生成于当代汉语中。

由此可见，不成词词素义项的生成主要有两种来源：一是在古代汉语中生成，二是在现代汉语阶段生成。在这两种来源中，尤以第一种来源的义项最多。笔者对《现代汉语词典》中"A"字母下的不成词词素进行了粗略统计，发现所有词素均由古代汉语词发展演化而来，其义项也大多是在古代汉语中生成的；由古语词义转化而来的义项占了义项总数的94%左右，而这些义项大部分具有典雅的书面语体色彩。例如，"岸"的三个义项：①江、河、湖、海等水边的陆地。②〈书〉高大。③〈书〉高傲。这些义项均生成于古代汉语。其中②③义项在《现代汉语词典》中均标注"〈书〉"字样，说明其具有书面语体色彩；事实上①义项也具有一定的书面色彩，只是不如②③义项的典雅色彩那么浓郁。

第四节 现代汉语多义不成词词素义项的生成手段和方式

在语义学领域，语言学者们比较关注的是词义义项之间的衍生方式问题，这是人们早已注意并不断研究的课题。由于词义问题的复杂性和特殊性，所形成的词义理论

也较多。目前各种现代汉语教材在论述词义衍生的方式时,主要介绍引申和比喻两种。孙良明在《词义和释义》一书中指出了词义衍生的三种方式:引申、比喻、特指。①葛本仪先生在其著作《汉语词汇研究》中提出了引申法、比喻法、借代法、特指法四种词义衍生的方式;②这四种方式更为全面地概括了词义义项的衍生方式,具有较高的应用价值。这些成果对词义义项衍生方式的研究越来越细致和深入,对词素义义项衍生方式的研究也具有很高的参考价值。目前关于词素义义项的衍生方式,研究成果比较少见。孙银新曾对多义词素义项间的语义联系进行了非常详尽和细致的分析。他通过对3329个多义词素的全部义项的分析,把多义词素义项间的联系共分为22类不同的情况。③这在词素义研究领域尚属首例,对词素义的研究具有很大的促进作用。孙银新的研究对象是所有的多义词素义项,包括成词词素和不成词词素的义项,本章这里的研究对象仍是多义不成词词素义。

一、多义不成词词素义项生成方式的类型

(一)词素义项的派生式增加

研究表明,上述词素义项间关系也同样适用于分析和解释多义不成词词素义项之间的语义联系,并且也是词素义项间的较为常见的联系方式。这些词素义项的产生方法可称为"派生式增加"。所谓"派生式增加"是指新出现的义项是由固有义项派生而来的,一般有两种情况:一是由固有义项推演发展而来,一是由词语的修辞用法产生的临时义固定后形成的。④由此,在借鉴孙银新的研究成果的基础之上,对词素义项的派生式增加进行了分类。

1. 引申法

所谓引申法是指在原义的基础上,联想引申而产生新义的方法。例如:

缕:①线。②一条一条,详详细细。③用于细的东西。

"缕"的三个义项中,①义项是原义,②③义项都是根据原义"线"的意义特点,联想引申而成。因为线往往细长而软,并且很容易搅成一团,如果要把线团理顺,必

---

① 孙良明:《词义和释义》,武汉:湖北人民出版社,1982年,第8-10页。
② 葛本仪:《汉语词汇研究》,济南:山东教育出版社,1985年,第115-117页。
③ 孙银新:《现代汉语词素系统研究》,北京:中国社会科学出版社,2013年,第200-214页。
④ 曹炜:《现代汉语词义学》,上海:学林出版社,2001年,第117-127页。

须一条条分清。通过这样的思维联想，就产生了"缕"的②③义项。再如，"海"的新义"毫无节制地"也是在其固有意义"极多"之上引申发展而来的。在词素义衍生的所有方式中，引申法是最为常见的一种派生方式。具体分析，词素义之间的引申方式大致可分为以下几种。

（1）特指式引申。

特指式引申是指在指称范围较大的词素义的基础上，去指称在这范围之内的某一特定对象，并产生新义。例如：

球：①以半圆的直径为轴，使半圆旋转一周而成的立体；由中心到表面各点距离都相等的立体。②球形或接近球形的物体。③指某些体育用品。④指球类运动。⑤特指地球。

"球"的"地球"义则是在②义项的基础上用特指式引申缩小其指称范围而形成的。一般来说，原有意义比较宽泛概括，特指义所指更为具体，语义特征更为丰富，所反映的事物对象的个性化特点也更加鲜明。

（2）泛指式引申。

泛指式引申是指在指称范围较小的原有意义的基础上，去指称范围更大的事物或现象，并产生新的义项，如"幅"的前两个义项：

幅：①布帛、呢绒等的宽度。②泛指宽度。

"幅"的②义项就是扩大了①义项的指称范围而形成的。泛指义所指称的范围更加宽泛，概括性也更强。

（3）转移式引申。

转移式引申是指新旧义之间并不仅仅是指称对象范围大小的变化，而且其所指称对象发生了转移，也就是词素义表示的概念发生了更换，由甲转向了乙。这种方式是引申法中最主要的方式，其内部的引申类别也非常复杂。下面择要进行列举。

有的是由动作行为衍生出与之相关的对象、工具、结果、性质、计量，以及相关动作等义项。例如：

囚：①关押；囚禁。②囚犯。

垫：①用东西支、铺或衬，使加高、加厚或平正，或起隔离作用。④垫子。

契：①〈书〉用刀雕刻。②〈书〉刻的文字。

庆：①庆祝；庆贺。② 值得庆祝的周年纪念日。

醒：③醒悟；觉悟。④明显；清楚。

截：①切断；割断（长条形的东西）。②段。

讫：①（事情）完结。②截止。

纳¹：②接受。⑤交付（捐税、公粮等）。

上例中"囚"的②义项是①义项动作行为的对象，"垫"的②义项是①义项动作的工具，"契"的②义项是①义项动作的结果，"庆"的②义项是与①义项行为有关的时间，"醒"④义项是③义项所指动作呈现出来的性质特征，"截"的②义项是与①义项动作有关的计量单位，"讫"的两个义项意义相近，"纳"的两个义项表示的动作方向相反。

有的是由人、事物等衍生出与之相关的事物、动作、性质特征、计量等义项。例如：

矿：②指矿石。③开采矿石的场所。

房：①房子。②房间。

丹：①红色。②依成方制成的颗粒状或粉末状的中药（从前道家炼药多用朱砂，所以称为"丹"）。

鼓：①打击乐器，多为圆筒形或扁圆形，中间空，一面或两面蒙着皮革。③使某些乐器或东西发出声音；敲。

瑰：①一种像玉的石头。②珍奇。

间：③ 间屋子。④房屋的最小单位。

上例中"矿"的③义项是②义项所指的场所；"房"的②义项是①义项所指的一部分，两个义项间是整体与部分的关系；"丹"的①义项是②义项所用质料的颜色；"鼓"的③义项是与①义项所指相关的动作；"瑰"的②义项是①义项的性质特点；"间"的④义项是③义项的计量单位。

有的是由性状特征衍生出与之相关的人或物、动作行为等义项。例如：

芳：①香。②花卉。

险：①地势险恶、复杂，不易通过；险要。②地势险恶不容易通过的地方。

惑：①疑惑；迷惑。②使迷惑。

重：④重要。⑤重视。

上述例子中，"芳""险"的②义项都是具备①义项所指特征的事物，"惑"的②义项是①义项的使动用法，"重"的⑤义项是④义项的意动用法。

2. 比喻法

所谓比喻法就是在原义的基础上，根据客观对象之间的相似点，运用比喻来生成新义的方法。例如：

脊：①人和动物背上中间的骨头；脊柱。②物体上形状像脊柱的部分。

"脊"的②义项与①义项所表示的事物在形状上具有相似性，通过比喻用法而生成。事实上，本书第三章第三节中通过比喻造词法而形成的义项，都是由于比喻而形成的新义项。这里不再赘述。

3. 借代法

所谓借代法就是在原义的基础上，根据客观对象之间的相关性，运用借代的修辞手法生成新义的方法。例如：

丝：①蚕丝。⑤指弦乐器。

翮：①鸟羽的茎状部分，中空透明。②〈书〉指鸟的翅膀。

由于古代的弦基本上都是由蚕丝做成，由此"丝"以部分代整体形成"弦乐器"的借代义。"翮"的两个义项之间的关系也是部分和整体的关系，②义项是借代义。

需要指出的是，相比于词义，不成词词素义的借代衍生更为曲折和复杂。现代汉语不成词词素义的生成主要有两种渠道，一是由古代汉语词演变而成，即在古代汉语中可以独立成词，发展至现代汉语中失去成词的独立性；二是在词素重新构词的过程中形成新义。借代的修辞手法主要出现在用词进行造句的过程中，一般不会出现在词素构词的过程中。因此，现代汉语中不成词词素义的借代义基本上都是由古代汉语的词义转化而来的，现代汉语阶段没有新生成的不成词词素的借代义。也就是说，现代汉语中的不成词词素的借代义或者借代用法在古代汉语中已经出现，不过当时是词义，由于现在已经不能独立成词，只能作为不成词词素义出现了。像"丝"，在《周礼春官大事》中有"皆播之八音：金、石、土、革、丝、木、匏、竹"。可见,"丝"在当时是可以独立成词的,并且已经具有"弦乐器"的义项。"翅"表示"鸟的翅膀"借代义也是如此,类似的还有"銮"的"皇帝的车驾"的义项等。

因此,词素的借代义必须是通过借代修辞手法而生成的新义,否则不能看作借代义。如前面举例中的"矿"表示"开采矿石的场所",和"矿石"的义项也有相关性,但此义项不是通过借代手法生成的,而是根据"矿石"的义项引申而来的。

4. 象征法

象征法是在原有词素义的基础上,通过象征法所产生的象征意义。例如:

红:①像鲜血的颜色。②象征喜庆的红布。③象征顺利、成功或受人重视、欢迎。④象征革命或政治觉悟高。

龙:①我国古代传说中的神异动物,身体长,有鳞,有角,有脚,能走,能飞,能游泳,能兴云降雨。②封建时代用龙作为帝王的象征,也用来指帝王使用的东西。

上例中的"红"的②③④义项都是在①的基础上通过象征手法而形成的象征义,"龙"的②义项也是①义项的象征义。在现代汉语中具有象征义的词素数量较少。

(二)词素义项的非派生式增加

词素义项的非派生式增加是指新出现的义项不是由固有义项直接派生而来,而是来源于其他渠道,并且新义项与原有义项间还存有一定的联系。现代汉语中,这种非派生式增加主要体现在某些简缩造词所形成的新词素义上。例如:

编:①把细长条状的东西交叉组织起来。②把分散的事物按照一定的条理组织起来或按照一定的顺序排列起来。③编辑。④创作歌词、剧本等。⑤捏造。⑥成本的书(多用于书名)。⑦书籍按内容划分的单位,大于"章"。⑧编制[2]。

"编"的"编制"义,是由于简缩造词形成的"超编、缩编、编外"等新词而衍生出的词素义,"编制"并不是在"编"其他义项的基础上通过引申或修辞手段而形成的,因此,不属于派生式增加义项。不过,"编制"这一义项与"编"的其他义项尤其是②义项也有着一定的联系,因此,可以看作是"编"的新义项,而不是同音词素。再如:

干¹：①事物的主体或重要部分。②指干部。

"干¹"的"干部"义也是由于词语简缩产生"调干""干校"等词而生成的义项，不是在①义项的基础上生成的，但与①义项在"事物的重要部分"方面有着一定的联系，因此，"干部"义项应该也属于词素义的非派生式增加。

需要说明的是，并不是所有简缩造词生成的词素义都属于非派生式增加，如果新义和原义之间联系比较密切，也可以看作派生式增加。例如：

牙¹：①人和高等动物咬切、咀嚼食物的器官，由坚固的骨组织和釉质构成。人的牙按部位和形状的不同，分为切牙、尖牙、前磨牙、磨牙。通称牙齿，也叫齿。②特指象牙。

"牙"的"象牙"义的生成源于由"象牙雕刻""象牙筷子"等简缩而成的"牙雕""牙筷"等词，在对"象牙"简缩时，省略掉了其限制性的词素，从而使"牙"增添了"象牙"的义项，"象牙"义项与①义项联系密切，只是指称范围缩小，也可以看作是特指的派生式增加。

二、多义不成词词素义项生成方式的特点

从上面的论述可以看出，多义不成词词素义项的生成方式和多义词的生成方式既有相同点，也有不同点。二者的不同点是由多义不成词词素和多义词这两种语言单位在语言中的性质和地位不同所决定的，这也是词素义项生成方式的独特之处。这部分内容主要是通过与多义词的比较，来讨论多义不成词词素义项生成方式的特点。基于此，首先需要对多义词的义项进行界定。例如：

设：①设立；布置。②筹划。③假设。④〈书〉假如；倘若。

在"设"的义项中，①③④是作为词的义项出现的；②不能独立成词，是词素的义项。也就是说多义词的义项必须是能够单说或单用的词的义项。多义不成词词素的义项前文中已经进行了界定。因此，"设"是个多义词，其作为词义的义项有三个；当然这三个义项也可以作为词素义存在，所以"设"也是个多义不成词词素，其义项有四个。

（一）修辞派生的情况较少

与多义词义项的增加相比较，词素义的修辞派生的情况要少。在比喻、借代、象

征三种修辞方法中，除了利用比喻法生成的义项较多外，借代和象征的派生方式在词素义中出现的都比较少。这主要是因为词素生成新义主要是在其参与造词的过程中，比喻造词可以产生比喻义，因此词素的比喻义相对较多。但在造词时，借代和象征的修辞手法较少被使用，尤其是借代法，词素的借代义大多是在古代汉语中作为词义生成借代义，又在现代汉语中转化为词素义的。也就是说，在现代汉语中，几乎没有通过借代法直接产生词素义的。词义不同，词义的生成主要是参与造句，在造句过程中，借代和象征的修辞手法使用比较方便和自由。因此，通过借代和象征产生的词义也比较多。

（二）多义不成词词素义项间生成方式更为繁复多样，生成脉络更为复杂

与多义词义项相比，多义不成词词素义项间的生成方式更为复杂多样。这主要表现为单个词素义项的数量较多，生成脉络更为复杂。

为了便于分析和阐述，上文中所列举的多义不成词词素的义项大多限于两条，只有个别的同时列出了 5—6 条。事实上，每一个多义不成词词素各自所含有的数量不同，只有两个义项的，语义生成方式就比较简单明了，义项数量多的词素，其义项之间的生成方式更为复杂多样。例如：

警：①戒备。②（感觉）敏锐。③使人注意（情况严重）；告诫。④危险紧急的情况或事情。⑤指警察。

词素"警"的五个义项，其中③义项应为其本义①；①义项是由③义项引申而来，是告诫这个动作行为所引起的结果；②义项由①义项引申而来，"敏锐"是"戒备"这个动作行为所呈现出的特征；④义项也由①义项引申而来，是"戒备"动作行为的对象。⑤义项与前面四个义项没有直接的衍生关系，是通过简缩造词而生成的义项。这样看来，这四条义项中的语义联系并不是那么简单明了。通过前面的统计可以得知，有的不成词词素义义项可以达到 20 个之多，并且具有 10 个义项的不成词词素数量也不在少数，很容易推断，其义项的生成方式相对会更加复杂多样。

---

① 《王力古汉语字典》和《汉语大词典》均把此义项列为第一义项。

结　　语

　　自 20 世纪三四十年代从西方语言学中引入"词素"以来，汉语词素和词素义引起了语言学者们的关注和重视，关于词素和词素义的研究成果也不断涌现。在借鉴前人研究成果的基础上，本书利用词素义数据库，利用共时和历时、宏观和微观相结合的方法，对现代汉语词素义的生成和演化进行了较为系统的探讨，力求总结出现代汉语词素义的发展演变规律，挖掘出汉语词素义的生成与演化动因。现将主要讨论内容总结如下。

　　第一，现代汉语词素义的研究经历了从无到有、由浅入深、由窄至宽的发展过程，取得了一批有价值的研究成果。其研究主要包括本体研究和应用研究两方面。其中本体研究主要包括词素义的性质与分类、词素义与词义的关系、造词构词与词素义的生成、具体词素义的发展演变四个方面的研究；应用研究主要涉及对外汉语教学、辞书编纂、文字信息处理等方面的问题。但由于对词素义研究的时间较短，无论从研究内容，还是研究方法上看，汉语词素义的本体和应用研究都还处于摸索阶段，还有一些研究内容需要继续强化，甚至某些领域尚未触及。

　　第二，词素义的内容及其生成方式与词义既有联系也有区别。词素义主要包括词汇意义、语法意义和色彩意义，这三类意义的生成方式各不相同。词素义具备普遍性质和特殊性质：词素义的普遍性质主要包括客观性、概括性、模糊性、民族性和演变性等；特殊性质是指不成词词素义的性质，主要包括典雅性和相对独立性。

　　第三，造词法会促成词素义的衍生和演化。从词素义形成和衍生的源头来看，任何词素义的衍生都是发生在人们造词构词时对词素变换使用的过程中，或是变换词素的使用语境，或是变换词素的外在物质形式；而人们的造词活动就是在变换词素使用的语境，从而形成新的词素义，因此，造词法会影响到词素义的衍生和演化。在简缩法、比喻法、仿拟法、摹声法、音义任意结合法和说明法六种造词法中，由摹声法影响而产生的词素义个数最多，其次为简缩法和说明法，由仿拟法影响而形成的词素义项最少。这与各种造词法在现代汉语中的使用频率及其各自的特点有着密切的关系。

　　造词法能够影响到词素义的生成，与人们认知客观世界的范畴机制有着密切的关系。新词素义的生成，一般都经历了范畴—非范畴化—再范畴化的过程。词素参与造词为词素义的非范畴化提供了条件和可能，非范畴化是对原范畴的改变；再范畴化是新义生成的标志，只有完成了再范畴化，新范畴才真正形成，词素的新义才会被约定俗成。所以，新词的衍生过程也是词素义范畴演变过程的开始，众多的造词活动必然会导致词素义系统的发展演变。承载某一词素义的词素参与造词引起词素义非范畴化，非范畴化过程中，其原范畴及人类的隐喻、转喻和类推等认知方式在新词创制和词素义生成过程中起着举足轻重的作用。

第四，现代汉语词素义的生成可以从当代汉语中具体词素义的演变中得到具体体现。通过对当代汉语中的"粉"、"微"、合成词素、外来词素、部分词缀和类词缀的意义的衍生与演变，及其发展演变的内外因素的剖析，可以清晰地窥见现代汉语词素义的生成演化过程及其动因。词素新义的生成往往与词素造词、语言认知机制及社会、文化、语用心理等有着密切的关系，可以说，现代汉语词素新义的生成是汉民族对现代社会政治、经济、文化、科学技术等感知体验、认知加工及语言内部机制共同作用的结果。

第五，现代汉语多义不成词词素义项分布特征鲜明，义项的生成手段丰富。现代汉语多义不成词词素是指在现代汉语中，有两个或两个以上义项，并且其中至少有一个义项不能作为词的义项存在的词素。通过对《现代汉语词典》进行封闭性的识别统计，共得到2860个多义不成词词素，其中所有义项均不能独立成词的有1343个。多义不成词词素的义项数量分布差别较为悬殊，有的词素只有2个义项，有的有21个义项；不成词词素义项大多由古代汉语词义发展演变而来，多具有典雅的书面语色彩。多义不成词词素义项的生成方式主要包括派生式增加和非派生式增加两种。派生式增加主要有引申法、比喻法、借代法和象征法，非派生式增加大多是由简缩造词而生成词素义。与词义的生成方式相比，词素义的修辞派生的情况较少，词素义项间的生成方式更为繁复多样，生成脉络更为复杂。

现代汉语词素义的生成和演化过程及其动因都非常复杂。囿于时间和精力，本书仅从以上几个侧面进行了讨论，仍有很多问题未及探讨，这是在以后的修改中需要进一步深入研究和改善的，主要有以下几个方面。

第一，构词法与词素义生成之间的关系。不仅造词法会影响词素义的生成，构词法也会影响到词素义的生成。像汉语中常见的偏正结构和动宾结构所具有的结构义等都会引起词素义的变化，如"落"，有一义项是"遗留在后面"，其中的"在后面"是"动+处所"（如"落伍、落选"）构词法体现出来的结构义，它附加在"落"的基本义（物体因失去支持而下来）上，衍生出"落"的新义项。另外，构词法和造词法如共同起作用影响词素义的生成也是需要深入探讨的问题。

第二,多义不成词词素义项之间的联系。多义不成词词素的义项数量较多义词要多,因此多义不成词词素义项之间的联系也更为复杂。书中虽然对此问题进行了分析,但还不够深入,仍需细化。

第三,词素义研究的实际应用问题。词素义衍生的研究具有多方面的应用价值。在语言教学、辞书编纂、文字信息处理等方面,词素义生成与演化的研究成果都有很广阔的应用空间。如何利用现有的研究成果服务于这些领域,也是急需研究的问题。

第四,词素义的定量研究问题。书中虽然进行了大量的定量分析,但由于自身理论储备、能力水平有限,而且语料搜集仅限于《现代汉语词典》,涉及面相对较窄,具有一定的局限性。以后还需在掌握大量语料的基础上,运用更科学的手段对词素义作出更细致的量化分析,使这一研究更为系统和科学。

参 考 文 献

［美］布龙菲尔德. 2008. 语言论. 袁家骅, 赵世开, 甘世福译. 北京: 商务印书馆.

曹起. 2012. 新时期汉语新语素考察与分析. 语言文字应用, (4).

陈光磊. 2008. 改革开放中汉语词汇的发展. 上海: 上海人民出版社.

陈义. 2001. 试论缩略语及其与原词语的关系. 广西师院学报(哲学社会科学版), (1).

《词汇学新研究》编辑组编. 1995. 词汇学新研究——首届全国现代汉语词汇学术讨论会选集, 北京: 语文出版社.

刁晏斌. 2011. 试论当代汉语"语素词". 杭州师范大学学报(社会科学版), (6).

刁晏斌, 马绿绿. 2004. 简缩词语与原形词语的差异. 安徽广播电视大学学报, (4).

［瑞士］费尔迪南·德·索绪尔. 1980. 普通语言学教程. 高名凯译. 北京: 商务印书馆.

葛本仪. 1988. 论合成词素. 山东大学学报(哲学社会科学版), (3).

葛本仪. 1997. 论汉语词形成的基础形式. 山东大学学报(哲学社会科学版), (3).

郭伏良. 1998. 试论建国后汉语简缩造词的类型与特点. 汉字文化, (4).

郭伏良, 杨同用. 1999. 仿拟造词法与仿拟辞格. 汉字文化, (3).

郭鸿. 2001. 索绪尔的语言符号任意性原则是否成立?——与王寅教授商榷. 外语研究, (1).

郭胜春. 2004. 汉语语素义在留学生词义获得中的作用. 语言教学与研究, (6).

汉语大词典编辑委员会,汉语大词典编纂处编纂. 1986. 汉语大词典(第一卷). 上海: 汉语大词典出版社.

汉语大字典编辑委员会编纂. 2010. 汉语大字典(第二版). 成都: 四川辞书出版社, 武汉: 崇文书局.

侯友兰. 1997. 比喻词补议. 汉语学习, (4).

黄伯荣, 廖序东. 2007. 现代汉语(增订四版). 北京: 高等教育出版社.

贾宝书. 1995. 词义和词素义关系的理论阐释. 中国海洋大学学报(社会科学版), (4).

贾宝书. 1997. 词素发展演变中的依赖性和独立性. 汉语学习, (6).

贾彦德. 1999. 汉语语义学. 北京: 北京大学出版社.

黎运汉. 2001. 修辞与文化背景. 暨南学报(哲学社会科学版), (4).

李晋霞. 2011.《现代汉语词典》的词义透明度考察. 汉语学报, (3).

李君. 2005. 试析改单后简缩造词现象. 鸡西大学学报, (2).

李宇明. 2002. 语法研究录. 北京: 商务印书馆.

李振中. 2001. 论音译外来词语素的认定. 暨南大学华文学院学报, (4).

刘兰民. 2001. 汉语比喻造词法刍议. 汉语学习, (4).

刘兰民. 2005. 仿词造词法初探. 广西社会科学, (11).

刘兰民. 2007. 汉语修辞造词法初探. 语言文字应用, (A1).

刘叔新. 1990. 汉语描写词汇学. 北京: 商务印书馆.

刘叔新. 2002. 现代汉语理论教程. 北京: 高等教育出版社.

刘晓梅. 2003. 当代汉语新词语造词法的考察. 暨南大学华文学院学报, (4).

刘晓梅. 2005. 当代新词语对汉语语素系统的影响. 暨南学报(人文科学与社会科学版), (1).

刘一玲. 2004. 简缩手法和简缩词语//教育部语言文字应用研究所编. 语言文字应用研究论文集(Ⅱ). 北京: 语文出版社.

刘玉梅. 2013. 论构式压制的多重互动关系. 山东外语教学, (3).

潘峰. 2009. 现代汉语仿音造词的方式、成因及其语言价值. 南京师范大学文学院学报, (4).

钱润池. 2004. 简论对外汉语词汇教学中的语素义教学. 暨南大学华文学院学报, (2).

邱震强. 2006. 论汉语语素义. 广西社会科学, (2).

施春宏. 2002. 试析名词的语义结构. 世界汉语教学, (4).

施春宏. 2012. 从构式压制看语法和修辞的互动关系. 当代修辞学, (1).

石安石. 1993. 论素的结合能力与一用语素. 语文研究, (1).

史厚敏. 2010. 英汉半喻造词形成的语素义比较研究. 西安外国语大学学报, (1).

宋晓红. 2010. 现代汉语中词素义"感染"现象探析. 东岳论丛, (12).

宋作艳. 2014. 定中复合名词中的构式强迫. 世界汉语教学, (4).

苏宝荣. 2013. 汉语复合词结构义对构词语素意义的影响. 语文研究, (1).

苏新春. 1995. "的士"的"意化"过程. 语文建设, (5).

苏新春. 2003. 当代汉语外来单音语素的形成与提取. 中国语文, (6).

苏新春. 2010. 词汇计量及实现. 北京: 商务印书馆.

孙银新. 2011. 黎锦熙的汉语构词法研究及其贡献. 安徽师范大学学报(人文社会科学版), (6).

王艾录, 孟宪良. 1996. 语素入词所发生的意义偏移现象. 山西大学学报(哲学社会科学版), (1).

王化鹏. 2000. 论现代汉语词的双音节化及其发展规律. 北方论丛, (6).

王力主编. 2000. 王力古汉语字典. 北京: 中华书局.

王树斋. 1993. 汉语复合词词素义和词义的关系. 汉语学习, (2).

王寅. 2009. 构式压制、词汇压制和惯性压制. 外语与外语教学, (12).

王周炎, 卿雪华. 2004. 语素教学是对外汉语词汇教学的基础. 云南师范大学学报(对外汉语教学与研究版), (5).

魏慧萍. 2002. 汉语外来词素初探. 汉语学习, (1).

吴应辉, 牟岭. 2011. 汉语国际传播与国际汉语教学研究 第九届国际汉语教学学术研讨会论文集上. 北京: 中央民族大学出版社.

伍和忠. 2006. "缩略生义"胜议. 广西师范学院学报(哲学社会科学版), (1).

徐国珍. 2002. 仿拟与词汇系统的辩证关系. 修辞学习, (2).

徐国珍. 2007. 论仿拟造词法的内部理据——汉语造词法理据探析的个案研究. 汉语学习, (6).

(汉)许慎. 1963. 说文解字. 北京: 中华书局.

杨润陆. 2004. 由比喻造词形成的语素义. 中国语文, (6).

杨锡彭. 2003. 汉语语素论. 南京: 南京大学出版社.

杨绪明. 2014. 当代汉语新词族研究. 北京: 中国社会科学出版社.

杨振兰. 1993. 试论词义与语素义. 汉语学习, (6).

殷志平. 1999. 构造缩略语的方法和原则. 语言教学与研究, (2).

尹斌庸. 1984. 汉语语素的定量研究. 中国语文, (5).

袁庆德. 2002. 早期汉语造词法新探. 殷都学刊, (1).

苑春法, 黄昌宁. 1998. 基于语素数据库的汉语语素及构词研究. 世界汉语教学, (2).

张弓. 1978. 现代汉语修辞手段对词法词义因素的变通运用. 河北大学学报(哲学社会科学版), (3).

张弓. 1993. 现代汉语修辞学. 石家庄: 河北教育出版社.

张联荣. 2000. 古汉语词义论. 北京: 北京大学出版社.

张小平. 2010. 词语简缩与词义衍生. 海南大学学报(人文社会科学版), (5).

(清)张玉书, 等编. 1985. 康熙字典. 上海: 上海书店出版社.

张云秋. 2002. "化"尾动词功能弱化的等级序列. 中国语文, (1).

张志公. 1981. 谈汉语的语素——并略介绍哈尔滨语法教学讨论会. 语言教学与研究, (4).

赵国. 2007. 新词语中的缩略语. 现代语文, (21).

赵艳芳. 2001. 认知语言学概论. 上海: 上海外语教育出版社.

中国社会科学院语言研究所词典编辑室编. 2015. 现代汉语词典(第6版). 北京: 商务印书馆.

中国语文杂志社编. 1997. 语法研究和探索(八). 北京: 商务印书馆.

周洪波. 1995. 外来词译音成分的语素化. 语言文字应用, (4).

周荐. 1993. 比喻词语和词语的比喻义. 语言教学与研究, (4).

周元琳. 2000. 前缀"老"和"老"缀词语义色彩探微. 安徽大学学报(哲学社会科学版), (3).

宗守云. 1999. "老"缀新用. 语文建设, (1).

邹凤群. 2010. 语言符号任意性的成因及价值分析. 扬州大学学报(人文社会科学版), (6).

附 录 1

《现代汉语词典》(第6版)收录的由简缩造词法生成的词素义

澳¹：②指澳门。

澳²：①指澳洲（现称大洋洲）。
　　　②指澳大利亚。

霸：③指霸权主义。

白³：④白话²。

白⁴：白族。

板¹：③黑板。

办：⑤办公室②。

瓣：④瓣膜的简称。

膀：②鸟类等的翅膀。

报：④报销。
　　⑪指电报。

疕：②白疕，中医指银屑病。

笔：⑤笔画。

变：⑧指变文。

驳³：②驳船。

博³：指博客①。

埠：②商埠。

菜：③专指油菜①。

仓：②指仓位②。

潮¹：④新潮；时髦。

炒：④指解雇。

呈：③呈文。

程：②程序。

翅：③鱼翅。

川：③指四川。

蜳：蜳象。

纯：③纯熟。

刺：②刺激。

翠：②指翡翠①。
　　③指翡翠②。

傣：傣族。

带：④白带。

贷：①贷款。

挡：④排挡的简称。

党¹：①政党，在我国特指中国共产党。

档：②档案。

导：④导演。

底¹：⑥底数①的简称。

地：⑧地方②。

帝：③指帝国主义。

点¹：⑮点播¹。

电：④电报、电传等。

董：②董事。

侗：侗族。

毒：③毒品。

段：②段位。

吨：③登记吨的简称。

盾²：①荷兰的旧本位货币。
　　②越南、印度尼西亚等国的本位货币。

俄²：指俄罗斯。

反：⑥指反革命、反动派。
　　⑨用在反切后头，表示前两字是注音用的反切。

饭：④指吃饭。

非²：指非洲。

分：⑥分数²。

锋：③锋面。

符：③符合（多跟"相"或"不"合用）。

福：③指福建。

腐：②豆腐。

干¹：②指干部。

缸：②缸瓦。

港：④指香港。

阁：③指内阁。

工¹：④工业。
　　⑤指工程师。

宫¹：⑤指子宫。

共：⑤指共产党。

股¹：⑤指股票。

冠：④指冠军。

涵：②指涵洞。

红：⑤红利。

湖：②指浙江湖州。
　　③指湖南、湖北。

户：④户头。

化¹：⑦指化学。

环：③环节。

汇²：②指外汇。

会¹：⑤庙会。

机：②飞机。

集：⑥集合③的简称。

加²：指加拿大。

价：③化合价的简称。

件：③文件。

疆：②指新疆。

胶：④指橡胶。

焦¹：②焦炭。

介¹：②介绍。

戒：⑥戒指。

经：③经度。

晶：②水晶。
　　③晶体。

警：⑤指警察。

径：④指直径。

举：⑥指举人。

卡：②卡片。
　　③磁卡。
　　⑤卡车。

刊：②刊物，也指在报纸上定期出的有专门内容的一版。

拷²：拷贝②。

科¹：③科举考试，也指科举考试的科目。

库¹：②指数据库。

篮：③指篮球运动。

理：③自然科学，有时特指物理学。

林：③林业。

铃：③蕾铃。

漏：③漏壶的简称，借指时刻。

麻¹：③芝麻。

蟒：②指蟒袍。

霉：①霉菌。

美²：①指美洲。
　　②指美国。

蒙：蒙古族。

苗¹：⑤疫苗。

模：③指模范。
　　④指模特儿。

墨²：指墨西哥。

南：②南部地区，在我国通常指长江流域及其以南的地区。

欧²：指欧洲。

拍：⑤拍摄。

排¹：④指排球运动。

啤：指啤酒。

痞：②痞子。

片：②指影视片。

频：②频率。

乒：②指乒乓球。

器：②器官。

扦：①扦子①。

前：⑧前线；前方。

潜：④指潜力。

伽蓝：佛寺。

青：⑤指青年。

球：⑤特指地球。

泉：②泉眼。

沙³：沙皇。

山：④指山墙。

少：②少爷。

阇梨：高僧，也泛指僧人。

申¹：②申请。

术：③手术。

饲：②饲料。

苏⁴：②指江苏。

苏⁶：①指苏维埃。

②指苏联。

台¹：⑧指我国台湾地区。

堂：⑥堂房。

桃：④指核桃。

特¹：⑥指特务。

体：⑤体制①。

屉：①屉子①，特指笼屉。

贴¹：④津贴①。

帖：④帖子②。

庭：③指法庭。

徒：⑥指徒刑。

涂¹：⑤海涂的简称。

腿：③指火腿。

外¹：③外国。

纬：②纬度。
　　③纬书。

委¹：④指委员或委员会。

文：⑤文言。
　　⑦指文科。

卧：⑤指卧铺。

西：②西洋；内容或形式属于西洋的。

洗：②洗礼。
　　⑨笔洗。

铣：铣削。

现：⑤现款。

宪：②宪法。

项²：②款项。

星：⑤明星②。

修¹：⑧指修正主义。

宣：⑤指宣纸。

学：④指学科。
　　⑤学校。

勋：②勋章。

牙¹：②特指象牙。

亚²：指亚洲。

阎罗：佛教称管地狱的神。也叫阎罗王、阎王、阎王爷。

扬²：①指江苏扬州。

业¹：④事业。

彝²：彝族。

艺：②艺术。

意²：指意大利。

音：③指音节。

英²：指英国。

影：⑥指电影。
　　⑦指皮影戏。

邮：③指邮品。

元¹：④元素。

云³：①指云南。

藏²：①指西藏。
　　②藏族。

灶：③指灶神。

展：④展览。

真：④指真书。

植：③指植物。

中：②指中国。
　　⑦中人。

妆：③指嫁妆。

装²：③包装。

壮²：壮族。

状：⑤指诉状。

足¹：③指足球运动。

族：③种族；民族。

组：①组织。

附 录 2

《现代汉语词典》(1978年版)收录的由简缩造词法生成的词素义

报：⑪指电报。

笔：⑤笔画。

变：⑧指变文。

驳：②驳船。

埠：②商埠。

呈：③呈文。

程：②程序。

翅：③鱼翅。

翠：②指翡翠¹。
　　　③指翡翠²。

纯：③纯熟。

刺：②刺激。

傣：傣族。

贷：①贷款。

档：②档案。

导：④导演。

帝：③指帝国主义。

电：④电报、电传等。

董：②董事。

毒：③毒品。

盾²：荷兰、越南、印度尼西亚等国的本位货币。

俄：①指俄罗斯帝国。
　　②指俄罗斯苏维埃联邦社会主义共和国。

反：⑥指反革命。
　　⑨用在反切后头，表示前两字是注音用的反切。

非²：指非洲。

分：⑥分数²。

符：③符合。

福：③指福建。

腐：②豆腐。

干¹：②指干部。

阁：③指内阁。

工¹：④工业。

共：⑤指共产党。

涵：②指涵洞。

红：⑤红利。

湖：②指浙江湖州。

户：④户头。

化¹：⑦指化学。

集：集合③的简称。

价：化合价。

件：③文件。

疆：②指新疆。

胶：④指橡胶。

焦：②焦炭。

戒：⑥戒指。

晶：②水晶。
　　③晶体。

经：③经度。

警：⑤指警察。

径：指直径。

举：⑥指举人。

刊：②刊物，也指在报纸上定期出的有专门内容的一版。

科：③科举考试。

林：③林业。

铃：③蕾铃。

漏：漏壶的简称，借指时刻。

麻：③芝麻。

蟒：②指蟒袍。

霉：霉菌。

美[2]：①指美洲。
②指美国。

蒙：蒙古族。

苗[1]：⑤疫苗。

模：③指模范。

欧[2]：指欧洲。

乒：②指乒乓球。

器：②器官。

伽蓝：佛寺。

球：⑤特指地球。

沙[3]：沙皇。

山：④指山墙。

少：②少爷。

苏[4]：②指江苏。

苏[6]：①指苏维埃。
②指苏联。

堂：⑥堂房。

桃：④指核桃。

庭：③指法庭。

腿：③指火腿。

外[1]：③外国。

纬：②纬度。
③纬书。

西：西洋；内容或形式属于西洋的。

洗：⑨笔洗。

现：④现款。

宪：②宪法。

项²：②款项。

修¹：⑧指修正主义。

宣：⑤指宣纸。

学：④指学科。
　　⑤学校。

牙¹：②特指象牙。

亚²：指亚洲。

扬²：①指江苏扬州。

彝²：彝族。

艺：②艺术。

意²：指意大利。

英²：指英国。

影：⑥指电影。
　　⑦指皮影戏。

元¹：④元素。

云³：①指云南。

藏²：①指西藏。
　　②藏族。

展：④展览。

真：④指真书。

植：③指植物。

中：②指中国。
　　⑦中人。

妆：③指嫁妆。

附 录 3

《现代汉语词典》（第6版）收录的由比喻造词法生成的词素义

包：⑦毡制的圆顶帐篷。
杯：②杯状的锦标。
鞭：③形状细长类似鞭子的东西。
　　④供食用或药用的某些雄兽的阴茎。
冰：④像冰的东西。
橙：③红和黄合成的颜色。
尺：④像尺的东西。
床：②某些像床的地面。
　　③某些像床的承载物，特指某些有底座支撑的机器。
弹：②枪弹；炮弹；炸弹。
刀：③形状像刀的东西。
碟：②指视盘或光盘。
风：④像风那样快。
腹：③指鼎、瓶子等器物的中空而凸出的部分。
杠：③机床上的棍状零件。
弓：②弓子。
管：③形状像管的电器件。
核¹：②物体中像核的部分。
荤：③指粗俗的、淫秽的。
胶：③像胶一样黏的。
缆：②许多股拧成或结成的像缆的东西。
流¹：⑦像水流的东西。
裸：②指除了自身外，什么都不附带的。
盲：③指对某种事物不能辨别或分辨不清的人；缺乏某方面常识、能力的人。
毛¹：③粗糙；还没有加工的。

米¹：③小粒像米的东西。

棉：③像棉花的絮状物。

冕：②形状像冕的东西。

苗¹：④某些初生的饲养的动物。

⑥形状像苗的东西。

脑：⑤事情剩下的零碎部分；田地的边角地方。

纽：④瓜果等刚结的果实。

奴：②称失去某种自由的人，特指为了偿还贷款而不得不辛苦劳作的人（含贬义或戏谑意）。

排¹：⑧一种西式食品，用大而厚的肉片煎成。

盆：②形状略像盆的东西。

枪¹：③性能或形状像枪的器械，如发射电子的电子枪，气焊用的焊枪。

墙：②器物上像墙或起隔断作用的部分。

裙：②形状或作用像裙子的东西。

伞：②形状像伞的东西。

纱：③像窗纱一样的制品。

室：⑤器官、机器等内部的空腔。

梯：②作用跟楼梯相似的设备。

③形状像阶梯的。

亭¹：②形状像亭子的小房子。

碗：②像碗的东西。

尾：③主要部分以外的部分；没有了结的事情。

雾：②指像雾的许多小水点儿。

箱：②像箱子的东西。

锈：②附着在器物表面，像锈一样的物质。

腰：④事物的中间部分。

⑤中间狭小，像腰部的地势。

影：④照片。

砖：②形状像砖的东西。

棕：③像棕毛的颜色。

附 录 4

《现代汉语词典》（第6版）收录的由仿拟造词法生成的词素义

案：⑤提出计划、办法或其他建议的文件。

巴[4]：巴士。

吧[2]：②供人从事某种休闲活动的场所，有的兼售酒水、食品。

包：④用在动词、形容词后面，称具有某种特点的人。

材：③资料。

城：④指大型营业性场所。

虫：②称具有某种特点的人（多含轻蔑意）。

的：的士，也泛指运营用的车。

非[1]：⑤前缀。用在一些名词性成分的前面，表示不属于某种范围。

分[1]：①成分。

份：③用在"省、县、年、月"后面，表示划分的单位。

号[1]：⑧指某种人员。

化[1]：⑧后缀。加在名词或形容词之后构成动词，表示转变成某种性质或状态。

界：③职业、工作或性别等相同的一些社会成员的总体。

裸：②指除了自身外，什么都不附带的。

盲：③指对某种事物不能辨别或分辨不清的人；缺乏某方面常识、能力的人。

门：⑩借指引起公众关注的消极事件。

迷：③沉醉于某一事物的人。

奴：②称失去某种自由的人，特指为了偿还贷款而不得不辛苦劳作的人（含贬义或戏谑意）。

热：⑨加在名词、动词或词组后，表示形成的某种热潮。

嫂：③尊称军人、警察等的妻子。

生[3]：④某些指人的名词后缀。

式：③仪式；典礼。

坛[1]：⑤指某些职业、专业活动领域（多用于文艺、体育方面）。

校²：校官。

芯：②泛指某些物体的中心部分。

星：⑤明星②。

性：③后缀。加在名词、动词或形容词之后构成抽象名词或属性词，表示事物的某种性质或性能。

秀²：表演；演出。

员：②指团体或组织中的成员。

族：⑤称具有某种共同属性的一类人。

附 录 5

《现代汉语词典》(第6版)收录的由摹声造词法生成的词素义

阿訇：我国伊斯兰教徒称主持清真寺教务和讲授经典的人。

阿兰若：原指树林、寂静处，后多指佛教寺庙。

阿罗汉：见"罗汉"。

阿门：犹太教、基督教祈祷时常用的结束语，"但愿如此"的意思。

啊：表示惊异或赞叹。

啊：表示追问。

啊：表示惊疑。

啊：①表示应诺（音较短）。

②表示明白过来（音较长）。

③表示赞叹或惊异（音较长）。

安瓿：装注射剂用的密封的小玻璃瓶，用药时将瓶颈处弄破。

安拉：伊斯兰教所信奉的唯一主宰。说汉语的穆斯林多称安拉为真主。

唵²：表示疑问。

巴松：木管乐器，管身分短节、长节、底节和喇叭口四部分，双簧片由金属曲颈管连接，插在短节顶端。也叫大管。

叭：形容枪声、物体断裂声等。

吧嗒：形容物体轻微撞击或液体滴落等声音。

吧唧：形容脚掌拍打泥泞地面等的声音。

白兰地：一种用葡萄、苹果等发酵、蒸馏制成的酒。含酒精量较高。

拜：拜拜。

拜拜：①再见。

②指结束某种关系。

摆³：傣族地区佛教仪式或庆祝丰收、物资交流、文艺会演等群众性活动的集会。

梆：敲打木头的声音。

唪嘟：撞击物体的声音。

镑：英国、埃及等国的本位货币。

贝多：贝叶棕。也作枳多。

贝斯：多指低音电吉他。乐队中弹低音电吉他的人被称为贝斯手。也作贝司。

泵：①吸入和排出流体的机械，能把流体抽出或压入容器，也能把液体提送到高处。通常按用途不同分为气泵、水泵、油泵。

蹦极：一种体育运动，用一端固定的有弹性的绳索绑缚在踝部从高处跳下，身体在空中上下弹动。也叫蹦极跳。

比基尼：一种女子穿的游泳衣，由遮蔽面积很小的裤衩儿和乳罩组成。也叫三点式游泳衣。

比索：①西班牙的旧本位货币。

②菲律宾和一部分拉丁美洲国家的本位货币。

舭：船底和船侧间的弯曲部分。

哔叽：密度比较小的斜纹的毛织品。

冰激凌：半固体的冷食，用水、牛奶、鸡蛋、糖、果汁等调和后，一面制冷一面搅拌，使凝结而成。

波尔卡：一种舞蹈，起源于捷克民族，是排成行列的双人舞，舞曲为2/4拍。

波罗蜜[1]：佛教用语，指到彼岸。也译作波罗蜜多。

博客：①在互联网上发表的文章、图片等。也叫网络日志。

②指在互联网上发表文章、图片等的人。

布丁：用面粉、牛奶、鸡蛋、水果等制成的西餐点心。

布尔乔亚：资产阶级。

布尔什维克：列宁建立的苏联共产党用过的称号，意思是多数派。因在1903年俄国社会民主工党第二次代表大会选举党的领导机构时获得多数选票而得名。后来这一派成为独立的马克思列宁主义政党，改称苏联共产党（布尔什维克），简称联共（布）。

布拉吉：连衣裙。

嚓：形容物体摩擦等的声音。

哧溜：形容迅速滑动的声音。

欻啦：形容菜放到滚油锅里发出的短促的声音。

刺：形容撕裂声、摩擦声等。

刺啦：形容撕裂声、迅速划动声等。

刺棱：形容动作迅速的声音。

刺溜：形容脚底下滑动的声音；东西迅速滑过的声音。

叮：（发音短促）吆喝牲口前进的声音。

嗒：形容马蹄、机枪等的声音。

打：十二个为一打。

当啷：形容金属器物磕碰的声音。

德比：德比原为英国赛马会的名称，后用德比战或德比赛指同一个城市或区域内两个代表队之间的体育比赛。

嘚：赶驴、骡等前进的吆喝声。

的士：小型载客出租车。

嘀：形容哨声、喇叭声等。

嘀嗒：形容钟表机械摆动等的声音。也作滴答。

滴答：①形容水滴落下的声音。

滴滴涕：一种杀虫剂，成分是双对氯苯基三氯乙烷，白色晶体。杀虫效力大，效用持久。但有积累性残留，对人体健康和生态环境有不利影响，我国已停止生产和使用。

滴沥：形容水下滴的声音。

迪斯科：①摇摆舞音乐的一种，起源于黑人歌舞，节奏快而强烈。

②最早流行在美洲黑人间的一种节奏快而强烈的舞蹈，后广泛流传世界各地。

的确良：涤纶的纺织物，与棉混纺的称棉的确良，与毛混纺的称毛的确良。的确良做的衣物耐磨，不走样，容易洗，干得快。

敌敌畏：一种有机磷杀虫剂，无色油状液体，有挥发性，毒性较大，用来防治棉蚜等农业害虫，也用来杀灭蚊、蝇等。

丁克：属性词。指夫妇都有收入并且不打算生育孩子的。

丁零当啷：形容金属、瓷器等连续撞击声。

叮当：形容金属、瓷器、玉饰等撞击的声音。也作丁当、玎珰。

嘟[1]：形容喇叭等的声音。

吨：②英美制质量或重量单位。英国为英吨，美国为美吨。

阿弥陀佛：佛教指西方极乐世界最大的佛，也译作无量寿佛或无量光佛。信佛的人用作口头诵念的佛号，表示祈祷或感谢神灵等意思。

呃：表示感叹、提醒等。

欸：表示招呼。

欸：表示诧异。

欸：表示不认可、不同意。

欸：表示答应或同意。

鸸鹋：鸟，外形像鸵鸟而稍小，嘴短而扁，羽毛灰色或褐色。翅膀退化，腿长，有三趾，善于走，生活在大洋洲草原和开阔的森林中，吃树叶和野果。

阀²：管道或机器中调节和控制流体的流量、压力和流动方向的装置，种类很多，如气阀、水阀、油阀等。也叫阀门。

法西斯蒂：指法西斯主义的组织或成员。

凡士林：一种油脂状的石油产品，半透明，半固态，淡黄色，精炼后成纯白色。医药上用来制油膏，工业上用作防锈剂和润滑剂。

伏特加：俄罗斯的一种传统烈性酒。波兰、美国、英国、德国等也生产这种酒。

氟利昂：氟氯烷。

福尔马林：40%甲醛的水溶液。常用作浸泡生物标本的防腐剂。

咖喱：用胡椒、姜黄、番椒、茴香、陈皮等的粉末制成的调味品，味香而辣，色黄。

盖世太保：法西斯德国的国家秘密警察组织。希特勒曾用它在德国国内及占领区进行大规模的恐怖屠杀。也译作盖斯塔波。

戈比：俄罗斯等国的辅助货币。

嗝：①胃里的气体从嘴里出来时发出的声音（多在吃饱后）。

咕：形容母鸡、斑鸠等的叫声。

咕嘟：形容液体沸腾、水流涌出或大口喝水吞咽的声音。

咕叽：形容水受压力而向外排出的声音。

咕隆：形容雷声、大车声等。

咕噜：形容水流动或东西滚动的声音。

呱嗒：形容清脆、短促的撞击声。

吭：形容撞击振动的声音。

咣当：形容撞击振动的声音。

哈喇[2]：杀死（多见于早期白话）。

哈士蟆：蛙的一种，身体灰褐色，生活在阴湿的地方。雌性的腹内有脂肪状物质，叫哈士蟆油，可入药。哈士蟆是我国特产的动物，主要生活在东北各省。也叫哈什蚂。

嗨哟：多人一起从事重体力劳动时，为协调彼此的动作而发出的有节奏的声音。

海洛因：有机化合物，白色晶体粉末，有苦味，有毒，用吗啡制成。医药上用作镇静、麻醉药。极易成瘾。作为毒品时也叫白面儿。

好莱坞：地名，位于美国加利福尼亚州洛杉矶市区西北郊，是美国电影业的中心。借指美国电影业。

荷尔蒙：激素的旧称。

嘿：①表示招呼或提起注意。

②表示得意。

③表示惊异。

哼哧：形容粗重的喘息声。

哼儿哈儿：形容鼻子和嘴发出的声音（多表示敷衍或不在意）。

哼唷：多人一起从事重体力劳动时，为协调彼此的动作而发出的有节奏的声音。

嗐：表示申斥或不满意。

哼：表示不满意或不相信。

轰隆：形容雷声、爆炸声、机器声等。

呼啦：①形容旗帜飘动等的声音。

②形容物体突然倒塌或人群迅速聚散等声音。

呼噜：形容打鼾或吸食流质食物等发出的声音。

华尔兹：现代舞的一种，起源于奥地利民间。3/4拍，中慢板。用圆舞曲伴奏，舞时两人成对旋转，舞姿舒缓、典雅。也叫慢三步。

嚯：①表示惊讶或赞叹。

②形容笑声。

㺢㹢狓：哺乳动物，体形像长颈鹿，但小得多，毛赤褐色，臀部与四肢有黑白相间的横纹。生活在非洲原始森林中，吃树叶。

叽叽嘎嘎：形容说笑声等。也作唧唧嘎嘎。

叽里咕噜：形容听不清楚或听不懂的说话声，也形容物体滚动的声音。

叽里呱啦：形容大声说话的声音。

基督：基督教称救世主。

吉普：轻型越野汽车，能适应高低不平的路面。也叫吉普车。

吉他：六弦琴。

唧唧嘈嘈：形容说话声音又急又乱。

夹克：一种长短只到腰部，下口束紧的短外套。

嘉年华：原为起源于欧洲的一种民间狂欢活动，现已成为包括大型游乐设施在内，并有各种文化艺术活动形式的公众娱乐盛会。

驾：⑤吆喝牲口前进的声音。

咔：形容器物清脆的撞击声。

咔吧：形容物体断裂等的声音。也作喀吧。

咔嚓：形容物体断裂等的声音。也作喀嚓。

咔嗒：形容物体轻微的碰撞声。也作咔哒、喀哒。

咖啡：①常绿小乔木或灌木，叶子长卵形，先端尖，花白色，有香气，结浆果，深红色，内有两颗种子。种子炒熟制成粉，可以做饮料。生长在热带和亚热带地区。

卡：④录音机上放置盒式磁带的仓式装置。

卡其：一种质地较密较厚的斜纹布。旧译作咔叽。

开司米：①山羊的绒毛，纤维细而轻软，是优良的毛纺原料。原指克什米尔地方所产的山羊绒毛。

②用这种绒毛制成的毛线或织品。

康拜因：联合机，特指联合收割机。

康乃馨：香石竹。

拷贝：②复制（音像制品、计算机文件等）。

珂罗版：印刷上用的一种照相版，把要复制的字、画的底片，晒制在涂过感光胶层的玻璃片上做成，多用于印制美术品。也作珂珱版。

可可：①可可树，常绿乔木，叶子卵形，花冠带黄色，花萼粉色，果实卵形，红色或黄色。种子炒熟制成粉可以做饮料，榨的油可供药用。生长在热带地区。

克³：质量或重量单位，符号g。1克等于1千克（公斤）的千分之一。

克格勃：原苏联"国家安全委员会"的俄文（Комитет Государственной Безопасности）缩写（КГБ）的音译。也指克格勃的人员。

克隆：①生物体通过体细胞进行无性繁殖，复制出遗传性状完全相同的生命物质或生命体。

酷²：形容人外表英俊潇洒，表情冷峻坚毅，有个性。

哐：形容撞击震动的声音。

哐当：形容器物撞击的声音。

哐啷：形容器物撞击的声音。

鶆鶹：美洲鸵。

浪漫：①富有诗意，充满幻想。

雷达：利用发射和接收无线电波进行目标探测和定位的装置。主要由发射机、天线、接收机和显示器等组成。目标的距离可通过电磁波从雷达到目标、又反射回雷达的时间测定。广泛应用在军事、天文、气象、航海、航空等方面。

蕾丝：花边②。

里拉：意大利的旧本位货币。

卢比：印度、巴基斯坦、孟加拉国、尼泊尔、斯里兰卡等国的本位货币。

卢布：俄罗斯等国的本位货币。

伦巴：拉丁舞的一种，原是古巴的黑人舞，4/4拍。

罗曼蒂克：浪漫。

逻辑：①思维的规律。

②客观的规律性。

③逻辑学。

唛：表示疑问。

唡：表示应诺。

马达：电动机。

马克：德国、芬兰等国的旧本位货币。

马拉松：①指马拉松赛跑。

②属性词。时间持续得很久的(多含贬义)。

麦克风：传声器的通称。

曼陀林：弦乐器，有四对金属弦。也译作曼陀铃、曼德琳。

猫²：调制解调器的俗称。

毛拉：①对伊斯兰教学者的尊称。

②我国新疆地区某些穆斯林对阿訇的称呼。

门巴：医生。

蒙太奇：电影用语，有剪辑和组合的意思。也是电影导演的重要表现方法之一，为表现影片的主题，将一串相对独立的镜头组织起来，构成了一个完整的意境。

孟什维克：俄国社会民主工党的一个机会主义派别。因在 1903 年俄国社会民主工党第二次代表大会上选举党的领导机构时获得少数选票而得名。

咪咪：形容猫叫的声音。

弥撒：天主教的一种宗教仪式，用面饼和葡萄酒表示耶稣的身体和血来祭祀天主。

迷你：属性词。指同类物品中较小的；小型的。

米^2：长度单位，符号 m。1 米等于 10 分米。

喵：形容猫叫的声音。

模特儿：①艺术家用来写生、雕塑的描写对象或参考对象，如人体、实物、模型等。也指文学家借以塑造人物形象的原型。

②用来展示服装的人或人体模型。

摩登：指式样时兴的；时髦。

摩丝：一种能固定发型并有护发作用的化妆品。

摩托：②装有内燃发动机的两轮车或三轮车。也叫摩托车。

哞：形容牛叫的声音。

慕尼黑：德国南部城市。1938 年英、法、德、意四国首脑在这里举行会议，签订了慕尼黑协定，英法以出卖捷克斯洛伐克向德国求得妥协。后来用"慕尼黑"指外交上牺牲别国利益而与对方妥协的阴谋。

穆斯林：伊斯兰教信徒，意为顺从真主旨意的人。

纳粹：第一次世界大战后兴起的德国民族社会主义工人党，是以希特勒为头子的最反动的法西斯主义政党。

奶昔：一种冷食，用牛奶做主要原料，加入冰激凌或水果、巧克力等搅拌而成。

嗯：表示疑问。

嗯：表示出乎意料或认为不该是这样。

尼龙：锦纶的旧称。

噢：表示了解。

欧佩克：石油输出国组织。1960 年由发展中国家一些石油生产国成立的国际组织，其宗旨是协调和统一成员国的石油政策，维护各自的和共同的利益，现有12个成员国。

欧元：欧盟发行的单一货币名称。1999年1月1日正式启用，2002年1月1日现钞开始流通。

哦：表示惊讶。

哦：表示惊讶，语气较重。

哦：表示醒悟。

派司：①旧时指厚纸印成的或订成本儿的出入证、通行证等。
②指通过；准予通过（检查、关卡、考试等）。

啪：形容放枪、拍掌或东西撞击等的声音。

啪嚓：形容东西落地、撞击或碰碎的声音。

啪啦：形容某些器物碰撞或碰碎的声音。

派²：一种带馅儿的西式点心。

派力司：用羊毛织成的平纹毛织品，表面现出纵横交错的隐约的线条，适宜于做夏季服装。

盘尼西林：青霉素的旧称。

乓：形容枪声、关门声、东西砸破声等。

朋克：①摇滚乐的一种形式，追求不谐和音和怪异个性的风格。

噼里啪啦：形容连续不断的爆裂、拍打等的声音。也作劈里啪啦。

噼啪：形容爆裂、拍打等的声音。

泼剌：形容鱼在水里跳跃的声音。

扑克：一种纸牌，共52张，分黑桃、红桃、方块、梅花四种花色，每种有A、K、Q、J、10、9、8、7、6、5、4、3、2各一张，现在一般都另增大王、小王各一张，玩法很多。

扑棱：形容翅膀抖动的声音。

扑腾：形容重物落地的声音。

噗噜噜：形容泪珠等一个劲儿地往下掉。也作噗碌碌。

恰恰²：拉丁舞的一种，源于墨西哥。4/4拍，舞曲节奏轻快，胯部摆动明显，舞姿诙谐风趣。

巧克力：以可可粉为主要原料，再加上白糖、香料等制成的食品。

曲奇：奶油饼干；小甜饼。

赛璐玢：玻璃纸的旧称。

赛璐珞：塑料的一种，透明，坚韧，容易燃烧，可以染成各种颜色。用来制造玩具、文具等。

三明治：夹有肉、干酪等的面包。

桑巴：拉丁舞的一种，源于巴西。2/4 或 4/4 拍，舞曲欢快热烈，以膝部的屈伸带动上身摇摆，风格奔放。

桑拿：一种利用蒸汽排汗的沐浴方式。起源于芬兰。也译作桑那。也叫桑拿浴。

沙发：装有弹簧或厚泡沫塑料等的坐具，一般有靠背和扶手。

沙拉：西餐中的一种凉拌菜，一般是由熟土豆丁、香肠丁、水果或蔬菜等加调味汁拌和而成。也译作色拉。

沙弥尼：初出家的年轻尼姑。

纱笼：东南亚一带人穿的用长布裹住身体的服装。

晒[2]：展示自己的东西或信息供大家分享（多指在互联网上）。

舍宾：一种形体健美运动，产生于前苏联，盛行于俄罗斯。以形体美、静态美、动态美、气质美、整体美为训练目的，参加训练的多为女性。

嘘：表示制止、驱逐等。

寿司：日本料理中的一种食品，主要材料是用醋调过味的冷饭，再加上鱼虾、蔬菜或鸡蛋等做配料，平铺在紫菜片上卷成条，切成小段食用。

唰啦：形容迅速擦过去的短促的声音。

咝：①形容枪弹等在空中很快飞过的声音。

②形容吹口哨儿的声音。

③形容某些动物的叫声。

斯诺克：英式台球。特点是有意识地打出让对方无法施展技术的障碍球，使对方受阻挨罚，己方得分。

苏丹：某些伊斯兰教国家最高统治者的称号。

苏木：内蒙古自治区牧区的行政区划单位，相当于乡。

苏维埃：1917 年俄国革命建立的政权名。我国第二次国内革命战争时期曾把当时的工农民主政权组织也叫苏维埃。

胎[2]：轮胎。

探戈：现代舞的一种，起源于非洲，流行于欧美，2/4 或 4/4 拍，速度缓慢，多为滑步，舞时变化很多。

嘡啷：形容金属器物等磕碰的声音。

贴士：指简短的提醒或提示的信息（多为小纸片或小册子）。

听²：用镀锡或镀锌的薄铁皮做成的装食品、饮料、香烟等的筒子或罐子。

嗵：形容脚步声、心跳声等。

头陀：指行脚乞食的和尚。

吐司：烤面包片。

托福²：美国"对非英语国家留学生的英语考试"（Test of English as a Foreign Language）英文缩写（TOEFL）的音译。

托拉斯：①资本主义垄断组织形式之一，由许多生产同类商品或在生产上有密切关系的企业合并组成。最大企业的资本家操纵领导权，其他企业主成了按股分红的股东。

脱口秀：指广播、电视中主持人或嘉宾以现场谈话为主的节目形式。

橐²：形容很重的脚步声等。

哇啦：形容大声说话或吵闹声。

瓦斯：气体，特指各种可燃气体，如煤气、沼气等。

喂：表示招呼。

威客：指通过互联网把自己的知识、能力和经验转换成实际收益的人。

威士忌：一种用大麦、黑麦等制成的烈性酒。苏格兰、爱尔兰、美国和加拿大为主要生产国和生产地区。

威亚：指吊着演员或道具在空中移动的钢丝。

维他命：维生素的旧称。

乌托邦：原为英国空想社会主义者莫干（Thomas More）所著书名的简称，作者在书里描写了他所想象的实行公有制的理想社会，并把这种社会叫作"乌托邦"，意即没有的地方。后来泛指不能实现的愿望、计划等。

稀里哗啦：①形容雨声、建筑物倒塌声等。

嘻哈：20 世纪 80 年代源自美国黑人社区的一种街头文化的总称，包括音乐、舞蹈、说唱、服饰、涂鸦等。

席梦思：一种内部装有弹簧的床垫。也指装有这种床垫的床。

夏娃：《圣经》故事中人类始祖亚当的妻子。

香波：专为洗头发用的洗涤剂。

辛迪加：资本主义垄断组织形式之一。参加辛迪加的企业在生产上和法律上仍保持自己的独立性，但销售商品和采购原料由辛迪加总办事处统一办理。其内部各企业间存在着争夺销售份额的竞争。

休克：①一种细胞急性缺氧综合征。主要症状是血压下降，血流减慢，四肢发冷，脸色苍白，体温下降，神志不清甚至昏迷等。

②发生休克。

秀^2：表演；演出。

雪茄：用烟叶卷成的烟，形状较一般的香烟粗而长。也叫卷烟。

雅思：国际英语语言测试系统（International English Language Testing System）英文缩写（IELTS）的音译。

亚当：《圣经》故事中人类的始祖。

耶和华：希伯来人信奉的犹太教中最高的神。基督教《旧约》中用作上帝的同义词。

伊妹儿：电子邮件的俗称。

咿呀：①形容某些物体摩擦时发出的声音。

②形容小孩子学话的声音。

译意风：会场或电影院使用的一种翻译装置。译员在隔音室里把讲演人或影片里的对话随时翻译成各种语言，听的人可以从座位上的接收器中挑选自己懂得的语言，并通过耳机收听。

阴丹士林：①一种有机染料，有多种颜色，最常见的是蓝色。耐洗、耐晒，能染棉、丝、毛等纤维和纺织品。

引得：索引。

引擎：发动机，特指蒸汽机、内燃机等热机。

英特纳雄耐尔："国际"（"国际工人协会"的简称）的音译，也译作英特耐雄纳尔。在《国际歌》中指国际共产主义的理想。

幽浮：不明飞行物。

幽默：有趣或可笑而意味深长。

吁：吆喝牲口的声音。

哕：①呕吐时嘴里发出的声音。

召²：寺庙（多用于地名）。

啫喱：从天然海藻或某些动物皮骨中提炼制作的胶性物质，可以作为糖果、点心和某些化妆品的原料。

主麻：伊斯兰教徒做集体礼拜，每周的星期五午后在当地清真寺举行，伊斯兰教定星期五为礼拜日，称主麻日。伊斯兰教徒习惯称一周为一个主麻。

附 录 6

《现代汉语词典》（第6版）收录的由音义任意结合造词法生成的词素义

桉：桉树，常绿乔木，树干高而直。原产澳大利亚，我国南部也种植。枝叶可提制桉油，树皮可制鞣料，木材供建筑用。

鮟鱇：鱼，全身无鳞，头大而扁，尾部细小，常潜伏在海底捕食，能发出像老人咳嗽一样的声音。有的地区叫老头儿鱼。

蹦：跳。

煸：烹调方法，把葱、姜或肉丝等放在热油里炒，不必太熟。

别³：①用别针等把另一样东西附着或固定在纸、布等物体上。

馇：①边拌边煮（猪、狗的饲料）。

茬：①农作物收割后留在地里的茎和根。

猹：野兽，像獾，喜欢吃瓜（见于鲁迅小说《故乡》）。

楂：①短而硬的头发或胡子（多指剪落的、剪而未尽的或刚长出来的）。

汆：①烹调方法，把食物放到沸水里稍微一煮。

电：①有电荷存在和电荷变化的现象。电是一种很重要的能源，广泛用在生产和生活各方面，如发光、发热、产生动力等。

摁：（用手）按。

搞：①做；干；从事。

焊：用熔化的金属把金属工件连接起来，或用熔化的金属修补金属器物。

齁²：①太甜或太咸的食物使喉咙不舒服。

烀：用少量的水，盖紧锅盖，加热，半蒸半煮，把食物弄熟。

煳：食品经火变焦发黑；衣物等经火变黄、变黑。

华²：泉水中的矿物质由于沉积而形成的物质。

烩：①烹调方法，炒菜后加少量的水和芡粉。

铰：一种金属加工方法。用专门的刀具对工件上已有的孔进行加工，刮平端面或切出锥形、圆柱形凹坑。

键：①使轴与齿轮、皮带轮等连接并固定在一起的零件，一般是用钢制的长方块，装在被连接的两个机件上预先制成的键槽中。

㸆：用微火使鱼、肉等菜肴的汤汁变浓或耗干。

吭：出声；说话。

愣：①失神；呆。

咧：①嘴角向两边伸展。

〇：数的空位，同"零"（多用于数字中）。

遛：①慢慢走；散步。

摞：①把东西重叠地往上放。

焖：紧盖锅盖，用微火把食物煮熟或炖熟。

瞄：把视力集中在一点上；注视。

齉：鼻子不通气，发音不清。

耪：用锄锄草并翻松土地。

炝：烹调方法，将菜肴的原料放在沸水中略煮，取出后再用酱油、醋等作料来拌。

去²：扮演（戏曲里的角色）。

溶：溶化；溶解。

熔：熔化。

刹：①止住（车、机器等）。

捎：稍微向后倒退（多指骡马等）。

镗：用镗床切削机器零件上已有的孔眼。

梃：①杀猪后，在猪的后腿上割一个口子，用铁棍贴着腿皮往里捅叫作梃，捅出沟后，往里吹气，使猪皮绷紧，以便去毛除垢。

砼：混凝土。

维³：几何学及空间理论的基本概念。构成空间的每一个因素（如长、宽、高）叫作一维，如直线是一维的，平面是二维的，普通空间是三维的。也叫维度。

捂：遮盖住或封闭起来。

饻：老解放区（如陕甘宁边区、晋察冀边区）使用过的一种计算货币的单位，一饻等于若干种实物价格的总和。

镍：金属线。

澥¹：①（糊状物、胶状物）由稠变稀。

苆：用苆子围起来囤粮食。

螠：无脊椎动物的一大类，雌雄异体，身体呈圆筒状，不分节，有少数刚毛。生活在海底泥沙中。也叫海肠子。

洇：液体落在纸或其他物体上向四外散开或渗透；浸②。

幢：房屋一座叫一幢。

籽：某些植物的种子。

撮：用于成丛的毛发。

附 录 7

《现代汉语词典》(第6版)收录的由说明造词法生成的词素义

吧²：①酒吧。

把：⑬指拜把子的关系。

白³：③指地方话。

败：⑤解除；消除。

版：②版本。

报：⑧指某些刊物。

⑨指用文字报道消息或发表意见的某些东西。

北¹：②北部地区，在我国通常指黄河流域及其以北地区。

奔：②紧赶；赶忙或赶急事。

编：⑧编制²。

变：④能变化的；已变化的。

标：⑦发包方或承包方、卖方或买方所标出的条件、标准或价格。

菜：②专供食用的。

仓：②指仓位②。

草：⑥文字书写形式的名称。a)汉字形体的一种。b)拼音字母的手写体。

层：②重叠事物的一个部分。

茶：⑤某些饮料的名称。

冲³：冲压。

愁：②忧伤的心情。

初：⑤最低的（等级）。

蛋：②主要为产蛋而饲养的。

档：④（商品、产品的）等级。

导：②传导。

笛：②响声尖锐的发音器。

点¹：⑧一定的地点或程度的标志。

⑨事物的方面或部分。

电：⑤打电报、发电传等。

雕¹：②指雕刻艺术或雕刻作品。

调¹：②调查。

度：⑩一定范围内的时间或空间。

范¹：③范围。

分：⑦表示数学中的分数。

风：③借风力吹干的。

封²：②封起来的或用来封东西的纸包或纸袋。

副¹：③附带的。

干²：②能干；有能力的。

个¹：②单独的。

公¹：③属于国际间的。

供：③指按期还贷所提供的钱款。

宫¹：④群众文化活动或娱乐用的房屋的名称。

固¹：④使坚固。

顾：④商店或服务行业指人前来购买东西或要求服务。

倌：①农村中专管饲养某些家畜的人员。

馆：③某些服务性商店的名称。

　　④收藏陈列文献、文物或进行文体等活动的场所。

桄：②在桄子或拐子上绕好后取下来的成圈的线。

轨：①路轨①。

国：②代表或象征国家的。

　　③在一国内最好的。

　　④指本国的，特指我国的。

好：③用在动词前，表示使人满意的性质在哪方面。

后¹：④后继的（亲属关系）。

华³：②汉（语）。

机：⑤生活机能。

极：②地球的南北两端；磁体的两端；电源或电器上电流进入或流出的一端。

计：③测量或计算度数、时间等的仪器。

奸¹：③出卖国家、民族、阶级或团体利益的人。

间：③一间屋子；房间。

饯²：浸渍（果品）。

健：②使强健。

京³：京族。

景¹：③戏剧、影视的布景和摄影棚外的景物。

局¹：②棋类等比赛。

　　　③棋类等比赛的形势或结局。

刊：②刊物，也指在报纸上定期出的有专门内容的一版。

客：⑧在人类意识外独立存在的。

理：③自然科学，有时特指物理学。

历¹：②经历过的事情。

烈：③为正义而死难的。

　　　④为正义而死难的人。

龄：③某些生物体发育过程中不同的阶段。如昆虫的幼虫第一次蜕皮前叫一龄虫，水稻长到七个叶叫七叶龄。

溜¹：③光滑；平滑。

馏：蒸馏。

纶：③指某些合成纤维。

码¹：①表示数目的符号。

　　　②表示数目的用具。

盲：④盲目地。

奶：③主要为产奶而饲养的。

　　　⑤初生的；婴幼儿时期的。

拍：④拍卖。

盘：④指商品行情。

皮：⑩指橡胶。

辟¹：②透彻。

片：②指影视片。

洽：②商量；接洽。

侨：②侨民。

亲：⑩本人的；自己的。

勤¹：④在规定时间内准时到班的工作或劳动。

庆：②值得庆祝的周年纪念日。

秋¹：⑤指秋天成熟的农作物。

酋：②（盗匪、侵略者的）首领。

趣：②有趣味的。

群：③成群的。

热：⑩放射性强。

绒：②上面有一层绒毛的纺织品。

蓉：①用某些植物的果肉或种子制成的粉状物。

肉：②专供食用而饲养的。

乳：②主要为产奶而饲养的。

涩：④（表情）不自然；（处世）不成熟。

纱：④某些纺织品的类名。

尚¹：②风尚。

士：⑤某些国家军人的一级，在尉以下。

式：③仪式；典礼。

　　④自然科学中表明某种规律的一组符号。

束：③聚集成一条的东西。

双：④加倍的。

水²：水族¹。

私：④秘密而不合法的。

速¹：②速度。

台¹：⑥指某些机构的名称。

弹：⑥有弹性。

樘：①门框或窗框。

田¹：②指可供开采的蕴藏矿物的地带。

通：⑦指精通某一方面的人。

砣：①秤砣。

顽¹：③顽皮。

线：⑤指思想上、政治上的路线。
⑥边缘交界的地方。
⑦指接近或达到某种情况或条件的边际。

相¹：②物体的外观。

行：⑫吃了药之后使药性发散，发挥效力。

型：②类型。

性：④有关生物的生殖或性欲的。
⑤性别。

秀¹：⑥优异的人才。

序¹：③开头的；在正式内容以前的。

炎：②炎症。

演：②发挥。

映：②放映电影或播放电视节目。

邮：②有关邮务的。

元¹：⑤构成一个整体的。

员：①指工作或学习的人。

原¹：③没加工的。

杂：②正项以外的；正式的以外的。

轧：压（钢坯）。

张：⑤商店开业。

照：⑫表示按原件或某种标准（做）。

政：②国家某一部门主管的业务。

执：⑥凭单。

主：⑪从自身出发的。

装¹：④演员化装时穿戴涂抹的东西。

状：⑥褒奖、委任等文件。

仔：幼小的（多指牲畜、家禽等）。

渍：②地面的积水。

组：④合成一组的（文艺作品）。

后　　记

　　本书是山东省社会科学规划研究项目和教育部人文社会科学研究项目"基于定量分析的汉语词素义生成与演化研究"的最终成果。从项目申报成功到书稿的完成，一路走来，感慨颇多。

　　对词素义问题的关注缘于博士学位论文的撰写。博士学位论文主要研究改革开放以来汉语词汇的发展演变，在写作过程中发现，不仅当代汉语词素，整个汉语词素尤其是现代汉语词素义也有很多值得研究的内容。于是，在平时的科研中，开始注意积累词素和词素义方面的资料。直至项目申报成功开始潜心研究，才发现自己的研究并不轻松。在前期筛选词素义的过程中，为了一个词素义，我们要翻查很多资料，甚至要咨询不同领域的专家。另外，从造词角度讨论词素义的衍生，需要有造词和词素义等方面的深厚的理论功底，又需要处理大量的语料，工作量和工作难度都相对较大；并且目前学界对汉语造词的研究分歧较多，词素义衍生的资料较为缺乏，能够借鉴的成果相对较少，也相应增大了研究的难度。研究过程中，需要克服的困难太多了。回想起来，那一次次战胜困难的过程，可谓刻骨铭心。不过，这种种让我们感受到研究艰辛的同时，也享受到了做学问的乐趣。

　　在书稿的写作、修改、成书的过程中，得到过许许多多的帮助，感恩于心。

　　深深感谢我的导师葛本仪先生。从2000年攻读博士学位至今，已经跟先生认识19年之久。这么多年来，先生一直在教学科研方面给我以极大的指导和帮助，在生活上，也给我以莫大的关怀和照顾。先生对语言学的热爱和执着一直感染着我、激励着我。先生在耄耋之年仍在关心我的研究，总是能一针见血地指出书稿中的问题所在。

　　衷心感谢张博先生。2014年有幸去北京语言大学访学，跟随张博先生学习。张博先生治学严谨、效率之高令人叹服。在那一年中，得到了张先生的很多指点和鼓励，不仅提高了我的研究技能，而且让我的研究视野更为开阔。

　　衷心感谢胡晓清老师、李海英老师、陈长书老师、杨绪明老师。在审阅书稿时，他们都提出了很多宝贵意见和建议。

　　衷心感谢科学出版社王丹老师为本书的出版所付出的辛勤劳动。

后　记

　　深深感谢我的家人对我的关心和支持,他们永远是我不断前进的动力和随时停靠的港湾。

　　此外,本书的出版得到了济南大学出版基金的资助,在此特别鸣谢。

　　汉语词素义是一个非常值得研究的领域,越深入研究越觉得其奇妙。但是由于笔者的学识有限,书中难免有疏漏之处,敬请同行专家、学者和读者朋友多多批评指正。

张小平

2018 年 11 月